Lutz Müller / Dieter Knoll

Ins Innere der Dinge schauen

Inhalt

Vorwort

Das allgemeine Interesse an der symbolischen Dimension unseres Lebens hat in den letzten Jahren sehr zugenommen. In dieser Offenheit dem Symbolischen gegenüber zeigt sich ein starkes Bedürfnis nach Tiefe und Sinnhaftigkeit in einer Welt, die zwar voller Wissen und Informationen ist, aber immer weniger Orientierung anbietet. Wenn unsere so rational, pragmatisch und äußerlich gewordene Welt nicht wieder einen Zuwachs an Geheimnis, Rätsel, Ahnung, Imagination, Innerlichkeit und spiritueller Vision bekommt, wird uns die schöpferische Basis fehlen, deren wir dringend bedürfen, um die nächsten Schritte in die Zukunft tun zu können.

Symbole – und die oft mit ihnen verbundenen Rituale – haben die Menschheit schon immer beeinflusst und bewegt. Die Religionen bedienen sich ihrer Macht, Politiker und Ideologen setzen sie demagogisch ein, und die Werbefachleute nutzen sie zur Erhöhung ihrer Verkaufsziffern. Alle wichtigen Ereignisse, Erfahrungen und Stationen unserer menschlichen Existenz wurden und werden begleitet von orientierenden und motivierenden Symbolen.

Aber nicht nur bei den großen Ereignissen unseres Lebens spielen sie eine Rolle. Auch unser alltägliches Leben ist durchdrungen von Symbolwirkungen. Ohne symbolisches Erleben wären unsere Welt- und Beziehungserfahrungen nüchtern, oberflächlich, langweilig, farblos. Symbole sind äußerst dynamische Faktoren, die auch dann wirksam sind, wenn wir kaum etwas von ihnen merken.

Symbole haben Einfluss auf die verschiedensten Bereiche unserer Persönlichkeit. Sie wirken auf unser Denken und Fühlen, auf unsere Wahrnehmung, Intuition und Fantasie, auf unsere Bedürfnisse und Triebe, auf unser Bewusstsein und auf unser Unbewusstes. Symbole sind eine universale Sprache, die von allen Menschen unbewusst verstanden wird und für alle Menschen ähnlich ist.

Der Tiefenpsychologe Erich Fromm war der Auffassung, dass die Symbolsprache die einzige Fremdsprache sei, die jeder von uns lernen sollte[1] – wobei das Erlernen dieser »Fremdsprache« im Grunde relativ leicht ist, da wir alle ein intuitives Wissen von ihr haben.

Dementsprechend umfassend ist die Bedeutung, die das Erlernen der Symbolsprache und der kreative Umgang mit Symbolen für uns haben:

Abb. 1: Liebeszauber

- Wenn wir lernen, auf die Symbole zu achten, die aus unserer Seele aufsteigen, dann finden wir einen Zugang zu den heilenden und schöpferischen Kräften unseres Wesens. Symbole helfen uns, Unbewusstes bewusst zu machen, Konflikte zu erkennen und zu überwinden. Sie erschließen uns neue Lebensperspektiven, fördern und begleiten unseren Individuationsprozess. In den Symbolen unserer Träume und Imaginationen entdecken wir unsere Schattenseiten, unsere ungelebten Fähigkeiten und Ressourcen, umkreisen unsere Mitte.

- Der kreative, spielerische Umgang mit Symbolen stellt eine lebendige Beziehung zu unserem „inneren Kind" her. Dadurch werden viele wertvolle Seiten von uns wieder erweckt und belebt, zum Beispiel Offenheit, Neugier, Experimentier- und Lernfreude, Sinnlichkeit und Lebenslust.

- Symbole inspirieren uns und schenken uns Visionen von neuen Zielen, Aufgaben und Taten. Wir können ihre faszinierende Wirkung nutzen, um uns für das, was wir in unserem Leben verwirklichen wollen, zu motivieren. Sie helfen uns, unser innerstes Ziel nicht aus den Augen zu verlieren und auch in schweren Zeiten durchzuhalten.

- Symbole führen uns zum Erleben der Ganzheit, denn sie verbinden die verschiedenen Polaritäten unseres Daseins. Sie zeigen uns, dass unsere seelischen Vorgänge und unser Körper, unsere bewussten und unbewussten, unsere männlichen und unsere weiblichen Seiten, aber

10

auch unsere Innen- und Außenwelt unauflösbar zusammengehören. So vermitteln sie uns das Erleben einer tiefen Verbundenheit zwischen Menschen, Tieren, Natur und Umwelt. Sie lassen uns unsere verborgene Einheit mit der ganzen Existenz erahnen.

- Die Arbeit mit Symbolen vermittelt uns Einsicht in die geheimnisvolle, sich dauernd wandelnde und umgestaltende Welt unserer Seele. Sie offenbart einen geheimen Sinn hinter vielem, was uns unsinnig erscheint, eine überraschende Ordnung in vielem, was für uns nur das »reinste Chaos« ist. So schenkt sie uns Weisheit und Toleranz, um mit den wundersamen Phänomenen des Lebens behutsam und respektvoll umzugehen.
- Die Welt und uns selbst als symbolisch zu erfahren, lässt unseren eintönig gewordenen Alltag wieder in einem neuen, geheimnisvollen Licht, in neuem Glanz erscheinen. Indem wir unser alltägliches Dasein symbolisch erfassen, erwecken wir unseren Sinn für das Tiefsinnige und Abgründige, aber auch für das Schöne, das Zauberhafte unseres Lebens, für die unergründliche Fülle unserer Existenz.
- Symbole sind notwendige Begleiter auf dem Weg zu spiritueller und transpersonaler Erfahrung. Besser als jede rationale Sprache können sie auf jene letzte verborgene Wirklichkeit, auf jenes unergründliche Mysterium hinweisen, aus dem wir kommen, auf das wir zustreben und aus dem heraus wir alltäglich leben. Die letzten Wahrheiten und Erfahrungsdimensionen, die dem Menschen erfahrbar sind, wurden von jeher in symbolischen, künstlerischen Gestaltungen, in Bildern, Gleichnissen, Parabeln, in Tönen und Gesten, in symbolischen rituellen Handlungen ausgedrückt.

Wir streben mit diesem Buch zweierlei an: Zum einen möchten wir an die Bedeutung der symbolischen Ebene unseres Daseins heranführen, wir möchten für die symbolische Dimension des Lebens sensibilisieren. Wir gehen der Frage nach, was Symbole sind, in welchen Formen, in welchen Bereichen des Lebens sie uns begegnen und was diese Begegnung für uns bedeutet.

Zum anderen wollen wir einen praxisorientierten Überblick zu den Wegen und Methoden der Erschließung dieser symbolischen Welt anbieten. Wir wollen vermitteln, wie die immer anwesende symbolische Welt für uns zum orientierenden Prinzip des Lebens werden kann und wie wir dem Symbol begegnen können, um wieder eine sinn- und sinnenhafte Welt zu erfahren. In den praktischen Hilfen und Hinweisen geben wir aber einen breiteren Überblick über verschiedenste im Symbolzusammenhang relevante Wege und Zugänge.

Der erste Schwerpunkt des Buches ist – unter der Überschrift »Die symbolische Dimension des Lebens« – eine einführende Darstellung in die Theorie der Symbolik und von verschiedenen symbolischen Aspekten im Alltag und in der Gesellschaft, in Kunst und Religion. Dann gehen wir der Frage nach, welche Symbole für uns eine besondere Rolle spielen können, wenn wir uns auf den Weg nach innen in die Tiefe unserer Seele machen und uns dem Wandlungsgeschehen der Individuation anvertrauen, sei es im Rahmen einer Selbsterfahrungsgruppe oder im Rahmen einer Psychotherapie. Wir weisen anschließend auch auf Gefahren im Umgang mit Symbolen hin.

Der zweite Hauptteil bietet unter dem Titel »Mit Symbolen schöpferisch leben« eine praktische Hilfe und Orientierung zur Erschließung von Symbolwirkungen. Wir beschreiben verschiedene Methoden und Vorgehensweisen, die sich in der Symbolarbeit bewährt haben. Insgesamt soll das Buch, auch wenn es zahlreiche vertiefende Überlegungen enthält, nicht primär eine theoretische Einführung sein. Im Umgang mit dem Symbol ist es mit dem theoretischen Verständnis und der Erschließung von möglichen Bedeutungen nicht getan. Symbole müssen auch – und vor allem – unsere emotionalen und schöpferischen Seiten ansprechen. Wir müssen praktisch und konkret mit Symbolen leben, damit sie ihre heilsamen und inspirierenden Wirkungen entfalten können. Dass dieses möglich wird, ist unser Hauptanliegen.

Im Anhang geben wir eine Zusammenfassung des praktischen Teils. Im Literaturverzeichnis finden eine Auswahl wichtiger und hilfreicher Werke zur Symbolik.

Wir möchten all jenen danken, die zum Entstehen des Buches beigetragen haben. Dies sind zunächst unsere Patientinnen und Patienten, Teilnehmer und Teilnehmerinnen aus Selbsterfahrungs- oder Fortbildungsgruppen, die Träume oder Prozesspassagen zur Verfügung gestellt und damit dem Buch Leben gegeben haben. Besonders danken wir auch unseren Lektorinnen, Frau Marianne Schiess, die die erste Ausgabe betreut hat, und Frau Dr. Christiane Neuen, die mit großem Engagement das Erscheinen der vorliegenden aktualisierten Paperbackausgabe begleitet hat.

Teil 1

Die symbolische Dimension des Lebens

Es winkt zu Fühlung uns aus allen Dingen,
aus jeder Wendung weht es her: Gedenk!

Rainer Maria Rilke

I. Was ist eigentlich ein Symbol?

A. Zum Beispiel die Farbe Rot

Ein einfaches Beispiel soll uns an die Ebene des symbolischen Erlebens heranführen. Stellen wir uns vor, wir fahren im Auto und die Ampel vor uns wechselt auf Rot. Sobald wir dies wahrnehmen, fangen unser Körper, unsere Seele und unser Geist an zu bremsen. Wir behalten das rote Licht beim Heranfahren im Auge, in der Hoffnung, dass es auf das erlösende Grün springt, bevor wir dort sind. Der Fuß geht schon einmal vom Gaspedal, wir blicken in den Rückspiegel und treffen Sicherheitsvorkehrungen.

In dieser – wie in jeder anderen – alltäglichen Situation sind verschiedene Ebenen unseres Erlebens und Verhaltens angesprochen. Auf der obersten Schicht der uns bewussten Vorgänge und Prozesse verhalten wir uns auf die eben beschriebene Weise:

Stehen wir dann vor der roten Ampel, hinter und neben uns die anderen Wartenden, steigt langsam in uns die Spannung und die Ungeduld.

Oft entsteht auch eine latente Konkurrenzsituation – ähnlich der Startsituation bei einem Autorennen: Komme ich gut und rechtzeitig weg, wenn es wieder grün wird?

Wir orientieren uns, bereiten uns auf das Anhalten vor, warten auf das Weiterfahren, usw. – wir wissen, die rote Ampel

Abb. 2: Stopp!

ist ein Zeichen für Stopp. In der Schicht darunter geht es schon weit weniger bewusst zu. Verschiedene kaum recht wahrgenommene Gefühle und Gedanken steigen auf (z. B. »Immer, wenn ich komme, ist es rot!«), Szenen und Bilder laufen assoziativ ab, Erinnerungen, Erlebnisse fügen sich an: ein Unfall, eine rote Taschenlampe, Blut ..., dass ich neulich eine rote Ampel überfahren habe und einen mächtigen Schrecken bekam.

15

Die halb bewussten Assoziationen und Einfälle, die wir vor der roten Ampel haben, sind nicht zufällig: Sie kreisen um das, was die Farbe Rot über ihre Funktion als Zeichen hinaus in uns symbolisch auslöst. Diese Wirkung entstammt teilweise unserer individuellen Erfahrung, teilweise ist sie kollektiver Natur. Auch viele andere Menschen haben ähnliche Empfindungen und Gefühle bei der Farbe Rot. Das hängt mit gesellschaftlichen Lernprozessen, aber auch mit ähnlichen Grundmustern des Erlebens und Verhaltens zusammen, die alle Menschen miteinander teilen.

Eine einfache Frage kann uns diese allgemein menschliche Dimension näher bringen: Wie kommt es eigentlich zu der allgemeinen Verbreitung der Farbe Rot als einer Signalfarbe? Wieso zieht Rot unseren Blick wie magisch auf sich, wieso weckt es unser Interesse, wieso konzentriert es unsere Aufmerksamkeit, wieso warnt es uns? Hier muss etwas Gemeinsames wirken, etwas, was uns allen vertraut und doch nicht ganz bewusst ist. Mit der Farbe Rot werden sehr viele existenzielle, erregende und bedrohliche Erfahrungen des Menschen berührt.

Eine sehr grundlegende, intensive und höchst ambivalente Erfahrung machen wir alle mit dem Blut.

Das Rot des Blutes ist Lebensfarbe und Todesfarbe zugleich. Es begleitet unsere Geburt und unser Sterben. Offen fließendes Blut weist auf Verletzung und Gewalt. Wir erschrecken, wenn jemand blutet: Da ist das Leben gefährdet oder bedroht. Blut ist aber auch »ein ganz besonderer Saft«.

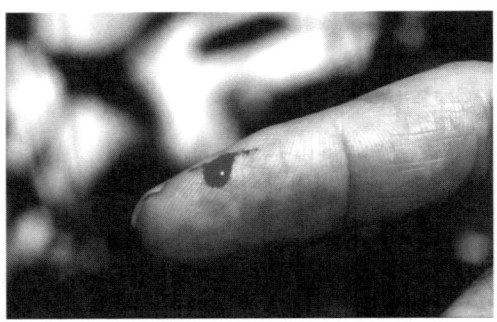

Abb. 3: Blut ist ein besonderer Saft

Blut wurde geopfert, gespendet, als heilende, vitalisierende, magische Flüssigkeit getrunken. Mit Blut als unserer Lebensessenz wurden Brüderschaften geschlossen und lebenswichtige Dokumente unterzeichnet. Blut ist Leben, es nährt uns, es gibt uns Energie, es pulsiert warm in uns.

Das Herz, das den Blutstrom antreibt, wird von vielen als Ort ihres wahren Wesens empfunden. Wenn etwas »von Herzen kommt« und »zu Herzen geht« oder wenn wir unser »Herzblut« geben, dann sind wir immer in der Tiefe unserer Seele beteiligt, wir spüren Wärme, Verbundenheit, Liebe und Dankbarkeit.

16

Eine andere ambivalente Erfahrung mit der Farbe Rot machen wir durch das Feuer. Feuer ist Wärme, ist Licht, ist reine Energie. Diese Energie kann heilsam sein, transformieren oder auch gnadenlos verbrennen und zerstören. Feuerrot zieht uns magisch an und stößt uns zugleich angsterregend ab. Wir wahren automatisch einen Sicherheitsabstand.

Das Rot ist auch ein Symbol von Erotik, Leidenschaft und Sinnlichkeit. Hier verbindet sich die Symbolik des Blutes – »wenn das Blut in Wallung gerät« – mit der des Feuers – »Feuer der Leidenschaft«. Hängt das vielleicht auch mit der starken und guten Durchblutung zusammen, die wir erleben, wenn wir von Liebe und Leidenschaft erfüllt sind?

Abb. 4: Faszination des Feuers

Wie schwer es uns manchmal sein kann, das erotische Rot in unser Leben hinein zu nehmen, mag folgende kleine Geschichte aus der Erwachsenenbildung zeigen. Es handelte sich um eine Gruppe kirchlich engagierter Frauen, die die Thematik des ungelebten Lebens umkreiste. Dies war vor dem Hintergrund des kirchlichen Umfelds kein einfaches Thema. Eine der Frauen, nennen wir sie in der Folge Emma, erzählte zunächst von ihrer Tochter, von deren Eskapaden, die sie kaum aushalten könne, die ihr Scham verursachten und große Sorge, was daraus wohl noch werden könne.

Eine besondere Rolle spielte in Emmas Bedenken das Schminken, konzentriert auf die manchmal knallrot angemalten Lippen, Finger- und Zehennägel. Im Erzählen zeigte sich hinter ihrer Verunsicherung anfangs noch vorsichtig, dann aber immer deutlicher, ihre eigene Faszination. Schließlich stand fast unübersehbar die noch nicht ausgesprochene Frage im Raum, ob diese Tochter auch stellvertretend unentwickelte und verdrängte Bedürfnisse Emmas lebte und eben dadurch für sie so sehr zur Provokation wurde.

Der Leiter fragte schließlich, ob sie etwas dazu sagen wolle, welche Bedeutung die Farbe Rot in ihrem Leben gehabt und heute noch

17

habe. Es folgte eine lange spannende Pause des Schweigens, die etwas Bedeutendes ankündigte. Einzelne Gruppenmitglieder versuchten, auf andere Themen auszuweichen, die Spannung damit zu reduzieren und das unangenehme Thema aus dem Feld zu drängen.

Es folgten darauf aber jeweils wieder Pausen, in denen fast greifbar zu spüren war, wie sich das aus der Mitte gedrängte Thema wieder hereinschlich.

Schließlich fing Emma leise und sich immer wieder des Wohlwollens der Gruppenteilnehmer versichernd an, zu erzählen:

»Ich bewahre in einem Karton auf dem Schrank in meinem Schlafzimmer einen knallroten Hut auf, den ich schon vor Jahren mal gekauft habe. Er hat einen breiten Teller, eine große Schleife und sieht einfach hinreißend aus. Als ich ihn damals im Schaufenster sah, war ich so fasziniert, dass ich ihn einfach gekauft hab', ohne zu überlegen, ob ich ihn tragen kann.

Einige Jahre hat er dann auf dem Schrank gelegen. Wenn ich im Schlafzimmer war, hab' ich immer die Schachtel gesehen und jedes Mal gedacht, dass da mein Geheimnis drin ist. Ich fühlte mich natürlich auch ein wenig schuldig, denn er war nicht billig. Nur wenn niemand zu Hause war, hab' ich ihn manchmal ausgepackt und aufgesetzt. Er passt einfach nicht in die Welt, in der ich lebe. Die Leute würden mich für verrückt halten, wenn ich ihn aufsetzen und damit im Ort herumlaufen würde.

Eines Tages aber – mein Mann war auf Geschäftsreise und die Kinder außer Haus – hab' ich ihn in einen Koffer getan, ein passendes Kleid angezogen und bin in die nahe Hauptstadt gefahren, wo mich niemand kennt. Dort hab' ich ihn in der Bahnhofstoilette ausgepackt und aufgesetzt. Den Koffer hab' ich ins Schließfach getan. Dann bin ich die belebte Einkaufsstraße hinauf gelaufen und wieder hinunter.

Am Anfang hab' ich nur unsichere Schritte gemacht. Heimlich drehte ich mich um, wenn ich in Schaufenstern Spiegel sah, und betrachtete mich. Ich muss sagen, ich hab' mir zunehmend gefallen. Auch die aufmerksamen, teils bewundernden, teils aufmunternden, teils aufdringlichen Blicke haben mich zwar irritiert, aber ehrlich gesagt doch auch irgendwie erfreut und aufgeregt. Ich kann das kaum sagen, denn wenn ich hier Männer hinter Frauen herschauen sehe, dann werde ich immer aggressiv, und eigentlich finde ich das auch bescheuert. Aber das war halt mal eine Ausnahme, inzwischen bin ich ja wieder normal. Ich bin immer sicherer geworden, hab' mich schließlich sogar in ein Café gesetzt und es genossen, dort mit meinem roten Hut Blickfang zu sein. Jetzt werdet ihr alle denken, was ist denn in die gefahren, hat's die erwischt, spinnt die jetzt? Aber es ist halt so – und den Hut hab' ich immer noch.«

Die Geschichte muss ergänzt werden durch das Erscheinungsbild von Emma: Sie war groß, kräftig und etwas füllig, wirkte darin aber in keiner Weise disharmonisch. Die Fülle war vielmehr spürbarer Ausdruck einer vitalen Energie, die sich in diesem Körper sammelte, von ihm ausging. So war sie zum Beispiel in einer ganz beeindruckenden Weise schlagfertig, witzig, konnte Konflikte anderer Teilnehmerinnen auf einen humorvollen Punkt bringen, der oft die Auflösung der Verknotungen anbot, ohne das Problem dabei wegzuschieben. Man hatte selbst beim ruhigen Sitzen den Eindruck, dass da ein Energiebündel sitzt und eigentlich nicht sitzen bleiben will.

Mit ihrer »Beichte«, die sie in einer Mischung aus Scham, Neugier, Ängstlichkeit und Herausforderung erzählte, beschritt sie in der Gruppe Neuland. Sie war als Pionierin tätig, öffnete für die ihr ja bekannten anderen Frauen ein neues Feld des Riskierens. Spürbar kam Spannung auf, teils reagierten die Teilnehmerinnen vorsichtig, gar geringschätzig und abwehrend, teils neugierig-interessiert. Die Energie und Wachheit stieg an und erreichte ein spannungsgeladenes Niveau. Es drängten bei allen, natürlich in unterschiedlichem Ausmaß, schlummernde kleine Lüste an die Oberfläche. Der rote Hut wurde zum leitenden Symbol. Das Stichwort »roter Hut« konnte in der gesamten weiteren Arbeit der Gruppe wissendes Gelächter, Schmunzeln, Lust und Neugier auslösen und bewirkte eine zunehmende Öffnung der Frauen zu ihrem ungelebten erotischen Potenzial hin.

Dagegen stand auf der anderen Seite hemmend die Angst. Diese argumentierte mit der Realität, dem wirklichen Leben, den moralischen Grenzen, den Sitten, dem Anstand. Während das Leben bisher stabil in die Zwänge eingebettet gewesen war, geriet es nun in seinen eigentlichen Konflikt, der ja der Grundkonflikt zwischen Anpassung und individueller Entfaltung in jedem menschlichen Leben ist.

In dieser Geschichte hatte die Farbe Rot nicht nur Emma, sondern die ganze Gruppe tief greifend berührt. Sie schien gar nicht nur Emmas Problem allein zu symbolisieren, sondern schien aus dem Gesamt der Gruppe oder aus ihrem dynamischen Zentrum zu kommen. Das Rot stellte so etwas wie den gemeinsam verdrängten Schatten der ganzen Gruppe dar. Während dieser sich vorher immer lähmend auf die Entfaltungstendenzen legen wollte, wurde er durch dieses Rot belebt und dem Bewusstsein zugänglich. Aus Grau wurde Rot, und die Lebenskraft entfaltete sich. Damit war natürlich der Konflikt für die Einzelnen nicht gelöst, aber er wurde nun sichtbar, das Lebendige kam in Bewegung. Der Prozess machte es möglich, dass jede der Frauen für sich den eigenen Standort in diesem Konflikt suchen und orten konnte.

Vielleicht ist am Beispiel der roten Ampel und des roten Hutes deutlich geworden, wie sehr uns schon allein eine einzige Farbe tief berühren und bewegen kann, wie sie weit in unsere Seele hinein greift und sowohl zu unserer persönlichen Lebensgeschichte wie auch zum Erfahrungsschatz der Menschheit in Beziehung steht. Wie in folgendem Mindmapping[2], bei dem nur einige mögliche Verbindungen zu sehen ist, angedeutet wird, kann uns ein einfaches Ereignis assoziativ ganz schnell zu Grundfragen der Existenz, wie Liebe und Tod, führen. Da aber üblicherweise das meiste von dem, was uns während eines Tages beeinflusst, unbewusst und unterschwellig geschieht, merken wir nicht, wie durch die Begegnung mit Symbolen ständig Wandlung geschieht.

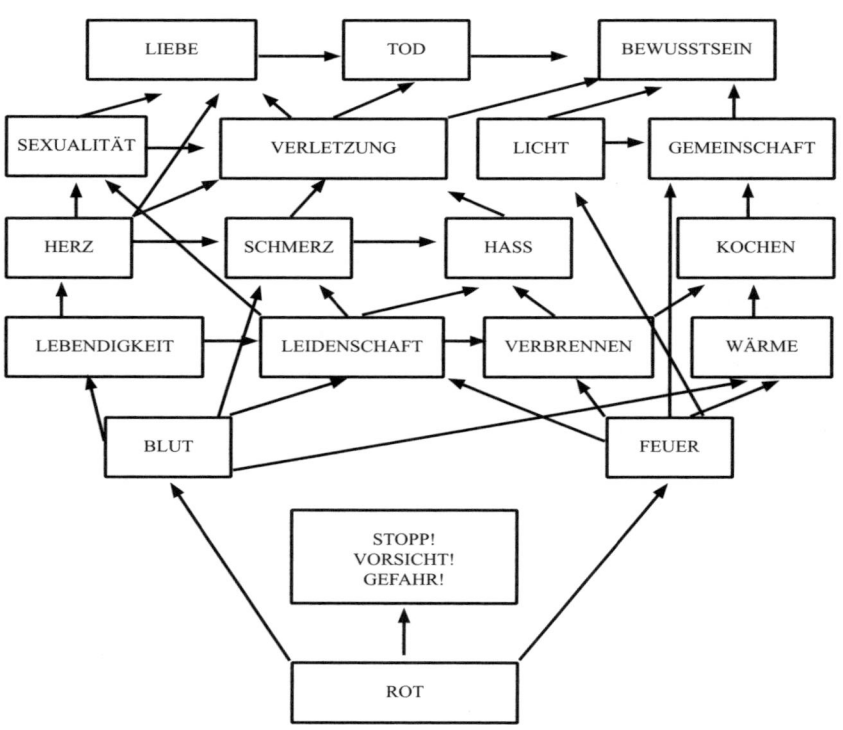

Abb. 5: Mindmapping zur Farbe Rot

20

B. Was ist ein Symbol, und worin liegt seine tief reichende Wirkung?

An dieser Stelle sollen unsere bisherigen Erkenntnisse, die wir an den Beispielen der roten Ampel und des roten Hutes gewonnen haben, zusammengefasst und die Frage beantwortet werden, was ein Symbol eigentlich ist.

Symbolon und Diabolon

Der Begriff »Symbol« leitet sich aus dem Griechischen ab. Das Wort »Symbolon« bedeutet Vertrag, aber auch z. B. Wahrzeichen, Vorzeichen, Erkennungszeichen, Signal. Die Vorsilbe »sym« weist auf eine Verbindung und Beziehung, auf eine Gemeinsamkeit und Gleichzeitigkeit hin (vgl. auch das Wort Sym-pathie oder Sym-phonie), während das Verb »ballo« mit »werfen, schleudern, das Ziel treffen, sich in etwas verwickeln oder etwas in Bewegung setzen« übersetzt werden kann. In diesen Bedeutungszusammenhängen kommt das Wesen des Symbols schon sehr gut zum Ausdruck. Im Symbol werden verschiedene, oft polare Aspekte einer Sache miteinander verbunden und ineinander »verwickelt«. Es weist über sich selbst hinaus auf einen übergreifenden Sinn, ein übergeordnetes Ziel und setzt etwas in uns in Bewegung.

Häufig entstehen Symbole aus bildhaften, visuellen Ausdrucksformen (»Sinn-Bild«). Es kann aber praktisch jede andere wahrnehmbare Gestalt (z. B. eine Tonfolge, ein Wort, eine Geste, ein Geruch, eine Berührung) zum Symbol werden oder symbolische Wirkung entfalten.

So kann sich das in der Tiefe immer rätselhafte Phänomen der Liebe auf sehr verschiedene Weisen symbolisieren, zum Beispiel im Bild einer roten Rose, einer leuchtenden Kerze, in einem zärtlichen Lied, einer sanften Berührung, in der sexuellen Vereinigung oder im Bild des Herzens, durchschossen von einem Pfeil. Alle diese Symbolgestaltungen der Liebe umkreisen dieses Thema, heben ganz bestimmte Aspekte hervor, vernachlässigen andere. Je mehr Symbolgestaltungen es für eine Sache gibt, desto bedeutsamer, vielschichtiger, bewegender und ergreifender sind sie.

Gegenbegriff zum Symbol ist Diabol (gr. diaballo = u. a. auseinander bringen, entzweien, täuschen, betrügen, verleumden, vgl. auch diabolos = Teufel). Das, was im Symbol als Einheit und Ganzheit dargestellt wird, wird hier getrennt, aufgespalten, entzweit und feindlich gegenübergestellt.

Während die bindende, gegensatzvereinigende und vereinheitlichende Funktion des Symbols natürlich nicht nur positiv zu sehen ist (vgl. dazu unten: Gefahren des Symbolischen), ist auch das Trennende, Entzweiende des Diabols nicht nur negativ. Der »kritische Zweifel«, das »Sich-Auseinandersetzen«, das unterscheidende Analysieren ist in vielen Fällen eine notwendige Tätigkeit, um überhaupt erst einmal Licht und Bewusstheit in eine dunkle, unbewusste Angelegenheit zu bringen.

Konkret-rationales und symbolisches Denken ergänzen einander

Die Menschen haben wahrscheinlich schon früh sehr deutlich empfunden, dass es zwei unterschiedliche Formen des Denkens, Kommunizierens und Erlebens gibt. Die eine Form ist die konkret-rationale. Sie ist besonders dafür geeignet, sich in der alltäglichen Welt mit ihren alltäglichen Aufgaben und Pflichten zurechtzufinden. Sie ist gut und hilfreich überall da, wo wir es mit sinnlich erfassbaren Objekten und Sachverhalten unserer Außenwelt zu tun haben. Mit ihr können wir relativ klar und eindeutig miteinander kommunizieren, konkrete Probleme lösen und sinnvoll handeln. Sie bringt Ordnung, Regelmäßigkeit und Übersicht in unser Leben.

Sie hat aber den Nachteil, dass sie in ihrer relativen Eindeutigkeit und relativen Exaktheit eindimensional wirkt, von uns oft irgendwie als sachlich, kalt und nüchtern erlebt wird und eine Vielzahl anderer gleichzeitig vorhandener Aspekte ausklammert, z. B. Emotionen und Intuitionen. In einer Welt, die allein durch die konkrete, rationale Seite unseres Wesens bestimmt würde, würden wir auf Dauer nicht leben wollen. Sie würde uns sinnlos vorkommen und wenig Spaß machen.

Die andere Form ist die „irrationale", die bildhafte, symbolische, intuitive, mehr ganzheitlich orientierte Sicht- und Erlebensweise. Durch sie kommen Fantasien, Sehnsüchte, Hoffnungen, Träume, das Spielen, die Kunst, die Mythen und Märchen, der Humor und schöpferische Einfälle in unser Leben. Sie spricht auch unser Gefühl mehr an.

Ihr Nachteil ist, dass sie so vieldeutig, assoziativ, chaotisch und subjektiv sein kann, dass sie die mitmenschliche Kommunikation manchmal sehr erschwert. Deshalb sind wir für ein ganzheitliches Leben auf ein gut ausbalanciertes Zusammenspiel beider Formen angewiesen.

Der Basler Mythenforscher Johann Jakob Bachofen hat diese beiden Formen anhand des Unterschiedes zwischen dem Symbol und dem durch die Sprache vermittelten Wort in einem klassischen Zitat formuliert, wobei er allerdings dem Symbol deutlich den Vorzug zu geben scheint:

»Das Symbol erweckt Ahnung; die Sprache kann nur erklären. Das Symbol schlägt alle Seiten des menschlichen Geistes zugleich an; die Sprache ist genötigt, sich immer nur einem einzigen Gedanken hinzugeben. Bis in die geheimsten Tiefen der Seele treibt das Symbol Wurzeln; die Sprache berührt wie ein leiser Windhauch nur die Oberfläche des Verständnisses. Jenes ist nach innen; diese nach außen gerichtet. Nur dem Symbol gelingt es, das Verschiedenste zu einem einheitlichen Gesamteindruck zu verbinden; die Sprache reiht Einzelnes aneinander und bringt immer nur stückweise zum Bewusstsein ... Worte machen das Unendliche endlich; Symbole entführen den Geist über die Grenzen der endlichen, werdenden in das Reich der unendlichen, seienden Welt.«[3]

Die Unterscheidung in ein rational-konkretes und ein symbolisches Denken könnte den Eindruck entstehen lassen, es handele sich um zwei ganz verschiedene, klar und deutlich voneinander abgrenzbare Denk- und Erlebensweisen. Das ist aber nicht so, im Gegenteil, die Übergänge sind sehr fließend und dies macht einen ganz großen Teil unserer unüberwindlichen kommunikativen Schwierigkeiten aus, die wir alle miteinander haben.

Ganz genau betrachtet gibt es für uns überhaupt nur symbolisches Denken und Erleben. Die philosophische Erkenntnistheorie, der moderne Konstruktivismus, die Tiefenpsychologie und die Neurowissenschaften machen uns deutlich, das wir aus verschiedenen Gründen die Welt und uns selbst, so wie sie und wir »an sich« sind, gar nicht erkennen können. Wir haben es immer nur mit neuronalen Erregungszuständen und damit verbundenen Vorstellungen, Bildern, »Konstruktionen« zu tun. Da wir zum »Wesen der Dinge« innen und außen gar nicht vordringen können, haben wir immer nur symbolhafte Bilder und Vorstellungen davon, die auf dieses »eigentliche Sein« nur hinweisen und verweisen können, mehr nicht.

Hinzukommt, dass unsere Bilder und Begriffe in uns nicht isoliert vorhanden sind, sondern mit einer Unzahl weiterer Aspekte assoziativ verbunden sind. So ist jedes Wort, das wir sprechen, auch wenn wir glauben, wir würden damit nur einen einzigen konkreten Sinn übermitteln, in ein uns meist gänzlich unbewusstes, vieldimensionales, sehr persönliches, assoziatives und emotionales Bedeutungsfeld eingebettet.

Auch wenn uns dies sehr merkwürdig vorkommt: Im Grunde wissen wir nie genau, wovon wir eigentlich sprechen, und wissen auch nicht, was ein anderer Mensch genau meinen könnte. Wir tauschen miteinander lediglich recht subjektiv gefärbte Symbole aus, die auf etwas hinweisen, das wir gar nicht wirklich kennen.

Symbole verwenden Analogien

Wenn wir Symbole verwenden, setzen wir oft die Mittel der Analogie (Analogie = Ähnlichkeit, Entsprechung, Gleichartigkeit, Übereinstimmung) ein. Die Prinzipien der Analogie sind fundamentale Orientierungsprinzipien für alle Vorgänge der Wirklichkeitserfassung, des Lernens und des Gedächtnisses. Deshalb wohl haben sie eine solche zwingende, überzeugende Macht auf uns. Man unterscheidet mehrere Arten von Analogiebildung: zum Beispiel Analogie durch Ähnlichkeit, Analogie durch räumliche Nähe, Analogie durch zeitliche Nähe.

Bei der Analogie durch Ähnlichkeit werden Sachverhalte in Beziehung zueinander gesetzt, die in irgendeiner Eigenschaft ähnlich sind. Wenn wir also beispielsweise einen starken Zusammenhang empfinden zwischen der Farbe Rot und der Liebe (»Rot ist die Liebe«), dann hängt das damit zusammen, dass wir die Farbe Rot in gewisser Hinsicht ähnlich empfinden wie die Liebe. Die Ähnlichkeit oder Gemeinsamkeit zwischen beiden liegt zum Beispiel darin, dass beide von uns als emotional aktivierend, erwärmend, durchblutend, erregend, vielleicht aber auch bedrohlich empfunden werden können. Bei der Analogiebildung durch räumliche Nähe werden Sachverhalte miteinander verbunden, die irgendwie räumlich zusammengehören oder zusammen erlebt werden. Auf diese Weise können dann einzelne Teile dieser Sache die ganze Sache repräsentieren (»pars pro toto«) oder Gegenstände, die zu einer Person gehören, können die Person selbst symbolisieren.

Bei der Analogiebildung durch zeitliche Nähe erwecken Dinge, die gleichzeitig auftauchen, den Eindruck, dass sie irgendwie zusammengehören und irgendwie miteinander zu tun haben. Sehen wir beispielsweise zwei Menschen zusammen oder sehr kurz nacheinander in einen Raum kommen, dann haben wir fast unvermeidlich den Eindruck, dass sie in einer Beziehung zueinander stehen. Analogiebildungen durch räumliche und zeitliche Nähe finden naturgemäß oft gemeinsam statt.

Darüber hinaus gibt es aber auch eine paradoxe Analogiebildung, nämlich die, in der ein Sachverhalt durch den ihm entgegengesetzten Sachverhalt, durch einen Kontrast zu ihm, dargestellt wird. So sagen wir jemandem vielleicht »Hals- und Beinbruch«, obwohl wir ihm ein günstiges Geschick wünschen, oder sprechen von einer »schönen Bescherung«, wenn uns ein Missgeschick passiert ist. Hierin wird noch einmal deutlich, dass unsere seelischen Vorgänge und unser Wirklichkeitserleben auf Polaritäten aufbauen, dass das eine ohne das ihm Entgegengesetzte andere nicht gedacht werden kann.

Symbole sind vieldeutig und vielschichtig

Da wir sehr komplexe Wesen sind, die in einem sehr komplexen Umfeld mit sehr komplexen Beziehungen leben, lassen sich die Erfahrungen, die uns wirklich angehen, die uns emotional berühren und beschäftigen, nicht ausreichend gut in Worte fassen. Worte müssen ja, damit wir uns überhaupt einigermaßen gut verständigen können, relativ eindeutig bestimmt sein. Damit wir miteinander kommunizieren können, sollten wir unter einem bestimmten Begriff ungefähr das Gleiche verstehen, sonst kommt es schnell zu einer heillosen »babylonischen Sprachverwirrung«. Durch dieses Bedürfnis nach Eindeutigkeit geht aber die Vielschichtigkeit und Ganzheitlichkeit unserer Erfahrung verloren. Denn unser Leben ist nicht eindeutig und eindimensional, sondern immer vieldeutig und multidimensional. Um diese Ganzheitlichkeit ausdrücken zu können, müssen wir auf die Sprache der Symbole, der Bilder und Anspielungen, auf die Sprache der Dichter und Künstler zurückgreifen: »Bilder sagen mehr als tausend Worte.«

Im Symbol gewinnt ein meist sehr vielschichtiger und vieldeutiger, in seiner Ganzheit niemals ganz erfass- und formulierbarer Sachverhalt Gestalt. Meistens – wenn es sich um uns faszinierende und psychisch wirksame, lebendige Symbole handelt – ist dieser Sachverhalt so komplex, unbekannt oder unbewusst, dass das Symbol überhaupt die beste Darstellung oder Annäherung an das ist, worauf es hinweist.

Multidimensionales Symbol und einfaches Zeichen

Die Vieldeutigkeit und Multidimensionalität ist ein wesentliches Merkmal des Symbols. Hierin unterscheidet es sich teilweise von anderen symbolähnlichen Begriffen, wie zum Beispiel Allegorie, Chiffre, Emblem, Fabel, Gleichnis, Metapher, Ikone, Parabel, Rätsel, Redensart, Signet, Sprichwort, Zeichen, die von der Tendenz her auf einen fester umschriebenen und eineutigen Sachverhalt hinweisen.

Allerdings gibt es fließende Übergänge zwischen diesen Begriffen, und ihr Gebrauch ist – auch unter Fachleuten – nicht einheitlich. Außerdem hängt es stark von der Einstellung des Betrachters ab, ob er ein Zeichen/Symbol eindeutig oder vieldeutig sieht.

Der Punkt beispielsweise wird in der Schrift als eindeutiges Zeichen verstanden. Er bezeichnet den Abschluss eines Satzes. Punktum! Aber schon in unseren Redensarten erweitert sich diese Eindeutigkeit. Wir sprechen davon, jemand solle endlich mal »auf den Punkt kommen«. Manchmal fühlt man sich in einem »wunden Punkt« getroffen oder ist »auf dem toten Punkt angelangt«.

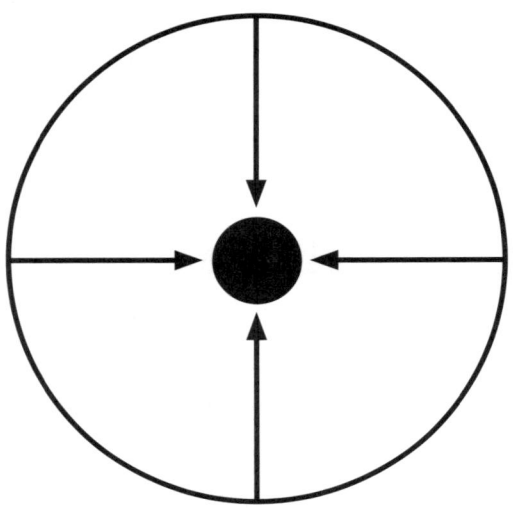

Abb. 6: Nun kommen wir mal auf den Punkt!

Gelegentlich weisen wir auf jenen sonderbaren »springenden Punkt« hin, den Kern- und Quellpunkt, dem Wesentlichen einer Sache, auf das es eigentlich ankommt.

In dieser Richtung weiter symbolisierend wird aus dem Punkt gar das umfassendste Symbol überhaupt: als der »Mittel-Punkt« wird er zum Ursprungs- wie zum Zielsymbol. Wie die Zahl Eins bezeichnet er dann das Alles-in-sich-Enthaltende, das Sein vor dem kosmischen Urknall, die komprimierte Ursprungseinheit, aus der alle Schöpfung wie aus einer Keimzelle hervorkommt, wie auch das Ende aller Entwicklung und Schöpfung, in dem sich alles wieder zur Einheit und Ganzheit hin zentriert und verdichtet. Zwischen dem Anfang und dem Ende steht der Doppelpunkt, der eine Öffnung und Erweiterung des latenten Sinns ermöglicht.

Der symbolisierende Blick und die Symbolisierung

Damit wird deutlich, dass es bei der Frage, ob etwas eher als ein vieldeutiges Symbol oder ein eindeutiges Zeichen verstanden werden soll, vor allem auf die Einstellung des Betrachters ankommt. Es ist eine bestimmte Art des Wahrnehmens und Erlebens, ein symbolisierender Blick oder eine symbolisierende Einstellung, die etwas für uns zu einem Symbol macht bzw. den symbolischen Aspekt dieser Sache hervorheben lässt. Je nach Persönlichkeit, gesellschaftlich-kulturellem Hintergrund und Einstellung kann die gleiche Sache für den einen ein tiefes Symbol sein und für den anderen nur ein konkreter Gegenstand. Von Situation zu Situation und von Stimmung zu Stimmung kann ein Symbol auch für einen einzelnen Menschen einmal ergreifend und bewegend und ein anderes Mal scheinbar nichts sagend und leer sein.

Die Grundmethode, mit der wir uns dem symbolischen Erfassen nähern können, ist die »Symbolisierung«. Symbolisierung meint, dass wir die Sache oder den Sachverhalt, dem wir begegnen, aus seiner alltäglichen Bedeutung herausheben und in den »symbolischen Raum« stellen.

Dies tun wir, indem wir ihn symbolisch erleben, hinterfragen und durchleuchten: »Was könnte dies symbolisch heißen?«, »Was ist so ähnlich wie diese Sache?«, »Woran erinnert mich das?« oder »Was fällt mir dazu ein?« Auf diese Weise geben wir unseren Gefühlen, Fantasien, Erinnerungen, Assoziationen und Einfällen freien Raum und reichern den Sachverhalt damit an. Jeder alltägliche Gegenstand oder jedes gewöhnliche Ereignis unseres Lebens kann auf diese Weise symbolisch angeschaut werden und dann erstaunliche, wundersame Zusammenhänge und Perspektiven offenbaren.

Symbole beeinflussen den ganzen Menschen

Symbole bilden ein machtvolles, dynamisierendes Element in unserem Leben. Wie schon erwähnt, berühren und beeinflussen sie die verschiedensten Bereiche der menschlichen Persönlichkeit und wirken auf unser Denken und Fühlen, die Wahrnehmung, die Intuition und die Fantasie, auf Bedürfnisse und Triebe.

Das Symbol, auf folgender Abbildung als Kreis dargestellt, um- und übergreift auch alle Ebenen unseres Bewusstseins. Es kann sowohl die für uns nur erahnbare mögliche Einheit und Ganzheit „von Allem" andeuten, wie auch die transpersonalen Bereiche ansprechen, als auch die untersten, nie zu bewusst zu machenden Bereiche körperlicher und materieller Vorgänge spiegeln.

Es verbindet die Ebene unseres üblichen Wachbewusstseins, mit dem wir uns tagsüber durch die Welt bewegen, mit unserem persönlichen Unbewussten und den archetypischen, universalen Aspekten unseres Wesens, die wir mit allen Menschen gemeinsam haben.

Das Symbol steht also mit allen Teilen unserer bewussten und unbewussten Persönlichkeit auf diesen Ebenen in Verbindung. Darauf beruht seine Wirksamkeit im Positiven wie im Negativen.

Die Pfeile links und rechts in der Abbildung deuten an, dass uns Symbole von „oben" wie von „unten" und von „außen" wie von „innen" beeinflussen können.

Ein von außen kommendes Symbol kann unter entsprechenden Umständen tiefe Schichten unserer Persönlichkeit berühren, von innen kommende Symbole können es ermöglichen, unbewusste Inhalte allmählich ins Bewusstsein zu integrieren.

Das Symbol wirkt dabei wie ein Vermittler zwischen den verschiedenen Ebenen. C. G. Jung nannte diese, die verschiedenen Ebenen der Persönlichkeit integrierende Funktion der Psyche und des Symbols auch als »transzendente Funktion« und bezeichnete deshalb auch das Symbol als einen »Energietransformator«.

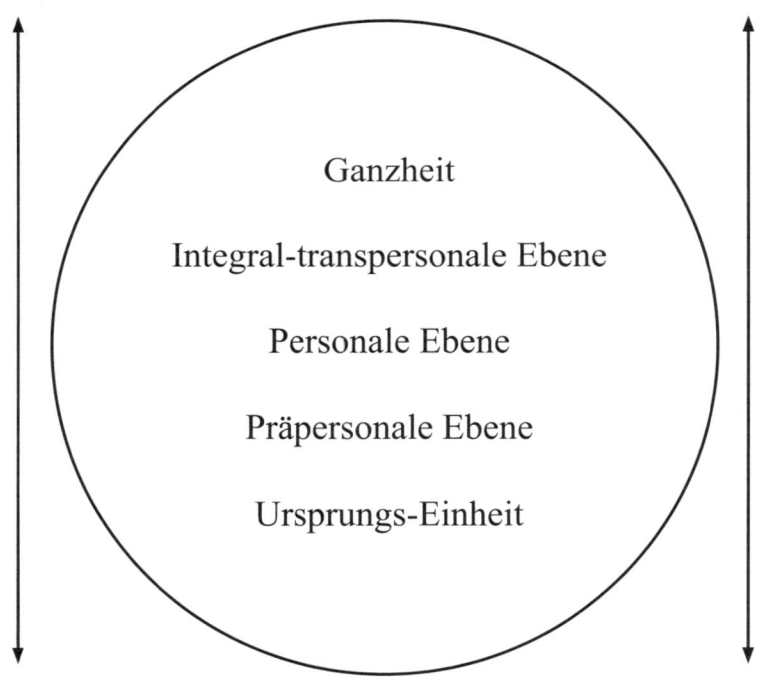

Abb. 7: Das Symbol beeinflusst alle Ebenen der Persönlichkeit und des Bewusstseins

Gefahren des Symbolischen

»Da ich aber keineswegs den Anspruch erhebe, glücklicher Besitzer
metaphysischer Wahrheiten zu sein, wäre es mir sehr viel lieber, wenn
Sie meine Symbole als ebenso vorläufig ansehen wollten wie Ihren Er-
klärungsversuch. Ich habe nämlich weder in religiöser noch in anderer
Hinsicht Gewissheit über meine Symbole. Morgen können sie sich ändern. Es sind nur Anspielungen, sie deuten auf etwas hin, sie stammeln,
und oft gehen sie in die Irre. Sie versuchen nur, in eine bestimmte Richtung zu weisen, nämlich zu jenen dunklen Horizonten, hinter denen das
Geheimnis des Seins verborgen ist. Sie sind eben gerade keine Gnosis,
keine metaphysischen Behauptungen. Zum Teil sind es sogar unzuläng-
liche und zweifelhafte Versuche, das Unaussprechliche auszudrücken.
Darum ist ihre Zahl unendlich und die Gültigkeit eines jeden ungewiss.
Es sind nur bescheidene Bemühungen, das nicht zu Beschreibende zu
formulieren, zu definieren, zu formen. ›Wo fass' ich dich, unendliche Natur?‹ (Faust). Sie bilden keine Lehre, sondern sind nur Ausdruck der Erfahrung eines unaussprechlichen Mysteriums und eine Antwort darauf.«

C. G. Jung[4]

Wenn wir uns auf die faszinierende, geheimnisvolle, paradoxe und kreative Welt der Symbole einlassen und uns ihre vielen positiven Wirkungen
erschließen wollen, dann müssen wir uns auch über ihre Schattenseiten
im Klaren sein. Gerade auch diejenigen Aspekte der Symbole, die ihre
schöpferische, Sinn stiftende und heilende Kraft ausmachen, können eine
ganz gegenteilige, eine destruktive und selbstentfremdende Wirkung haben, wenn wir ihre Gefahren und ihre geheimen Untiefen nicht erkennen. Das »Wasser des Lebens«, positiv ein Sinnbild für die dynamische
Fülle und die erneuernde, belebende Wirkung des Symbolischen, kann
uns auch leicht überfluten, sodass wir in der verwirrenden Vielfalt der
Möglichkeiten ertrinken und alle schöpferische Dynamik sich im Chaos
auflöst.

Verwechslung von Symbolischem und Konkretem

Eine der häufigsten Schwierigkeiten im Umgang mit dem Symbolischen
ist unsere Neigung, das Symbol mit dem Konkreten zu verwechseln, indem wir es für so real halten wie einen äußeren Sachverhalt, also seinen Symbolcharakter nicht erkennen. Symbolwirkungen haben oft eine
so starke Überzeugungskraft, dass es zunächst gar nicht möglich ist, das
Symbol vom Symbolisierten zu unterscheiden. Man glaubt, die Dinge
seien tatsächlich und objektiv so, wie man sie symbolisch erlebt.

Man hält das Symbol wie selbstverständlich für die konkrete Realität
und ist nicht in der Lage zu erkennen, dass es sich dabei um eine geis-

tige Konstruktion, eine bildhafte Vorstellung handelt, die sich über den eigentlichen, letztlich unbekannten Sachverhalt legt. Dies liegt vor allem daran, dass es sich bei der wahrgenommenen äußeren Wirklichkeit ja auch nur um eine von mehreren Wirklichkeitsinterpretationen handelt und, wie bereits besprochen wurde, der Übergang zwischen symbolischen Vorstellungen und den so genannten »konkreten« und »realistischen« sehr fließend ist. Die Unterscheidung zwischen dem mehr symbolischen und dem mehr konkreten Aspekt einer Sache ist häufig nur nach langer, manchmal auch schmerzhafter Erfahrung möglich.

Am eindrücklichsten erfahren wir das in der Liebe: Die Überzeugung, dass die oder der Geliebte tatsächlich jene so heiß ersehnte Symbol- und Traumgestalt ist, die den Himmel auf Erden verspricht, ist anfänglich oft so unüberwindlich, dass alles bessere Wissen und alle Erfahrung sie nicht relativieren können. Es ist dann unmöglich zu sehen und zu verstehen, dass der andere Mensch seine faszinierende Wirkung deshalb in diesem Ausmaß auf uns ausüben kann, weil er etwas symbolisiert, was einer tiefen Sehnsucht von uns entspricht.

Dass der geliebte Mensch auch ein Symbol meines inneren Sehnsuchtsbildes von einer ideal zu mir passenden Frau oder einem ideal zu mir passenden Mann ist, die es in der äußeren Realität sehr wahrscheinlich gar nicht gibt, dies erfasse ich oft nur – wenn überhaupt – nach langen Verwirrungen, Konflikten und Enttäuschungen. Manchmal erstarren dann Beziehungen im gegenseitigen Vorwurf, der oder die andere habe dem anfangs verheißenen Ideal nicht entsprochen. Diesen Zusammenhang symbolisch zu erfahren hieße, auf der einen Seite die Kraft der Liebe und all das, was sie in mir bewegt und in Wallung bringt, sich entfalten zu lassen, zu spüren, was hier in mir leben will und kann, zu spüren, dass ich ein liebender Mensch bin und dies allein schon ein Faszinosum ist. Dieses Einlassen hieße auch ein Sich-erfassen-Lassen vom Symbolischen.

Auf der anderen Seite heißt das Erkennen des symbolischen Charakters eines solchen Vorgangs, dass ich diesen symbolischen Wert nicht nur festmache an einer konkreten anderen Person, ohne deren Zuneigung ich dann plötzlich nichts mehr wäre, sondern die Wirklichkeit dieser Person als einem anderen, von mir unterschiedenen Menschen ebenso zulasse. Natürlich kann man sich nicht verlieben, wenn man gleich relativiert, man kann aber wohl wissen, dass der innere Aufschwung und das äußere Geschehen zwei verschiedene Paar Schuhe sind. So können sich viele Enttäuschungen in Quellen des Lebens verwandeln. Ich kann den anderen Menschen dann als denjenigen sehen, der in mir diese Kraft freigesetzt hat, muss ihn aber nicht in einem fixierten Bild festhalten.

Möglicherweise setzt diese Art des Umgangs die Reife eines fortgeschritteneren Alters voraus, dann wären die Irrungen und Wirrungen der früheren Phasen vielleicht notwendige Erfahrungen auf dem Weg dorthin.

Ein etwas alltäglicheres Beispiel für eine solche Verwechslung kennen wir von unserem eigenen Konsumverhalten. Wir entwickeln Sehnsüchte und verbinden damit konkrete Vorstellungen, wie diese Wirklichkeit werden könnten, vielleicht, indem wir diese oder jene Reise machen, dieses oder jenes Kleidungsstück kaufen, einen neuen Fernseher, einen besseren Computer oder ein eleganteres Auto anschaffen. Die Werbung unterstützt uns dabei, indem sie die Waren mit Symbolen und Bedürfnissen verbindet, bis sie ihren banalen Warencharakter verloren haben. Wenn wir dann gekauft haben, wieder zu Hause sind und ausgepackt haben, merken wir plötzlich ernüchtert, dass wir etwas ganz anderes gewollt haben und unsere Sehnsucht gerade wieder von vorn anfängt. Wir haben eine Ware in der Hand, die dem Vergleich mit unserem Wunsch nicht standhält, und fühlen uns irgendwie getäuscht.

»Babylonische« Sprachverwirrung

Symbolische Begriffe sind einerseits sehr plastisch und universell, andererseits aber auch sehr widersprüchlich, sodass sich daraus Schwierigkeiten ergeben können, wenn wir miteinander reden wollen. Wenn wir symbolisch sprechen, können wir nie sicher sein, ob unser Gesprächspartner ungefähr das Gleiche darunter versteht wie wir selbst. Das kann zu einer sehr gehemmten Kommunikation führen.

In religiösen, psychologischen oder künstlerischen Kreisen, in denen vorzugsweise mit symbolischen Begriffen kommuniziert wird, beschleicht uns leicht ein ungutes, flaues Gefühl der Unwissenheit und Minderwertigkeit. Weil wir nicht wissen können, was der andere wirklich meint, haben wir nur vage Vermutungen darüber. Wenn unser Gesprächspartner seine Begriffe souverän und selbstverständlich verwendet, gewinnen wir schnell den Eindruck, er habe viel mehr von den gemeinten Sachverhalten verstanden als wir. Während er vielleicht elegant mit Begriffen wie »das Unbewusste«, »das Selbst«, »Anima« und »Animus«, mit »Übertragung« und »Gegenübertragung«, mit »energetischer Dynamik« usw. jongliert, geraten wir zunehmend in eine geistige Verwirrung. Um unsere vermeintliche Dummheit und Unkenntnis nicht zu zeigen, fragen wir nicht klärend nach, sondern wir schweigen oder tun so, als würden wir den hochinteressanten Ausführungen zustimmen. Wir kommunizieren also nicht wirklich miteinander, sondern wir tun nur so, als ob.

Das erinnert an Andersens Märchen von des Kaisers neuen Kleidern, in dem keiner dem Kaiser zu sagen wagt, dass er gar keine wundervollen Kleider anhabe, aus Angst, für dumm und inkompetent gehalten zu werden.[5]

Unsere kommunikativen Verständnisschwierigkeiten sind aber nicht nur unser individuelles, sondern ein generelles Problem jeder Kommunikation. Deshalb ist es kein Eingeständnis von Dummheit, sondern ein Zeichen von Wissen und Weisheit, wenn wir immer wieder wagen zu fragen: »Wie meinen Sie das?« oder »Wie kann ich das genau verstehen?«

Gerade die Vieldeutigkeit der symbolischen Begriffe, die ja einerseits ihr schöpferisches Potenzial ausmacht, kann sie andererseits zu nichts sagenden, unbestimmten Leerformeln machen, die sich wie Jokerkarten beliebig einsetzen lassen, wenn es am genauen Begriff mangelt. Runde oder quadratische Gebilde in unseren Träumen als Ausdrucksformen des »Selbst« zu bezeichnen, männliche Gestalten als »Animus« und weibliche als »Anima«, vermittelt nur bei unscharfem Hinsehen den Eindruck, etwas verstanden zu haben. Der Erkenntniszuwachs ist aber sehr gering. Wenn eine Frau im Traum eines Mannes als Anima bezeichnet wird und die Anima als das Weibliche im Mann definiert ist, dann kommt schließlich nicht mehr heraus als eine Tautologie: Die Frau symbolisiert das Weibliche. Man ersetzt einen unbestimmten Begriff durch einen anderen.

Eine Reaktion auf diese Unschärfe und Unbestimmtheit der symbolischen Begriffe könnte nun sein, dass man in die gegensätzliche Position verfällt. Mit einem entschlossenen Gewaltstreich werden Symbole auf eingängige, handliche Formeln und Zeichen verdichtet und reduziert. Alles Längliche, Aufstrebende und Eindringende wird als »phallisch« und als Penis gedeutet, alles Runde, Hingebende und Aufnehmende wird als Symbol des weiblichen Genitales interpretiert, alles Untere wird zum Symbol des »Unbewussten«, alles Fließende zum Symbol der »Libido«. Durch die ungenügende Unterscheidung zwischen Symbol und Symbolisiertem werden aus diesen Kurzformeln Stereotypien und Vorurteile. Vorurteile beruhen wie Symbole auf Analogieschlüssen. Aus einer isolierten Eigenschaft schließe ich symbolisch deutend, aber sehr unreflektiert, auf die ganze Sache.

So werden zum Beispiel komplizierte Sachverhalte wie das Wesen von Mann und Frau, die Eigenarten von Menschen verschiedener Kulturen oder die Unterscheidung von Gut und Böse auf ein paar prägnante schwarz-weiß polarisierende Formeln reduziert. Damit können sie zwar Orientierung vermitteln, erzeugen aber auch vernichtende Vorurteile und Aberglauben. Das Dunkle und Schwarze beispielsweise macht Angst und wird deshalb von uns als böse und bedrohlich erlebt; hat ein Mensch, dem wir begegnen, eine dunkle Hautfarbe, schließen wir schnell, dass er bedrohlich und böse ist.

Man begegnet diesem vereinfachenden und konkretisierenden Vorgehen beispielsweise auch in populären psychosomatischen Vorstellungen, wenn aufgrund isolierter Krankheitssymptome symbolisch deutend auf deren psychische Ursache geschlossen wird: Wenn einer einen Schnupfen hat, dann ist er »verschnupft« oder hat »die Nase voll«, wenn einer Magenbeschwerden hat, dann ist ihm eben etwas »auf den Magen geschlagen« oder »er hat zu viel Wut in sich hinein gefressen«. Rückenleiden werden als Ausdruck mangelnder innerer Aufrichtigkeit, Herzbeschwerden als »Engherzigkeit« interpretiert.

Es wird gern übersehen, dass der Mensch und sein Organismus ein viel komplexeres System sind, als dass ihre Funktionsabläufe sich auf solche einfache Kurzformeln reduzieren ließen. Auch dürfen nicht alle körperlichen Krankheiten als »psychosomatisch« bezeichnet werden, nur weil wir ihre genauen Ursachen noch nicht kennen. Das Gleiche gilt auch für Erkrankungen, die sich zwar psychisch zeigen, aber nicht unbedingt eine primäre psychische Ursache haben müssen (z. B. bei organisch bedingten Angstzuständen oder Depressionen).

Eine vereinfachte symbolische Übersetzung einer Krankheitssymptomatik ist sehr problematisch und gefährlich. Auf diese Weise können ernsthafte körperliche Erkrankungen übersehen oder verharmlost werden, irrationale, abergläubische Behandlungsmethoden versucht und eine angemessene notwendige medizinische Behandlung versäumt werden. Darüber hinaus werden Menschen, deren Leiden schon schwer genug zu tragen ist, mit zusätzlichen Schuldzuschreibungen, Verantwortlichkeiten und vermeintlichen Charaktermängeln belastet, mit denen sie sich jetzt auch noch herumplagen müssen.

Verlust des Realitätsbezuges

Mit dem symbolischen Denken und Erleben ist eine höhere Durchlässigkeit der verschiedenen geistig-seelischen Instanzen verbunden. Dies kann sich in regem Gedankenfluss, spontanen, intensiven Gefühlen, originellen Fantasien und kreativen Einfällen, also einer sehr angeregten, bewegten seelischen Tätigkeit, ausdrücken. Diese seelische Lebendigkeit ist aber nur dann wirklich schöpferisch, wenn sie mit dem alltäglichen Leben und der äußeren Realität gut verbunden wird.

Wo dies nicht gelingt, bekommt die symbolische Dimension eine möglicherweise krank machende Überbetonung. Wie es eine Flucht vor der Seele gibt, so gibt es auch eine Flucht vor der Welt, den Beziehungen zu anderen Menschen und dem gelebten Leben. Die Innenwelt wird dann zu einem Zufluchtsort, der vor den Ängsten und Kränkungen des Lebens schützt und das Gefühl von geborgener Führung vermittelt. Man kann sich darin all das erhoffen und erträumen, was man nicht zu leben gewagt hat oder was einem das Leben versagte. Diese Flucht oder »Emigration nach Innen« ist verführerisch.

Die Übergewichtung seelischer Vorgänge kann in schwereren Fällen zu psychotischen Zuständen führen, in denen innere und äußere Realität nicht mehr unterschieden werden. Ganz besonders groß ist diese Gefahr bei bestimmten okkulten, mediumistischen und magischen Praktiken, die zu einer starken Aktivierung psychischer Komplexe und Bilder führen können.

Eine harmlosere Form der Störung durch eine zu große Belebung seelischer Vorgänge bei fehlender Abgrenzungs- und Kontrollfähigkeit liegt in der Schwierigkeit, sich zu konzentrieren, Gedanken in eine sinnvolle Ordnung zu bekommen und ständig wechselnden Gefühlen und Ideen ausgeliefert zu sein. Das erzeugt ein unangenehmes Gefühl der Desorientierung und Verwirrung, das Gefühl, neben sich zu stehen oder nicht richtig da zu sein, wie viele Menschen es kennen, wenn sie im Stress stehen und nicht mehr in der Lage sind, alle Eindrücke und Informationen adäquat zu verarbeiten.

Auch die symbolischen Bilder können zu einer Informationsüberflutung führen, sodass unsere psychischen Verarbeitungsmöglichkeiten blockiert werden und zusammenbrechen. Der beste Schutz gegen eine solche Überflutung durch Inhalte der Innenwelt sind konkrete Arbeit und gute Beziehungen zu den Menschen der Außenwelt. Diese haben meist einen stabilisierenden und »erdenden« Einfluss.

Rückfall in abergläubisches Erleben und Verhalten

Die intensive Beschäftigung mit Symbolen und den mit ihnen verbundenen seelischen Dimensionen hat notwendigerweise regressiven Charakter, das heißt, es werden ursprünglichere, »primitivere« Formen des Denkens und Erlebens wieder belebt. Durch eine zu starke Beschäftigung mit Symbolen kann es zu einer Überbetonung der Fantasie – beziehungsweise sogenannter primärprozesshafter Vorgänge – und zu einer Dominanz magisch-mythischen Erlebens und Verhaltens kommen. Zwischen Innen und Außen, Körperlichem und Psychischem, Ich und Du und besonders auch zwischen konkretem äußerem Objekt und vorstellungsmäßigem Symbol kann dann vielleicht nicht mehr deutlich genug unterschieden werden. Daraus können sich leicht magische und abergläubische Vorstellungen und Verhaltensweisen entwickeln.

Der Rückfall in prälogisches, abergläubisches Denken und Erleben ist mit einer Zunahme von Angst, Unfreiheit und zwanghaften Vorstellungen verbunden. Die Vorgänge der Innen- und der Außenwelt werden zunehmend als bedrohlich empfunden, und oft entwickeln sich dann gegen solche Bedrohung unbewusste magische Abwehrrituale.

So könnten wir auf die Idee kommen, das vorherige »Auspendeln« unserer Nahrungsmittel könne uns vor Krankheitserregern schützen oder das Einhalten bestimmter Ernährungsvorschriften oder Körperstellungen könne größere Gesundheit garantieren. Statt größere Freiheit zu gewinnen, wird das Leben immer eingeschränkter.

Im Extrem führt ein Rückfall in das magische Denken und Erleben zu psychotischen Verfolgungsängsten oder umgekehrt zu Allmachts- und Größenfantasien, in denen wir dann glauben, unsere Gedanken könnten die Mitmenschen oder gar das ganze Weltgeschehen auf magische Weise steuern.

Unsere Warnungen mögen hier etwas ernüchternd klingen und die vorherigen Höhenflüge in die Bedeutsamkeit der Welt der Symbole arg dämpfen. Wir halten sie aber für wichtig – gerade weil es uns um das symbolische Leben geht, dessen Schattenseiten wir gründlich kennen müssen, wenn wir uns sicher in ihm bewegen wollen.

II. Wirkfelder des Symbols

A. Symbolik und symbolische Ereignisse im Alltag

Die im Folgenden gewählten Beispiele sind jeweils Blicke auf einzelne Lebensbereiche des Menschen. Man könnte sagen, wir öffnen Fenster und schauen auf eine Szene, betrachten diese unter dem Gesichtspunkt ihrer möglichen symbolischen Wirkungen. Natürlich können wir hier keinen vollständigen Überblick über alle die Lebensbereiche geben, in denen Symbolisches wirksam ist, denn das Symbolische durchdringt alle Wirklichkeit. Wenn unser Blick erst einmal für die symbolische Dimension unseres Lebens geschärft ist, entdecken wir, dass praktisch alles, was für uns von persönlicher Bedeutung ist, symbolisch »aufgeladen« ist, einen tieferen symbolischen Hintergrund und Zusammenhang hat: Unser äußeres Erscheinungsbild, die Art und Farbe der Kleidung, unser Make-up, die Frisur, unsere Körperpflege, unsere typische Mimik und Gestik, unsere Körpersprache, unsere Stimme, bestimmte Redensarten, die wir bevorzugen, unsere Gewohnheiten und unser Geschmack, unser Haus und unsere Einrichtung, die Gegenstände, mit denen wir uns gerne umgeben, die Musik, die wir gerne hören, die Witze, über die wir lachen, die Filme, die wir gerne sehen usw. Alles spiegelt etwas von uns, alles sagt etwas über uns und unser Wesen aus.

Ein Mann hat zum Beispiel ein besonderes Verhältnis zu seinem Rasierpinsel. Er erzählt: »Wenn ich morgens meinen Rasierpinsel in die Hand nehme, um mich zu rasieren, geschieht dies auch in der größten Eile fast nie, ohne dass mein Vater vor mir erscheint. Das wird mir in den seltensten Fällen bewusst, aber vage spüre ich immer irgendwie seine Anwesenheit. Er hat diesen Rasierpinsel dreißig Jahre lang benutzt.

Nach seinem Tod vor zehn Jahren habe ich ihn übernommen. Wenn er weg ist, jemand ihn verlegt oder weggeräumt hat und ich einen anderen benutzen muss, dann beginnt der Tag mit dem Gefühl, dass etwas fehlt. Wenn ich mich bewusster auf die Bilder einlasse, sehe ich mich manchmal als Kind im Bad stehen und meinem Vater beim Rasieren zusehen. Ich erinnere mich genau der Grimassen, die er dabei schnitt. Hin und wieder fuhr er mir mit dem Pinsel durchs Gesicht. Der Pinsel verbindet mich mit meinem Vater.«

Um uns die symbolischen Zusammenhänge, in die alltägliche Gegenstände eingebettet sind, bewusst zu machen, können wir uns zum Beispiel entspannt in unser Lieblingszimmer setzen und in aller Ruhe die Gegenstände betrachten, mit denen wir uns gerne umgeben. Wir können fragen, was sie für uns symbolisch bedeuten, mit welchen Erinnerungen, Wünschen, Fantasien dieser oder jener Gegenstand, etwa ein Schlüssel, ein alter Füllfederhalter, der Ehe- oder ein sonstiger Schmuckring, aufgeladen ist. Welche Seiten unserer Persönlichkeit werden dadurch symbolisch ausgedrückt, dass wir gerade in diesem Sessel immer wieder so gerne sitzen? Weshalb hängt dieses Bild mit diesem Motiv und diesem Rahmen an dieser Stelle? Dann fragen wir uns, welchen Bezug diese Gegenstände zu uns als Person haben, und darüber hinaus, welchen tiefer gehenden Sinn sie uns vermitteln können.

Hierbei hilft es auch manchmal, dass wir uns versuchsweise fragen, was es für uns bedeuten würde, wenn wir plötzlich feststellen müssten, dass wir den Gegenstand nicht mehr hätten. Überlassen wir uns dabei dem Fluss der Einfälle, Gedanken, Gefühle und Erinnerungen, indem wir im Bedeutungsraum des Gegenstands verweilen, dort sozusagen eine Weile spazierengehen und die uns begegnenden Dinge auf uns wirken lassen. Auf diese Weise lernen wir, die symbolische »Aura« eines Gegenstandes zu erfassen.

Das unbewusste symbolische Erfassen, Erleben und Verarbeiten unserer Wirklichkeit ist ein wesentlicher Grund dafür, dass wir in unserer Welt Sinn, Bedeutung, Zugehörigkeit und Beziehung erleben können. Ohne eine solche symbolische Tiefenerfassung würde alles Wahrgenommene in eine Reihe unzusammenhängender, bedeutungsloser, toter Objekte zerfallen. Schon ein teilweiser Verlust des sinn- und beziehungsstiftenden symbolischen Erlebens kann zu krankhaften Zuständen, der inneren Leere, der Sinn- und Bedeutungslosigkeit der Existenz, Entfremdung, Unwirklichkeit und Einsamkeit führen.

Dies gilt nicht nur für das Individuum und sein Erleben, sondern auch für die Gesellschaft. In der Missachtung oder dem Verlust symbolischen Erlebens werden Umgangsformen, Wahrnehmungsformen, Werte deformiert. Man könnte behaupten, dass die viel beklagte Sinn- und Seelenlosigkeit des heutigen gesellschaftlichen Lebens Hand in Hand geht mit dem Verlust dieser symbolischen Ebene des Seins. Unsere Psyche benötigt dieses Eingebettetsein in symbolische Bezüge und findet ihre Befriedigung und ihre Orientierung darin.

So haben auch viele unserer Gesten und Verhaltensweisen einen tieferen sozialen und symbolischen Sinn, der sich uns überwiegend »nonverbal« erschließt. Sehr viel mehr, als wir ahnen, kommunizieren wir miteinander durch unsere meist unbewusste Körpersprache.

Abb. 8: Handkontakt – Eine wichtige Geste von Offenheit und gegenseitigem Vertrauen

Was uns beispielsweise eine offene Hand, ein freundlicher Blick und ein »Schönen guten Tag, wie geht's?« wirklich bedeuten, merken wir, wenn diese einfache Geste der Bezogenheit, Akzeptanz und des Interesses unerwartet ausbleibt. Wie sehr können wir uns verunsichert fühlen, wenn unsere dargebotene Hand, unser Blick und unser Wort nicht erwidert werden, wenn wir darauf keine oder eine negative Resonanz erfahren! Sofort tun sich Fragen auf, macht sich Irritation breit, unsere Verunsicherung sucht Gründe.

Wenn wir einmal bewusster als sonst darauf achten, wie wir einander die Hände geben und was sich in uns daraufhin abspielt, werden wir erkennen, dass im Symbol der Hand, die sich uns zum Gruß öffnet, viele ungeahnte Bedeutungsinhalte liegen können. Diese kreisen unter anderem um das Motiv des »Sich-Öffnens« und des »Offen-Seins«. Offen-Sein heißt zum Beispiel bereit sein zum Aufnehmen, Empfangen, Annehmen, Akzeptieren, Hingeben, Integrieren, Vertrauen zeigen, Nähe, Verbundenheit und Zugehörigkeit herstellen. Die Art und Weise unseres Handgebens zeigt, in welchem Maße wir bereit sind, uns dem Anderen zu öffnen. Ist es ein herzlicher, »warmer« Händedruck oder ein kraftvoller »Hand-Schlag«, oder spüren wir nur eine schlaffe, laue Hand in unserer? Wir nehmen mehr oder weniger bewusst mit dieser Geste schon einen Eindruck dieses anderen Menschen in uns auf.

Abb. 9: Die zauberhafte Sprache der Blumen

»Lasst Blumen sprechen!« Zu bestimmten Anlässen schenken wir Blumen, gelegentlich tun wir dies sogar ohne besonderen Anlass. Blumen können manchmal besser als jedes Wort Freude, Liebe, Zärtlichkeit, Erotik, Versöhnung, Mitgefühl oder Hoffnung ausdrücken.

Ohne vielleicht von der Tiefe der Blumen Symbols bewusst etwas zu wissen, spüren wir, dass hier etwas Lebendiges zu uns kommen will. Natürlich können wir fragen, warum wir, um dies zu verstehen, überhaupt die symbolische Ebene bemühen müssen. Blumen schenken heißt, etwas Schönes schenken – was gibt es da mehr zu verstehen?

Es ist vielleicht im Alltag scheinbar eine Banalität geworden, aber dass diese Gewohnheit jedoch so resistent fortbesteht, zeigt, dass ihre Bedeutung über das Alltägliche weit hinausreicht. Wenn wir einmal dem nachspüren, was ein unerwartet geschenkter Strauß Blumen in uns auslöst, bekommt das scheinbar so Alltägliche sofort einen tieferen Hintergrund.

Wir kommen auf Spaziergängen manchmal an Gärten vorbei, die in verspielter Weise gestaltet sind. In manchen finden sich Burgen, Schlösser, kleine Seen, Gebirgslandschaften, manche sind bevölkert von Gartenzwergen und anderen Figuren.

Obwohl wir vielleicht in unserem eigenen Garten niemals Zwerge aufstellen würden, bleiben wir stehen und schauen uns fasziniert oder auch irritiert dieses Ensemble von exotischen Erdmenschen und Tieren an. Und wenn wir uns darauf einlassen, können wir spüren, dass uns da eine magische Welt entgegenkommt, die trotz aller Rationalität eine tiefe Schicht unserer Seele anspricht.

Wir fühlen uns dann vielleicht in jenes frühe Jahrhundert versetzt, in dem »das Wünschen noch geholfen hat«. Zwerge sind im magischen Volksglauben – und auch in unserem Unbewussten – zauberkräftige Mächte der Erde, auf deren heimliches Schaffen und Wirken der Mensch sich früher zuweilen angewiesen fühlte.

Menschen, die sich Zwerge in ihren Garten stellen, wollen vielleicht unbewusst etwas von ihrer

Abb. 10: Geheime Kräfte der Natur

liebevollen Bezogenheit zur Natur und ihren darin waltenden, magisch erscheinenden, lebendigen Kräften ausdrücken. Sie brauchen dies vielleicht als Gegensatz zu ihrer Welt der Vernünftigkeit und der klaren Verhältnisse. Vielleicht ist unser Gartenbesitzer ja Ingenieur, Jurist oder Finanzbeamter und hat hier seine andere Welt gebaut, in der er eigentlich lieber leben würde.

Wäre es nicht besser für unsere Erde, wir hätten noch etwas mehr von dieser »naiven« Wahrnehmung, die die Natur als einen großen lebendigen Organismus ansieht, in dem »magische« Kräfte wirken?

Wir übersehen schnell, dass wir auch Seiten in uns tragen, die nicht dem rationalen Prinzip folgen, die wir aber zum Leben ebenso brauchen. Sie sind ein wichtiger Gegenpol zur rationaler gewordenen Welt, die, würde sie wirklich vollständig die Herrschaft übernehmen, zu einer durchgeplanten Welt würde, in der Bausparverträge, Computer, Kernreaktoren und Planquadrate die bestimmenden Größen sind. Und vielleicht würden uns die belächelten Figuren doch spürbar fehlen, wenn sie plötzlich alle vom Erdboden verschwänden.

Viele, die sich über die Zwerge in Nachbars Garten lustig machen, fänden es gar nicht mehr so lustig, wenn ihre – natürlich sehr vernünftigen und notwendigen – symbolischen Statusfiguren, mit denen sie sich umgeben: ihr Motorrad, ihre Rolex, ihre Handtasche oder ihr Handy, in Frage gestellt oder lächerlich gemacht würden.

Für viele ist ihr Motorrad weit mehr als nur ein praktisches Fortbewegungsmittel. Es symbolisiert Freiheit, Unabhängigkeit, Beweglichkeit, Schnelligkeit, Kraft, Potenz, Ekstase. Es hat zudem eine besondere sexuelle Bedeutung, denn die vibrierende Energie des Kolbens ist intensiv und unmittelbar an den unteren erogenen Zonen des Körpers zu spüren.

Abb. 11: Heroischer Sprung in die Freiheit

Auch das Auto ist für den modernen Menschen zu einem zentralen Symbol geworden. Es soll unsere Persönlichkeit darstellen, so wie wir gerne auf andere Menschen wirken möchten: schön, kraftvoll, potent, bedeutungsvoll, mächtig und reich.

Wir identifizieren uns mit der Größe und Stärke unseres Autos und haben dadurch das Gefühl, selber groß und stark zu sein. Das Auto überträgt seine Kraft wie magisch auf seinen Besitzer. Entsprechend dieser Identifizierung reagieren wir auf einen Angriff unserer Statussymbole häufig ebenso heftig, wie wir auf einen Angriff gegen unsere Person reagieren würden.

Der Mercedes-Stern betont diese Besonderheits-Fantasie symbolisch (wenn man diesen Wagen fährt, ist man eben ein »Star«). Darüber hinaus weist das Sternsymbol noch auf weitere Aspekte hin: Die Dreizahl, die hier ein Dreieck bildet, deutet auf die dynamische Entfaltung einer Ganzheit. Das Dreieck wird vom Kreis umschlossen.

Der Kreis ist die ganzheitlichste Grundform überhaupt, ein Symbol der Einheit. Der Stern weist nach oben, auf das Ewige, Unsterbliche und Absolute. Sterne und Sternbilder waren zu allen Zeiten dazu geeignet, im Himmel das zu suchen, was über das Erdendasein hinausgeht.

Wer diesen Wagen fährt, so ist also eine der symbolischen Botschaften, der wird wie von himmlischen Mächten sicher auf allen Wegen durch das Leben geführt (Werbeslogan: »Dein guter Stern auf allen Straßen«).

Damit wird noch einmal deutlich, wie Dinge des täglichen Gebrauchs neben ihrem zweckorientierten oft einen zunächst verborgenen symbolischen Sinn haben, der von der Werbung mal bewusst, mal weniger bewusst genutzt wird.

Auch im Sport und im Spiel finden sich viele verborgene symbolische Bezüge, die häufig erst ihren eigentlichen heimlichen Reiz ausmachen. Denken wir beispielsweise, um beim Auto zu bleiben, an das Autorennen, das von vielen nicht nur auf der Rennstrecke, sondern auch auf den öffentlichen Straßen veranstaltet wird. Erinnert es nicht an ein Ausleben ural-

Abb. 12: Guter Stern auf allen Straßen

ten Jagdinstinktes? Man spricht ja auch von der Autobahn als dem letzten Jagdrevier für die breite Bevölkerung. Ähneln die vierrädrigen Autos mit ihrer »Schnauze« und ihrem bedrohlichen Gebrumm nicht wilden Tieren, denen man auf freier Wildbahn bei höchstem eigenen Risiko nachstellen muss, um sie zur Beute zu machen? Wer ist der stärkste, erfolgreichste, geschickteste Jäger und bringt die prächtigste Trophäe mit nach Hause?

Oder denken wir ans Fußballspiel. Wie bei keinem anderen europäischen Mannschaftssport liegt hier die Parallele zu einem spielerischen »Krieg der Nationen« nahe. Man braucht nur an die häufig benutzten Wendungen wie »Schlacht« oder »Bombenschüsse« oder an die Fachbegriffe »Abwehr« und »Stürmer« zu denken, um sich diese Beziehung klarzumachen. Hier scheint das Spiel nur ein Vehikel zum Austragen tiefer liegender Bedürfnisse nach kämpferischer Auseinandersetzung und dem Erleben von Solidarität und »Wir-Gefühl« zu sein. Auch archaische sexuelle Inhalte sind beim Fußball offensichtlich: »Der Mann mit dem gewaltigen Bumms«.

Schach, das »Spiel der Spiele«, das indischer Herkunft ist, hat schon immer zu symbolischem Nachdenken inspiriert. Vordergründig erscheint es als ein reines Kriegsspiel, bei dem sich zwei Lager feindlich gegenüberstehen und mit Strategie und Taktik versuchen, die Figuren des Gegners zu schlagen, seine Abwehrreihen zu durchbrechen und den König matt zu setzen.

Hinter diesem Geschehen sah man aber immer auch schon tieferen Sinn. Das weiß-schwarze Brett mit den vierundsechzig Feldern kann

Abb. 13: Das königliche Spiel des Lebens

alle polaren, widerstreitenden Kräfte, Mächte und Möglichkeiten, die im Universum und im Leben des Menschen und in ihm selbst wirksam sind, symbolisieren, zum Beispiel Tag und Nacht, Licht und Schatten, Positiv und Negativ. Das Brett ist dann die Weltbühne, auf der der Mensch das Drama seines Lebens spielt.

Wie im Leben auch erfährt der Schachspielende die unentrinnbare Macht des Gesetzes von Ursache und Wirkung. Er hat eine gewisse Freiheit, seinen Weg einzuschlagen und sein Ziel zu planen, aber er muss auch die Schicksalsmächte, die ihm in Form der unvorhersehbaren Züge des Gegners entgegentreten, gebührend berücksichtigen. In seinen guten Zügen und in seinen Fehlern erlebt er das ständig wechselnde Auf und Ab von Hoffnung und Angst, Freude und Leid, Glück und Unglück, bis er schließlich alle seine Figuren wieder in die Schachtel zurücklegen muss. Die Schachstellung in Abb. 13 ist außergewöhnlich. Trotz überwältigender Übermacht ist Weiß in der Lage, den schwarzen König in vier Zügen zwingend matt zu setzen: Triumph des Geistes über die die Materie! (Die Lösung findet sich am Ende der Anmerkungen im Anhang.)

Die Politik wird mehr mit pragmatischem Handeln in Zusammenhang gebracht, mit rationalen Entscheidungsprozessen, und doch ist – natürlich – auch die gesamte Atmosphäre der Politik aufgeladen mit Symbolen. Erinnert seien hier an die emotionale Bedeutung einzelner

43

Abb. 14: Aufbruch zur Freiheit, Gleichheit und Brüderlichkeit

Persönlichkeiten, wie Präsidenten, Könige und Kaiser, mit deren Leben und Schicksal sich ganze Völker identifizieren können. Oder denken wir an die symbolisch-suggestiven Formeln der politischen Propaganda.

Auch die Fahne, die Flagge, das Banner ist für viele Menschen von besonderem symbolischem Wert. Ursprünglich vielleicht nur Hilfsmittel zur besseren Unterscheidung der Militärverbände aus der Ferne, wurden Fahnen zum wichtigen Symbol, oft zum Fetisch: »Wissen wir auch nicht, wohin es geht, wenn nur die Fahne vor uns weht.«

Wir haben in der Bundesrepublik aufgrund unserer historischen Vergangenheit zur Fahne und zu dem damit verbundenen Nationalgefühl eher ein gespaltenes Verhältnis. In unseren Nachbarländern finden wir diesen ambivalenten Klang weit weniger. So ist zum Beispiel für die Franzosen die Trikolore noch immer das Symbol ihrer Revolution, ihres wesentlichsten Schrittes in die Moderne.

Unter Fahnen finden Aufmärsche statt, sie scheinen ein verbindendes Banner zu sein, ein vereinigendes Symbol für die Zugehörigkeit. Sie verbinden, integrieren, stiften Identität, stellen den Bezug zu einer – oft mystisch erhöhten – Vergangenheit her, ähnlich wie im kleinen Maßstab das Abzeichen. Damit betonen sie gemeinsame Tradition. In Kriegen kam und kommt der Fall, die Erbeutung, das Einnehmen der Fahne (oder einem vergleichbaren nationalen Symbol, z. B. einem zentralen Denkmal oder Gebäude) dem Fall des Regiments, der Gruppe gleich, als sei sie mit der Fahne ihrer Identität, Kraft und Macht beraubt.

Die Behandlung der erbeuteten Fahne spielt oft eine besondere symbolische Rolle: Die Fahne herabreißen, zerschneiden oder verbrennen symbolisiert den Wechsel der Macht, die Aneignung oder Vernichtung der alten oder gegnerischen Tradition und die Errichtung der neuen.

Die Macht eines Symbols und die Möglichkeit seines Missbrauches ist in der Menschheitsgeschichte vielleicht niemals erschreckender deutlich geworden als im Hakenkreuz.

Das Hakenkreuz (Swastika) ist eines der ältesten und verbreitetsten Symbole der Menschheit und taucht in unterschiedlichsten Formen auf, zum Beispiel als Sonnenrad. Es enthält zwei Diagonalen, also vier Himmelsrichtungen und die Bewegung des Kreises. Die Swastika kann sich nach rechts und nach links drehen und damit den ewigen Rhythmus des Lebens, die Evolution und die Involution, das Ein- und das

Abb. 15: Missbrauch eines mythischen Symbols

Ausatmen, die Ausdehnung und das Zusammenziehen, das Werden und Vergehen darstellen. Sie erinnert auch ein wenig – darauf hat der Psychoanalytiker Otto Rank hingewiesen – an die sexuelle Vereinigung zweier Menschen (z. B. im Sitzen). Die Swastika ist damit ursprünglich ein zentrales und ganzheitliches, gegensatzvereinigendes Symbol des Lebens, der schöpferischen Energie, der Evolution, der Wandlung und der Wiedergeburt. Im Faschismus wurde bewusst angeknüpft an diese alte Symbolik. Es sollte vielleicht die Übereinstimmung der nationalsozialistischen Bewegung mit den kosmischen Ur-Kräften und deren unaufhaltsame, zielgerichtete Entwicklung bis zum »1000-jährigen Reich« suggerieren. Im nationalsozialistischen Hakenkreuz ist im Widerspruch zu den verkündeten progressiven (= rechts drehenden) Heilsversprechungen für die Zukunft eine (regressive) Linksdrehung vorhanden. Man könnte sich fragen: Hat sich hier unbemerkt der wahre rückläufige, in die Auflösung führende Charakter der nationalsozialistischen Idee verraten?

45

Abb. 16: Europäische Einheit

Nach Phasen der Krise, des Kampfes und des Umsturzes werden wieder Symbole der Ganzheit und der Einheit belebt, so im Symbol des gemeinsamen Europa. Interessant ist in diesem Zusammenhang der Begriff das »gemeinsame Haus Europa«, der symbolisch die Wunschgestalt der politischen Union beschwört.

Das Symbol kann in der Politik auch zur Vereinfachung und Verschleierung realer Tatbestände dienen. Komplexe, schwer zu lösende Probleme werden durch plakative suggestive Formeln und Symbolbildungen auf einfache Nenner gebracht. Die »hart im Raume sich stoßenden Sachen« werden symbolisch verschönt und verklärt. Der Kreis der Sterne im Europasymbol ist einfach, übersichtlich und klar, die Wirklichkeit des Zusammenwachsens vieler Völker und Kulturen aber äußerst schwierig und komplex.

B. Symbolik in der Kunst

In Kunst und Religion haben seit alters Symbole eine entscheidende Rolle gespielt. Ohne ein Symbolverständnis sind diese Bereiche nicht wirklich zugänglich. Alle Kunst und alle Religion basieren auf der Verwendung von Symbolen wie auch dem Verstehen beziehungsweise der Interpretation dieser Symbole. Kunst und Religion wollen über eine bloße Darstellung der konkreten, so genannten äußeren Realität hinausgehen. Sie wollen sie transzendieren, auf »höhere« oder »tiefere« Ebenen der Wirklichkeit verweisen, die wir im Alltäglichen meist nicht erfassen. Durch Schaffung und Verstehen von Symbolen in Kunstwerken werden neue Dimensionen der Welterfahrung und Selbsterfahrung gestaltet und ausgedrückt.

Kunst wurde zwar auch als pädagogisch-erzieherisch, aufklärerisch, abbildend und belehrend aufgefasst, und sie hatte oft einen unterhaltenden Aspekt. Diese Aspekte berühren uns aber immer nur kurzfristig, was wir besonders deutlich spüren, wenn wir manche Kunstwerke aus früheren Epochen betrachten, zu denen wir keinen rechten Zugang mehr finden und die uns »nichts mehr sagen«. Es sind die zeitlosen, überindividuellen symbolischen Elemente in der Kunst, die uns wirklich interessieren und die uns über die Jahrtausende frisch und unmittelbar ansprechen. Kunst im besten Sinne verbindet die individuelle Gestaltung, die »Komposition« des Künstlers, seine Innenwelt und seine persönlichen Fragen mit dem gesellschaftlichen und allgemein menschlichen Hintergrund.

Auch ein ganz alltäglicher Gegenstand wie eine Fertigsuppendose oder ein Reißnagel kann, wenn er in den Raum des Künstlerischen und damit Symbolischen erhoben wird, zu einem symbolischen Objekt werden. Die Dose wird dann zum Beispiel zu einem Symbol unserer Zeit und Kultur, unserer Konsum- und Wegwerfmentalität, zum Ausdruck der Entfremdung von natürlichen Prozessen, der Umweltzerstörung und unserer unbedenklichen Ausbeutung von Ressourcen, auch unseres Werteverlustes. Sie kann uns die suggestive Macht der Werbung und der Medien vor Augen führen und wie sehr sie unser Bewusstsein und unsere Kultur prägen.

Das Erheben eines alltäglichen Objektes in das Künstlerische hinein kann aber auch auf die oft übersehene Schönheit des Alltäglichen hinweisen und, wenn sie uns mit ihrer elementaren »Istigkeit« konfrontiert, auf das immer gegenwärtige So-Sein des Lebens stoßen. Sie würde uns, etwa im Sinne des Zen-Buddhismus, darauf aufmerksam machen, dass das Leben nur hier und jetzt, so wie es gerade ist, stattfindet und dass wir

Abb. 18: Ist das eine Kunst?

nur dann wirklich an ihm teilnehmen, wenn wir uns offen dem aussetzen, was ist und wie es ist.

Zu manchen künstlerischen und religiösen Symbolen finden wir keine Beziehung, weil uns die mit ihnen verbundene Gestaltung nicht anspricht, sie aus anderen Kultur- und Religionskreisen stammt oder wir sie vielleicht als »kitschig« ablehnen.

Aber der Übergang von Kunst und Kitsch, von echtem Symbol zu oberflächlichem Klischee, ist fließend und hängt stark vom jeweiligen kulturellen Kontext und dem jeweiligen Betrachter ab. Was für den einen ein unerträglich kitschiges Bild ist, kann für den anderen ein tief greifendes und wesentliches Symbol sein, das ihn in hohem Maße berührt und bewegt.

Abb. 19: Kunst oder Kitsch?

48

Das Verstehen der Symbolik bedarf eines unvoreingenommenen, offenen, toleranten Blickes, mit dem man hinter die jeweilig vordergründige Erscheinungsform zu schauen vermag. Die gelungene künstlerische Ausgestaltung eines Symbols kann manchmal die Symbolwirkung erhöhen, oft aber ist es die »archaische« »primitive« symbolische Ausdrucksform, die uns unbewusst besonders berührt. In den tieferen Schichten unserer Seele lebt eben auch noch der »archaische« Mensch, dessen elementare triebbhaft-emotionale Bedürfnisse ebenso befriedigt sein wollen wie unsere »höheren«, geistigen und ästhetischen.

Im Kunstwerk und religiösen Symbol ist das Ganze immer mehr als die Summe seiner Teile. Durch eine Beschreibung von Tonart, Takt, Rhythmus usw. erfahren wir nie die Musik an sich, durch ein Erkennen von Metrum, Vokalfolgen, Metaphern erschließen wir nicht das Gedicht, durch eine analytische Beschreibung der Komposition, des Motivs, der Färb- und Raumsymbolik erfassen wir nicht den ganzen Ausdruck eines Bildes. Andererseits kann das Wissen über die Wirkung von Farben, Tonarten oder Reimen das ganzheitliche und symbolische Erleben auch fördern, wenn wir nicht in die Falle des Reduktionismus (»Das ist nichts anderes als ...«) gehen.

Analytische Einsichten und Interpretationen können Welten öffnen, vertiefen und manchmal überhaupt erst zugänglich machen. Aber wir dürfen über das Erfassen und Analysieren der Einzelheiten nicht das unmittelbare Wahrnehmen und Erleben, das natürliche Hören und Sehen vergessen und müssen uns intuitiv und gefühlsmäßig berühren lassen. Das lebendige Kunstwerk wie auch das lebendige Symbol erschließen uns bei jeder neuen Betrachtung immer wieder neue Erfahrungen und neue Inspirationen. Rainer Maria Rilke[6] drückt das so aus:

»Lied und Gedicht und Bild sind anders als die anderen
Dinge ...
Sie *sind* nicht.
Sie *werden* jedes Mal wieder.«

Symbolik in Malerei und Bildhauerei

Die Bildersprache ist eine frühe Sprache der Menschen, möglicherweise die früheste und urtümlichste.

Zunächst wirken ein Gemälde, eine Zeichnung oder Radierung, eine Plastik oder Baukunst ganzheitlich auf uns und ziehen uns jedes auf seine Weise auch ganz unterschiedlich in seinen Bann. Jedes Gemälde und jede Plastik besteht aus Grundelementen, die jedes für sich symbolische Bedeutung haben können. Bei den meisten Bildern steht das Motiv

49

im Mittelpunkt unseres Interesses, und meist können wir es auch relativ rasch beschreiben. Landschaften und Städte oder Dörfer, Stillleben, Porträts, Menschen oder Menschengruppen und deren Aktivitäten, Tiere, archetypische, religiöse, visionäre, mythische, historische Themen, auch geometrische Formen und Linien oder Farben können zum Motiv werden. Manchmal ist das Motiv an sich schon ein Symbol, was vor allem in mythologischen und religiösen Bildern offensichtlich ist.

Künstlerische Motive sind in einem bestimmten Stil und mit bestimmten Techniken gestaltet, die sowohl einer Epoche wie auch einem einzelnen Künstler zugeordnet werden können und auch symbolische Wirkung entfalten. Zum Beispiel wirkt ein Altargemälde aus der Zeit des Barocks mit seinen rundlichen, strotzenden, kraftvollen, lebendigen Formen ganz anders als eines aus der Renaissance mit den schlanken, gemäßigt und abgeklärt erscheinenden, ruhig dastehenden oder sitzenden Figuren.

Ein weiteres dominierendes symbolisches Element sind die Farben: kalte und warme Farben, Kontraste und Harmonie, ineinander über gehende Farbtöne oder scharf abgegrenzte, Helligkeit oder Dunkelheit, Licht und Schatten. Farbsymbolik spricht uns unmittelbar an – wie wir am Beispiel der Farbe Rot gesehen haben –, und sie ist sowohl von der uns umgebenden Natur wie von unserer Kultur mitgeprägt.

Die Gesamtkomposition eines Bildes und seine symbolische Bedeutung werden zudem von der Perspektive, den Proportionen, der Raumaufteilung, links und rechts, oben und unten, der Betonung der Horizontalen, Vertikalen, Diagonalen, der Gestaltung des Vorder- oder Hintergrundes bestimmt oder auch von Linien und Formen, Bewegung und Richtung der Bewegung.

Nach links sich bewegende Figuren könnten zum Beispiel, symbolisch aufgefasst, ins Unbewusste, ins Dunkel, in die Vergangenheit, zur Herkunft und Mutter gehen, nach rechts strebende in die Zukunft weisen. Die Gestaltung von Oben und Unten kann symbolische Aussagen über Himmel und Erde, Gott und Mensch, Geist und Körper beinhalten.

Bei der Bildhauerkunst fließt die Symbolik des Materials mit ein. Die Arbeit am Stein wurde schon immer in der Menschheitsgeschichte als etwas Besonderes erlebt. Stein als ein uraltes, sehr stabiles, hartes, den Menschen und organisches Leben bei weitem überdauerndes Material ist nur sehr schwer und unter Einsatz hoher Energien zu bearbeiten, sodass bearbeitete Steine symbolisch in besonderem Maße etwas künden vom kraftvollen, schöpferischen Wesen des Menschen und seinem Drang, in die Natur einzugreifen, sie zu verändern und zu gestalten.

Jahrmillionen waren Steine nur von Wasser, Sonne, Wind und Wetter geformt worden. Dann lernten die Menschen, sie zu bearbeiten, und in der Steinzeit gelangen der Menschheit durch Arbeit an und mit Steinen entscheidende kulturelle Fortschritte und Entwicklungen.

Als Werkzeuge ebenso wie als Objekte kultischer Verehrung bekamen die Steine damals Bedeutung. Immer wurden sie seither aus ihrer ursprünglichen Umgebung heraus gehauen, bearbeitet, transportiert, wieder in neuem Sinnzusammenhang und mit spezifisch menschlicher Intention aufgerichtet. Das Aufrichten von Steinen war für frühe Kulturen auch ein symbolischer Akt der Ausrichtung nach oben, ein Bewusstwerden und Ausrichten auf die geistig-transpersonale Dimension. Noch heute errichten wir Steindenkmäler und Grabsteine und drücken damit etwas von unserer Sehnsucht nach Dauerhaftigkeit und Ewigkeit aus.

Steine symbolisieren Sicherheit, Stabilität und Kraft: Wir legen im realen und im symbolischen Sinn Grundsteine.

Wir kennen die Grundpfeiler unserer Überzeugungen. Wir bauen unsere Häuser überwiegend aus Stein. Steine lehren uns auch, dass es Grenzen für unsere Aktivitäten gibt. Stabilität kann zur tödlichen Instabilität und Starre werden, das Herz aus Stein etwa kündet uns davon. Steine zeigen uns, dass es Dinge gibt, die sich nur sehr langsam, mit viel Mühe und unter Einsatz von viel Energie durch Menschenhand verändern lassen oder einer Veränderung ganz widerstehen.

Abb. 20: C. G. Jungs Stein der Weisen

Die Arbeit am Stein kann für die formende Arbeit an uns selbst stehen. Bei den Freimaurern beispielsweise wird die Arbeit am Stein zum Symbol der menschlichen Bemühungen um Individuation. Der noch rohe, unbearbeitete und der behauene Stein stellen Anfangs- und Endpunkt der menschlichen Entwicklung dar. Der Stein steht aber auch für die Härten und die Grenzen dieser Arbeit.

Auch die alchemistische Bilderwelt enthält diese Symbolik im Bild der »Prima materia«, des Ursprungsmaterials, in dem latent alles enthalten ist, und des »Lapis philosophorum«, des philosophischen Steins der Weisen, des Symbols des Endziels.

Die Abbildung 20 zeigt einen von C. G. Jung behauenen und mit alchemistischen und eigenen Symbolen versehenen Stein. Auf einer Seite zitiert er einen lateinischen Text von Arnaldus von Villanova: »Hier steht der Stein, der unansehnliche. Zwar ist er in Punkto Preis billig. Er wird von den Dummen verachtet, umso mehr aber von den Wissenden geliebt.« Das, was von den Wissenden geliebt wird, ist für Jung das Unbewusste und das Selbst. Diese sind zwar beständig und überall vorhanden, werden aber als Bereich lebendiger und schöpferischer Kraft nicht wertgeschätzt.

Symbolik in der Musik

Auf den ersten Blick scheint Musik mit der symbolischen Dimension unseres Lebens weit weniger zu tun zu haben als die bildenden Künste oder die Dichtung. Dieser Eindruck hängt damit zusammen, dass wir gewohnt sind, Symbolik mehr mit Bildern als mit Tönen und Klängen in Verbindung zu bringen. Aber bei näherem Hinsehen beziehungsweise Hinhören offenbart sich uns auch in der Musik ein Universum an Symbolik.[7]

Musik lässt sich verstehen als ein Symbol des fließenden, ständig sich wandelnden Lebensprozesses, in dem sich die verschiedensten Gegensätze in unendlichen Variationen, Färbungen und Nuancen immer wieder vereinen und lösen, auseinander streben und zusammenfließen, bekämpfen und versöhnen.

Die dynamische Fülle und Ganzheit des menschlichen Selbst kann sich in ihr symbolisieren: Männliches und Weibliches, Dunkles und Helles, Oberes und Unteres, Passives und Aktives, Geistiges und Erdhaftes, Chaotisches und Harmonisches, Ekstatisches und Leidvolles, Erotisches und Kämpferisches.

Ein symbolisch überaus ergiebiges Beispiel hierfür ist Mozarts Oper »Die Zauberflöte«. Unter tiefenpsychologischem Gesichtspunkt stellt es den Bewusstwerdungsprozess des Menschen, seinen Individuationsweg, eine Auseinandersetzung mit den archetypischen Grundkräften und Polaritäten der Seele dar, in der die Kunst und die Musik eine entscheidende Rolle spielen. Die Zauberflöte (als Instrument) wird dabei zu einem Symbol der Vereinigung und Überwindung der Gegensätze durch den schöpferischen Prozess.[8]

Die tief reichende Wirkung der Musik auf uns liegt vielleicht darin begründet, dass Töne und Geräusche uns von allem Anfang an durch unser Leben begleiten. Bereits im Mutterleib sind wir über das Hören mit dem Pulsschlag und den Urtönen des Lebens verbunden. Töne stellen die früheste wahrnehmbare Verbindung mit unserer Außenwelt dar. Musik im weiteren Sinn kommt uns auch überall in der Natur entgegen. Singende Vögel, summende Insekten, Donner, Regen, Sturm, Hagel, das Rauschen des Meeres, eines Wasserfalls, das Gluckern einer Quelle oder eines Flusses, bedrohliches Knurren, Brüllen von Tieren: all das ist mehr als nur Geräusch, es ist Ausdruck des Lebens, »Lebensmusik«, die uns mit unserem naturhaften wie auch unserem göttlich-kosmischen Hintergrund verbindet.

Musik kann uns wie kaum eine andere Kunstform unmittelbar und ganzheitlich ergreifen. Wir können uns ihrem magischen Einfluss wenig verschließen. Musik erfasst unseren Geist, unsere Seele und unseren Körper als Einheit, wirkt auf unsere Stimmungen und Gefühle ein, sie steckt uns an, und wir beginnen sehr bald, sie auch auszudrücken, sei es im Schlagen des Rhythmus, sei es im Gesang und Tanz. Sie ist eine unserer elementarsten Lebenserfahrungen und Lebensäußerungen, in ihr und durch sie pulsiert das Leben.

Musik ist mit allen Lebensbereichen verknüpft: mit Arbeit, Entspannung, Freude, Tanz und Feier, Spaß und Spiel, Kampf, Krieg, Krankheit, Klage und Tod. Musik ist ganzheitlich: Sie hat einen rationalen, nach Ordnung, Struktur und Klarheit strebenden »Logos«-Aspekt, wie auch einen starken Gefühlsaspekt, es besteht ein ständiger Kampf zwischen Kontrolle und Hingabe, Festgefügtheit und Improvisation, Konzentration und Auflösung. Sie hat einen körperhaften Aspekt, und sie kann uns in den Bereich der Ahnung, des Unsagbaren, Intuitiv-Erfahrbaren, den transpersonalen, symbolisch-archetypischen Bereich unserer eigenen Seele führen.

Musik kann strukturbildend, konzentrierend und klärend wirken und damit geistige Prozesse fördern, wie auch auflösend und rauschhaft sein. Dann stellt sie eine Verbindung zu den archaischen, triebhaften Urgründen unserer Seele und unseres Körpers her. Solche ekstatische, dionysische Musik kann für den zivilisierten Menschen, der seine Verbindung zum natürlichen Leben verloren hat, heilend und wandelnd wirken. Auch die moderne Jazz-, Rock-, Technomusik können diese Bereiche beleben. Dass Jugendliche sich zu dieser Musik hingezogen fühlen, ist Ausdruck dafür, dass sie mit den Elementarkräften des Lebens (Bewegung, Sexualität, Aggressivität) in Berührung kommen wollen und diese Kräfte in ihnen nach Erfahrung, Ausdruck und Kanalisierung drängen.

Praktisch jedes einzelne Element der Musik kann zum Träger symbolischen Ausdrucks werden. Die Verwendung von bestimmten Instrumenten, Tönen, Tonarten, Melodien, Rhythmen, Tempi, Pausen, Figuren und Musikformen wurde schon in der Musik der alten Hochkulturen bewusst gestaltet und symbolisch eingesetzt. Wir wissen, was es heißt, in »Moll« gestimmt zu sein, und spüren die aufhellende Wirkung des »Dur«.

Wir spüren, wie Märsche und Ouvertüren, wie Blechinstrumente, Pauken und Trompeten unmittelbar unseren Körper ansprechen, uns ermutigen, aktivieren, solidarisieren, uns das Gefühl von Energie und Kraft geben und das Heroische in uns wecken, wie sie uns helfen, Spannungen und Aggressionen abzureagieren.

Wir können erleben, wie die zarten, leisen Töne, vielleicht von Violinen, Harfen und Flöten, uns entspannen, uns öffnen für unsere weicheren, hingebungsbereiten Seiten, für die Liebe, für die Meditation. Eine bestimmte Musik kann für einzelne Menschen oder Gruppen zum Symbol und Programm werden, ihr Lebensgefühl ausdrücken, wie zum Beispiel Wagners Opern im 19. Jahrhundert, der Beat in den 60er, der Techno in den 90er Jahren.

Musik scheint zugleich aus tiefsten wie aus höchsten Dimensionen zu kommen. Noch mehr als bei den bildenden Künsten können wir durch die Musik eine Verbindung zu »unsichtbaren«, nicht anschaulichen, nicht konkreten Welten, zum göttlichen Kosmos wie zum Göttlichen in uns selbst erfahren. Musik wurde schon in den alten Hochkulturen als von den Göttern kommend angesehen und als Ausdruck der Verbindung von Gott und Welt, Mensch und Kosmos und der Harmonie verstanden. In religiöser und kultischer Musik ist diese Bewusstseinsveränderung und -erweiterung ganz offensichtlich ein Ziel. In einem längeren Gedicht über das Orgelspiel schreibt Hermann Hesse[9]:

> »Wie vielstimmig in verschlungenen Chören,
> Sehnsucht, Trauer, Engelfreude tönend,
> Sich Musik aufbaut zu geistigen Räumen,
> Sich verloren wiegt in seligen Träumen,
> Firmamente baut aus tönenden Sternen,
> Bis es scheint, es sei die Welt durchlichtet,
> Ein Kristall, in dessen klaren Netzen
> Hundertfach nach reinlichsten Gesetzen
> Gottes lichter Geist sich selber dichtet ...«

Symbolik im Tanz

Wie die Musik, so ist auch der Tanz eine elementare Weise des Menschen, sich auszudrücken und unmittelbar körperlich das zu gestalten und mitzuteilen, was ihn bewegt. Tanz ist urtümliche, kraftvolle wie lustvolle Bewegung und Freude am Lebendigsein. Tanz ist Religion und Magie, Eros und Ekstase.

Die elementare, allumfassende, aber auch ambivalente Bedeutung des Tanzes symbolisiert sich zum Beispiel im Bild des indischen Gottes Shiva, der als tanzender Gott im Flammenkreis des Kosmos dargestellt wird und in sich widersprüchlichste Elemente vereinigt: Askese und orgiastische Sexualität, Vernichtung und Schöpfung. Dieser Gott Shiva ist der Herr des Tanzes, der in seinem Tanzen Welt erschafft und zerstört und damit zugleich eine ewige, kosmische Harmonie erhält.

Im christlich-abendländischen Kulturkreis war das Tanzen lange ambivalent besetzt, so ist der Tanz um das Goldene Kalb Bild einer negativ-ekstatischen Erfahrung. Das freie und gesellige Tanzen wurde häufig als heidnisch und als körper- und lustorientiert verpönt, in manchen Zusammenhängen sogar verboten.

Tanzen ist zugleich individueller Ausdruck eines Einzelnen, eines Paares oder einer Gruppe. Im Tanz kann der Tänzer selbstvergessen versinken oder expressiv nach außen gehen und Beziehung aufnehmen zu Mittänzern oder Zuschauern. Der Tanz ist subjektiv und doch auch allgemein verständlich, weil bei aller individueller Ausdruckskraft und Freiheit bestimmte Gebärden allgemein gültig sind. Er kann ganz frei, reine Lust und Spiel sein, wie auch streng geregelt.

»Gebundene«, auch zweckorientierte Tänze gibt es in gewisser Form schon im Tierreich, so kommunizieren die Bienen über eine Art Tanz sehr effektiv miteinander. »Paarungstänze« finden wir bei Tieren wie auch beim Menschen. Schon sehr früh in der Menschheitsgeschichte gab es rituelle Tänze, die zum Beispiel die Jagd und Krankenheilung oder andere besondere Ereignisse wie Fruchtbarkeitsrituale, Regenzauber usw. vorbereiten, begleiten und abschließen. Einige Kulturen kennen die Tempeltänze, bei uns haben sich bis heute der Volks- und der Gesellschaftstanz erhalten. Der freie und improvisierende Ausdruckstanz allein, als Paar oder in der Gruppe, sowohl als Gesellschaftstanz wie auch als Kunstform spielt in unserer Zeit naturgemäß eine besondere Rolle.

Die komplexen symbolischen Zusammenhänge oder Beziehungen, die im Tanz ihren Ausdruck finden können, lassen sich in besonders reiner Form auch im Ballett oder im klassischen Tanz erkennen.

Die getanzten Figuren und Bewegungen im Ballett sind oft kreis- oder kugelförmig und erinnern an Kreismeditationen oder Mandalaformen.

Das Element des Bios-Prinzips, der Erde und Natur, wird sehr stark spürbar im »vegetativen Grundzug«, den viele Bewegungen, vor allem der weiblichen Tänzerinnen, haben, die zum Beispiel an aufblühende Pflanzen erinnern. Außerdem gehören auch die Drehungen, wie etwa die Pirouette, die ein ekstatisch-dionysisches Element des Balletts zum Ausdruck bringen, in diesen Bereich.

Eine besondere Bedeutung hat der »Pas de deux«, wie überhaupt das ganze Zusammenspiel des Weiblichen und Männlichen, als ein Wechselspiel grundlegender Polaritäten. Auffällig ist auch, dass die

Abb. 21: Prima Ballerina

Tänzerinnen und Tänzer nicht ausgesprochen männlich und weiblich, sondern eher androgyn wirken, damit die Vereinigung der Gegensätze andeutend.

Wichtig ist auch die Verbindung zwischen Erde und Himmel. Die »Erdung« wird beispielsweise im »Plié«, dem Knien und Strecken der Beine, deutlich. In jeder Bewegung des Tänzers, vor allem vor und nach jedem Sprung zur Erde hin beziehungsweise von ihr weg in den Himmels- und Luftraum, fällt er sozusagen schwer in die Tiefe, um sich dann leicht nach oben, in die Höhe, in den Himmel zu strecken.

Der Tanz hat einen besonderen Bezug zur Höhe und zur Senkrechten. Der kraftvolle Sprung und das ausreichend lange Halten des Sprungs, das Schweben zwischen dem Absprung nach oben und dem Fall nach unten erinnert an die menschliche Sehnsucht zu fliegen und in diesem Fliegen die Erdenschwere und die körperlich-materiellen Grenzen unseres Daseins zu verlassen und in die Leichtigkeit, Luftigkeit und Unbegrenztheit des Himmels zu gelangen. Das könnte auch als geistige Ekstase eines transzendenten Bewusstseins aufgefasst werden.[10]

Symbolik in Dichtung und Poesie

Die Sprache mit dem ihr verbundenen Logos als Geist und Bewusstsein ist eine der entscheidenden Fähigkeiten, die den Menschen auszeichnet: »Am Anfang war das Wort« (Johannesevangelium). Für den archaischen Menschen war das Wort mehr als nur ein bloßes Verständigungsmittel. Es galt als Träger göttlicher Potenzen, denn das (göttliche) Wort ruft die Dinge in das (Bewusst-) Sein.

Ist es nicht auch tatsächlich eine wundervolle, magische, göttliche Gabe, sich auf diese Weise seiner selbst und der Welt bewusst zu werden, sich mit anderen Menschen verständigen zu können und damit unsere existenzielle Einsamkeit zu überwinden, das Leben und die Welt miteinander zu teilen – mitzuteilen?

> »Ein Wort, ein Satz –: aus Chiffren steigen
> erkanntes Leben, jäher Sinn,
> die Sonne steht, die Sphären schweigen
> und alles ballt sich zu ihm hin.
>
> ...
>
> Ein Wort – ein Glanz, ein Flug, ein Feuer,
> ein Flammenwurf, ein Sternenstrich –,
> und wieder Dunkel, ungeheuer,
> im leeren Raum um Welt und Ich.«
>
> Gottfried Benn[11]

Einerseits sollte unsere alltägliche Kommunikation möglichst eindeutig und klar sein, damit wir genau verstehen können, was der andere meint. Aber die vielen Missverständnisse, denen wir tagtäglich begegnen, zeigen, dass Sprache immer auch symbolisch ist, das heißt, viel mehr Bedeutungen hat, als wir merken. Auch fließt immer etwas Individuelles mit ein, indem sich unsere Erfahrungen und Assoziationen mit den verwendeten Begriffen verbinden. Es schwingt unser persönlicher Hintergrund mit, auch wenn wir uns über etwas scheinbar Eindeutiges, wie zum Beispiel ein Auto, unterhalten. Was ich höre, ist oft nicht das, was der andere sagen will, und was ich sage, wird häufig nicht so verstanden, wie ich es meine. Kommunikation ist deshalb eine hohe Kunst, und in Partnerschaften dauert es viele Jahre, bis wir einigermaßen zu einer gleichen Sprache und Begrifflichkeit gefunden haben, sodass wenigstens die gröbsten Missverständnisse ausgeräumt sind.

Selbst unser alltäglicher Sprachgebrauch ist immer auch Symbolisierung und immer auch Dichten im Sinne von Verdichten. Codieren nennt es die Linguistik aufseiten des Sprechenden und Entschlüsseln oder Decodieren aufseiten des Hörers. Dabei gibt es immer nur ein teilweise identisches Verstehen, daneben bleibt eine beträchtliche »Grauzone«, viel Raum für subjektive Projektionen.

Dichterische Sprache unterscheidet sich von unserer »sachlichen«, eher auf Informationsaustausch gerichteten Sprache dadurch, dass sie von vornherein den Anspruch erhebt, mehr zu sagen, als es den Anschein hat.

Die eigentliche Quelle aller Kunst, und damit auch der Dichtung, ist das Archetypische, sind die existenziellen, universalen Motive des Menschen. Die großen Stoffe und Themen der Dichtung lassen sich auf allgemein-menschliche Grundsituationen zurückführen, die immer wieder variiert werden.

Motiv- oder Variantenvergleiche können uns deshalb die Geschichte des Menschen und die Wandlungen des menschlichen Bewusstseins ebenso zeigen wie die dem menschlichen Bewusstsein zugrunde liegenden evolutionären Strukturen. Dichtung ist ein Versuch, archetypische Vorgänge jeweils zeitgemäß und verständlich in Sprache zu übersetzen. Wenn uns diese Dichtung berührt, berührt uns das Existenzielle, Überpersönliche, das Transpersonale, das über das nur individuell Erlebte hinausgeht, das Unvergängliche des menschlichen Daseins. Rainer Maria Rilke schrieb: »Das lyrische Gedicht ist die persönlichste künstlerische Äußerung, und je persönlicher es ist, desto mehr spricht es uns an. Denn das innigste Intime eines Wesens nähert sich wieder dem Allgemein-Menschlichen: Les extrèmes se touchent.«[12]

Friedrich Hebbel formuliert es so:

>»In unermesslich tiefen Stunden
>hast du, in ahnungsvollem Schmerz,
>den Geist des Weltalls nie empfunden,
>der niederflammte in dein Herz?
>Jedwedes Dasein zu ergänzen
>durch ein Gefühl, das ihn umfasst,
>schließt er sich in die engen Grenzen
>der Sterblichkeit als reichster Gast.
>Da tust du in die dunkeln Risse
>des Unerforschten einen Blick
>und nimmst in deine Finsternisse
>ein leuchtend Bild der Welt zurück;
>du trinkst das allgemeinste Leben,
>nicht mehr den Tropfen, der dir floss,
>und ins Unendliche verschweben
>kann leicht, wer es im Ich genoss.«[13]

Symbolik im Märchen

Eine besonders symbolträchtige Form von Literatur sind die Märchen. Fast jedem von uns sind Märchen als frühe Kindheitserfahrung sehr vertraut. Sie sind Ur-Erzählungen, Ur-Geschichten der menschlichen Seele, so einfach und bildhaft dargestellt, dass die in ihr dargestellten Themen und Konflikte von Kindern und Erwachsenen fast überall auf der Welt intuitiv verstanden werden.

Das Besondere an den Märchen wie auch an den anderen »volkstümlichen« Textformen ist, dass sie nicht aus der Feder eines konkreten Autors oder einer Autorität stammen, sondern durch die mündliche Weitergabe immer wieder umgeformt wurden, dass also viele »Autoren« beteiligt waren und die Texte auf diese Weise allgemein gültig werden. Sie sind weniger kulturell überlagert als Mythen und andere Literatur.

Märchen sind nicht an Ort, Zeit und Kultur gebunden, sie setzen kein Wissen voraus. Wir hören in den Märchen nichts über das Schicksal eines uns ganz persönlich erscheinenden Menschen und doch sehen wir deutliche Parallelen zu unserem eigenen Leben, weil in ihnen allgemein-menschliche Erfahrungen, typische Lebensphasen, Konflikte und Schwierigkeiten so dargestellt werden, dass wir unmittelbar spüren: »Das bin ich auch. Das ist auch ein Teil meiner Schwierigkeit mit mir und meinem Leben.«

Abb. 22: Rotkäppchen mit dem bösen Wolf im Bett

Im Märchen Rotkäppchen zum Beispiel werden starke Ängste und Konflikte thematisiert, die wir mit unserer »animalischen, triebhaften, gierigen« Triebnatur haben, sei es in Form von Gewalt und sexuellem Übergriff, die uns von außen begegnen, sei es in Form von ebensolchen Impulsen, Fantasien und Handlungen, die uns aus dem eigenen Inneren anfallen. Wir alle haben Angst, vom »rechten Weg« abzukommen, werden aber immer wieder verführt, auf dunklen Seitenpfaden zu wandern. Der Wolf in uns mit seinen großen gierigen Augen und dem gefräßigen Maul treibt uns zum Verbotenen und Tabuisierten, sodass wir uns manchmal von unseren Trieben, Sehnsüchten und Leidenschaften geradezu verschlungen fühlen.[14]

Märchen erscheinen uns in gewisser Weise näher, menschlicher, konkreter als mythische Erzählungen, die sich mit unsterblichen Helden und mit Göttern befassen, oder als die Dramen und Romane der Weltliteratur, die häufig ebenfalls mythische Themen aufgreifen. Manchmal werden Märchen als »herabgesunkene« Mythen aufgefasst, als einfachere, volkstümlichere, weltlichere und kindlichere, leichtere Form des Mythos.

Die großen Mythen erzählen uns ja von der Entstehung der Welt und des Kosmos, von der Geburt der Götter und Menschen, von der Auseinandersetzung der Menschen mit den Göttern und mit den »Ur-Kräften« und »Ur-Themen« der (inneren und äußeren) Natur, von der Entwicklung der menschlichen Zivilisation und Kultur, sie erscheinen damit aber auch der Lebenserfahrung des durchschnittlichen Menschen ferner.

Märchen ähneln in vielerlei Hinsicht unseren Träumen. In den Träumen und Märchen können wir erfahren, wie nahe uns magisches und symbolisches Leben, Denken und Erfassen sind. Die Märchenhelden bewegen sich – ebenso wie wir manchmal in unseren Träumen – souverän zwischen ganz verschiedenen Welten, auf verschiedenen Wirklichkeitsebenen. Sie sind in der inneren, seelischen Realität, der Welt der Fantasie, der Magie, des Zauberns und Wünschens zu Hause wie auch in der äußeren Realität. Sie bewältigen einen weiten Weg mit Siebenmeilenstiefeln und reden mit einem Tier wie wir mit unserem Nachbarn. Es begegnen ihnen Hexen und andere Zauberwesen, ohne dass sie sich auch nur einen Augenblick darüber wundern oder davon irritieren oder ängstigen lassen, und wir als Leser oder Hörer wundern uns genauso wenig, weil wir spüren, dass sich unser Leben tatsächlich in der Verwobenheit dieser unterschiedlichen Dimensionen abspielt.

Manche Märchen bewegen uns mehr als andere. Im Lieblings- oder auch im Angstmärchen unserer Kindheit lassen sich oft tiefe Beziehungen zu unserem Leben und unserer Identität, unseren Konflikten und Komplexen, unseren Stärken und Möglichkeiten wie auch unseren

Schwächen und Ängsten, unseren Hoffnungen und Sehnsüchten auffinden.[15] Im Rückblick auf unser Leben können wir manchmal feststellen, dass wir lange Zeit ein Märchenthema gelebt, uns wie Aschenputtel, wie Dornröschen oder wie Hans im Glück verhalten haben.

Je unmittelbarer und emotionaler uns ein Märchen berührt, umso tiefer ist sein Symbolgehalt für uns, sein unbekannter, erneuernder, transzendierender Aspekt. Häufig erinnern wir uns auch scheinbar »falsch« an Märchen, wir haben sie für uns umgeschrieben. Vielleicht zeigt uns die »Verfälschung« unsere Lebensthematik und unsere Art der Bewältigung, sie zeigt uns aber auch die uns eigene kreative Gestaltungsfähigkeit und unsere Lösungsversuche.

Auf jeden Fall kann es sehr lohnend sein, sich zuerst das eigene, vielleicht rudimentär erinnerte, vielleicht umgeschriebene Märchen zu erzählen und aufzuschreiben und es dann erst nachzulesen. Daraus kann sich eine sehr spannende und dynamische Arbeit mit dem »Original«-Märchen und den »persönlichen« Märchen-Varianten ergeben, die der eigenen seelischen Struktur, den eigenen Konflikten und Komplexen und unseren bewussten und unbewussten Wünschen und Vorstellungen entsprechen.

In einem weiteren Schritt können wir uns außerdem noch andere Varianten des Motivs in Märchen, in Literatur, Filmen usw. vergegenwärtigen, um uns auf diese Weise dem ganz persönlichen und besonderen Gehalt des Märchens oder Märchenmotivs wie auch dem allgemeinmenschlichen und prospektiven Sinn anzunähern.

Die nur individuelle Erinnerung und Deutung kann reduzierend auch in Enge und Ausweglosigkeit zurückführen und alte Positionen, das schon Bekannte, bestätigen: »Ich bin halt ein Aschenputtel, das auf den Prinzen wartet.« Wenn wir ein Märchen auf diese Weise deuten und festlegen, geht es für uns verloren, es verliert seinen Zauber und das Wunderbare. Demgegenüber kann die amplifizierende Anreicherung des Motivs (vgl. Amplifikation, Teil 2, II B) das Neue, das Hoffnungsvolle, das Richtunggebende und das Transzendente erschließen.

Über die mehr verbale und intellektuelle Erweiterung eines für uns wichtigen Märchens hinaus können wir auch noch andere Wege beschreiten, etwa das Märchenmalen, das Um- und Weitererzählen oder -spielen des Märchens.

C. Symbolik im Traum

Träume haben die Menschen schon seit Urzeiten stark beeindruckt. Sie waren und sind für viele Menschen der einfachste und unmittelbarste Zugang zu den tiefer liegenden Dimensionen unserer Seele und ihrer symbolischen Sprache. Träume sind die Quelle archetypischer Bilder, wie sie sich in religiösen Visionen, in den Mythen, Märchen und der Kunst spiegeln.

Weil die Traumwelt ganz anderen Gesetzmäßigkeiten zu folgen scheint, als wir sie aus der Wachwelt kennen, und wir in ihr Erfahrungen machen können, die weit jenseits unserer Alltagsrealität liegen, verknüpfen sich mit der Traumwirklichkeit seit je viele Ängste und Hoffnungen. Da wir uns im Traume in fremden Gegenden aufhalten, auf den verschiedensten Weisen unterwegs sind, ja sogar fliegen können, lag früheren Kulturen der Gedanke nahe, im Traum würde sich die Seele vom Körper lösen, würde in andere, auch »jenseitige« Welten reisen, dort mit den Seelen lebender, wie verstorbener Menschen in Beziehung treten. Andere glaubten, im Traumzustand könnten Dämonen und böse Geister vom Menschen Besitz ergreifen (Albträume und plötzliches panikartiges Erwachen).

Das Zeitempfinden im Traum ist stark verändert. Wir können den Eindruck haben, dass uns Einblicke in ferne Vergangenheiten, ja sogar in frühere Leben geschenkt werden oder dass wir visionär zukünftige Ereignisse schauen. Zeitlich getrennte Ereignisse können als eng verwobener Prozess erscheinen, Vergangenheit, Gegenwart und Zukunft als gleichzeitig erlebt werden.

In allen Kulturen wurden Träume auch als die Dimension verstanden, durch die sich Gottheiten, das Göttliche, Engel oder andere Mächte den Menschen offenbaren und ihnen Hinweise für ihren weiteren Lebensweg und zu ihrer Gesundheit geben konnten. Denken wir an einige biblischen Gestalten, wie z. B. Josef, der dem Pharao die Träume deutete, oder an Jakob. Jakob ist auf der Flucht vor seinem Bruder Esau, den er um sein Erstgeburtsrecht betrogen hat. Als er in einer Nacht seinen Kopf auf einen Stein gebettet hat, träumt er von einer Leiter, die bis zum Himmel reicht und auf der Engel auf- und absteigen.

In der griechisch-römischen Antike gab es die Vorstellung, dass man während des Schlafs in eigens dafür eingerichteten Tempeln, zum Beispiel Epidauros in Griechenland, hilfreiche Weisungen erhalten konnte. Nach einer Fastenzeit und einer rituellen Reinigung hielt man in einem heiligen Raum auf einem besonderen Bett, der »kline«, von der sich auch unser heutiges Wort Klinik ableitet, den Tempelschlaf, die »Inkubation«,

Abb. 23: Jakobs Traum

und erhoffte sich, durch einen Traum zu erfahren, woher ein Leiden kam und was man dagegen tun konnte.[16]

Es gibt heute noch Naturvölker, beispielsweise die Senoi auf Neuguinea, die regelmäßig eine in das Alltagsleben fest integrierte Form der »Traumarbeit« durchführen. Die Familienmitglieder erzählen sich am Morgen regelmäßig ihre Träume, diskutieren und deuten sie gegenseitig und geben sich Anregungen, wie sie im Traum und in der Wachrealität mit den Wünschen und Ängsten des Traumgeschehens weiter umgehen können.[17]

Die »Senoi«- wie auch die antike »Tempelschlaf«-Methode erinnern an heutige Therapieformen, etwa denen der tiefenpsychologischen Richtungen. In ihnen geht es oft darum, dass sich der Mensch, der unter einer seelischen Störung leidet oder sich in einer Krise befindet, in einen regressiven Prozess hinein begibt, indem er sich auch mit unbewussten Fantasien, Symbolen und Träumen auseinandersetzt und auf diese Weise eine Antwort auf seine Probleme zu gewinnen sucht.

Nach heutiger naturwissenschaftlicher Auffassung handelt es sich bei den Träumen nicht um außerkörperliche Erfahrungen oder göttliche Offenbarungen, sondern um neurobiologische Denk- und Fantasievorgänge, die jede Nacht ablaufen und sich von unserem bewussten Wachdenken vor allem dadurch unterscheiden, dass in ihnen das rational-logische Prinzip zugunsten des mehr gefühlsmäßigen, assoziativ-bildhaften Denkens zurücktritt. Die Psyche ist auch im Schlaf- und Traumzustand schöpferisch tätig. Sie verarbeitet dann emotional bedeutsame Tagesreste, beschäftigt sich in oft sehr kreativer Weise mit unseren Wünschen, Konflikten und Ängsten, zeigt, wie wir uns, die Welt und unsere Mitmenschen erleben, versucht Antworten und Lösungen zu finden, balanciert Einseitigkeiten aus, integriert seelische Verwundungen und Verletzungen und vermag neue Entwicklungen anzustoßen.

Wie auch immer man die Träume versteht: Die Arbeit mit ihnen ermöglicht uns einen faszinierenden Einblick in die fantastische Welt der schöpferischen seelischen Vorgänge. Die meisten Menschen, die sich ernsthaft auf ihre Träume einlassen, erfahren sie als sehr hilfreich und anregend. Es scheint ihnen, als würden sie über ihre Träume einen einfachen und natürlichen Zugang zu den Quellen ihres seelischen Lebens finden. Mithilfe ihrer Träume vertiefen sie ihre Selbsterkenntnis, lösen Probleme, überwinden Ängste, bewältigen Lebenskrisen und fühlen sich zu neuen Taten inspiriert. Viele Künstler und Wissenschaftler haben berichtet, dass sie ihre besten Ideen und Inspirationen der autonomen unbewussten Seelentätigkeit verdanken, dass ihnen wichtige Einfälle in traum- und tranceähnlichen Zuständen kamen und dass manche ihrer Projekte, mit denen sie nicht weiterkamen, gelöst waren, nachdem sie eine Nacht darüber geschlafen hatten.

D. Symbolik in Mythos und Religion

In den Bildern und Figuren, Texten, Gleichnissen, Lehrgeschichten, Gebeten, Gesängen, Tänzen und Ritualen, die die mythischen und religiösen Systeme hervorgebracht haben, spiegelt sich das Bemühen des Menschen, sich über seinen eigenen Ursprung, sein Ziel und seine wahre Natur bewusst zu werden. Angesichts der unermesslichen Weite des Universums, der Unbegreiflichkeit des Lebens, vieler Naturvorgänge und des Bewusstseins erkannten die Menschen schon früh, dass ihrem Verstehen enge Grenzen gesetzt waren. Es blieb ihnen nichts anderes, als diesem Unfassbaren, in dem und aus dem heraus sie lebten, in Fantasien, Bildern und Symbolen Ausdruck zu verleihen.

Die höchsten den Menschen zugänglichen transpersonalen Erfahrungen übersteigen dabei jedes Nennbare oder Darstellbare. Die letzte Wirklichkeitsdimension erweist sich dabei als so komplex und paradox, dass kein Bild, kein Wort, kein Ausdruck gefunden werden kann, um sie zu bezeichnen. Die höchsten Symbole des Transpersonalen sind deshalb auch die am wenigsten gestalt- und differenzierbaren, die unanschaulichsten, in gewisser Weise zugleich die einfachsten: der Punkt, der Kreis, die Leere, die zugleich die Fülle ist, das Nichts, das zugleich Alles ist, die Einheit, das Eine ohne ein Zweites, das Sein, die reine Energie, der Geist. Bei Laotse heißt es definitiv: »Das Tao, das benannt werden kann, ist nicht das Tao.«

Wenn sich dieses unnennbare und unfassbare Mysterium an sich auch nicht erkennen lässt, so kann man doch seine unendlichen Erscheinungsformen erfahren. Dabei entdeckt man, dass alles, was existiert und was sich durch das Bewusstsein erfassen lässt, sich unter konflikthafter Spannung, in der Auseinandersetzun und im ständigen Wechsel von Polaritäten vollzieht. Auch das höchste Prinzip offenbart sich dem Menschen immer nur im Widerstreit und Zusammenspiel der Polarität von Oben und Unten, Hell und Dunkel, Leben und Tod, Weiblich und Männlich, Gut und Böse, Körperlich und Geistig, usw. Die einfachste Symbolisierung dafür findet sich im chinesischen Yin-Yang-Symbol oder im Kreuz.

Abb. 24: Der ewige Kreislauf der Polaritäten

65

Das Kreuz ist eines der ältesten Symbole, das diese Gegensatznatur des Lebens und des Menschen darstellt. Im Christentum wurde dabei besonders die Konflikthaftigkeit und das Leiden an dieser Konflikthaftigkeit betont. Der gekreuzigte Jesus wurde zum Sinnbild des mit unserer Existenz verbundenen Leidens, die insbesondere durch die fast unüberwindliche Spannung zwischen dem Guten und dem Bösen, dem Geistigen und dem Triebhaften, dem Göttlichen und dem Menschlichen gekennzeichnet ist.

Abb. 25: Leben im Zeichen des Kreuzes

Die Mitte des Kreuzes als die Vereinigung der entgegengesetzten Strebungen und Tendenzen wurde häufig zum Ort der Erlösung und Überwindung.

Das Mandala findet sich in praktisch allen Kulturen und ist das umfassendste Symbol, das »Symbol der Symbole«. In den östlichen Philosophien hat seine relgiöse Verwendung eine lange Tradition. Im tibetischen Buddhismus dient es, auf Rollbildern (Thangkas) gemalt oder als Sandbild gestaltet, der Kontemplation und Meditation. Die Aufbaustruktur und innere Dynamik des Mandalas soll in der Meditation dazu anregen, von der Ursprungseinheit über die Polarität zur gegensatzvereinenden Ganzheit zu finden.

Das Mandala besteht aus drei einfachen Elementen:

1. dem Zentrum, welches durch einen kleinen Kreis, einen Punkt oder durch eine dem jeweiligen System wesentliche symbolische oder religiöse Gestalt dargestellt wird,

2. einer Kreuz- beziehungsweise Quadratstruktur, welche die Fläche des Mandalas meist in vier, acht oder zwölf Teile unterteilt oder zumindest vier oder mehr Eckpunkte markiert (meist in Form eines Kreuzes, eines Rades, einer Blüte oder auch in Analogie zum Aufbau eines Schlosses, einer mittelalterlichen Stadt, eines Gartens oder Hofes), und schließlich

3. dem umgebenden großen Kreis, der das Mandala begrenzt oder auch beschützt. Mit diesen drei Elementen, dem Punkt, dem Kreuz und dem Kreis, lassen sich, wenn man sie symbolisch auffasst, die Grundgedanken der meisten religiösen Systeme beschreiben: Der Mensch erfährt sich in

66

der religiösen Erfahrung geborgen und umfangen von einer größeren Einheit und Ganzheit. Gleichzeitig ist es Sinn und Aufgabe seiner Existenz, dieses All-Eine zu erfassen und duch sich selbst zum Ausdruck zu bringen.

Wie C. G. Jung gezeigt hat, ist das Mandala auch eines der zentralen Symbole des Individuationsprozesses und kann in bestimmten Phasen der Selbsterfahrung spontan in den Träumen und Imaginationen auftauchen. Auch er selbst hat im Verlauf seines Lebens viele Mandalas gemalt. Abb. 26 zeigt sein erstes.

Abb. 26: C. G. Jungs erstes selbstgemaltes Mandala

>>Erst als ich die Mandalas zu malen anfing, sah ich, dass alles, alle Wege, die ich ging, und alle Schritte, die ich tat, wieder zu einem Punkte zurückführten, nämlich zur Mitte. Es wurde mir immer deutlicher: Das Mandala ist das Zentrum. Es ist der Ausdruck für alle Wege. Es ist der Weg zur Mitte, zur Individuation.<<

C. G. Jung[18]

Die Prinzipien, die sich im Mandala symbolisieren, sind allerdings immer noch recht unanschaulich und abstrakt, sodass man sie auch durch lebensnähere oder konkretere Gestaltungen, die der Menschenwelt entnommen waren, auszudrücken versuchte. Alles, was den Menschen faszinierte, wonach er sich sehnte, was für ihn einen höchsten Wert ausdrückte, konnte zum Symbol des Göttlichen werden und wurde dann oft auch in das Zentrum des Mandalas gerückt, zum Beispiel Buddha, Shiva-Shakti, Lotusblume, Rose, Sonne, Stern, Diamant, Gold, Perle.

E. Wie oben so unten: Symbolik in den hermetischen Systemen

Die alten hermetischen Traditionen, Magie und Mystik, Mythologie und Märchen, Meditation und Imagination, Traum und Fantasie, Schamanismus, indianische Rituale, Parapsychologie und Okkultismus haben in den letzten Jahren eine Renaissance erfahren. Eine adäquate Bewertung dieses starken Interesses an den Grenzbereichen des Psychischen ist allerdings recht schwierig, weil so viele verschiedene Systeme unterschiedlicher Qualität und Differenziertheit kunterbunt nebeneinanderstehen. Es scheint fast unmöglich zu sein, in der Fülle der magischen, esoterischen und psychologischen Theorien und Techniken, in der Vermischung von östlicher Philosophie und westlichem Okkultismus, von Religion und Management, von fantastischen spekulativen Hypothesen und realistischer Lebensweisheit, von ehrlicher Erkenntnissuche und naivem Wunschdenken das Wesentliche vom Unwesentlichen zu trennen.

Den hermetischen Systemen wird man wohl am besten gerecht, wenn man sie als symbolische Versuche versteht, ganzheitliche Modelle vom Menschen und vom Sinn seiner Existenz zu entwerfen und Wege zu seiner Verwirklichung aufzuzeigen. Es wäre zu einfach, sie lediglich als eine regressive Flucht in altes magisches Denken abzuwerten. Sie sollten vielleicht besser als ein großer kollektiver Traum gesehen werden, als ein unbewusstes seelisches Phänomen unserer Gesellschaft, in dem, wie in allen Träumen, Vergangenes, Gegenwärtiges und Zukünftiges, Regressives und Progressives in chaotisch scheinender, aber oft kreativer Weise miteinander verbunden sind. Und, wie bei allen Träumen, kann man auch im »esoterischen Traum« eine schöpferische Kompensation der Einseitigkeiten und des Orientierungs- und Werteverlustes des herrschenden Gesellschaftssystems und Zeitgeistes vermuten.[19]

Die Hauptproblematik der traditionellen hermetischen Systeme liegt darin, dass ihre Anhänger den psychologischen und symbolischen Charakter ihrer Modelle oft nicht erkennen und das Symbolische mit der äußeren konkreten Realität verwechseln (siehe Teil 1 I B über die Gefahren im Umgang mit dem Symbol). Damit fallen sie leicht auf die Stufe eines früheren magischen Denkens zurück, das ja – neben manchen Vorzügen, wie dem Einheits- und Ganzheitsdenken – auch erhebliche Nachteile hat.

Wir sind berechtigterweise froh, dem mittelalterlichen Denken mit seinem Aberglauben, seinen Feindbild-, Hexen- und Teufelsprojektionen, seiner »schwarzen« Magie, seinem Fatalismus, seinen Ängsten und Zwängen entwachsen zu sein. Bei einer überwiegend magisch eingestellten Lebensweise besteht die Gefahr, dass man sein Leben nicht eigenverantwortlich gestaltet, sondern es lieber den »kosmischen Kräften« überlässt. Auch lässt sich auf diese Weise der schwierige Prozess der Selbsterkenntnis und des Wahrnehmens der eigenen inneren Wahrheit, der eigenen Gedanken, Fantasien und Gefühle vermeiden, denn die Sterne, die Karten des Tarot oder die Weisheit des I Ging wissen es eben besser.

Mit kritischer Wachsamkeit verwendet, können die traditionellen hermetischen Systeme aber eine Fundgrube der Inspiration sein, denn in ihnen ist, wie in den Mythen und Märchen, das psychologische Wissen der Menschheit in symbolisch-komprimierter Form enthalten. Diese Systeme sind – wie C. G. Jung es bezeichnet hat – »projizierte Psychologie«. Die folgende skizzenhafte Darstellung zweier esoterischer Systeme kann natürlich nur einen kleinen Einblick in ihren symbolischen Reichtum und dessen mögliche Relevanz für die Psychologie vermitteln.

Die Einheitswirklichkeit im Weltbild der Astrologie

Die meisten hermetischen Symbolsysteme teilen die Vorstellung von der Einheit und Ganzheit des Menschen und seiner Umwelt. Der Mensch, die ihn umgebende äußere Realität und der Kosmos werden als eng aufeinander bezogene Elemente eines ganzheitlichen Systems beschrieben. Im traditionellen hermetischen Weltbild wurde dies durch die Formel: »Wie oben, so unten, wie innen, so außen« ausgedrückt. Diese Vorstellung ist insofern archetypisch, als sie zu allen Zeiten und in allen Kulturen zu finden ist.

In den modernen Wissenschaften hat sich der Archetyp der Einheitswirklichkeit erneuert in den Theorien der Quantenphysik, der Astronomie (z. B. der Urknalltheorie, nach der das ganze Universum aus einer anfänglichen »Urmaterie-Urenergie« heraus entstand), der Ökologie, den Feld-, System- und Chaostheorien, den Vorstellungen des globalen Netzwerkes und in der Psychologie (verschiedene Ganzheits-/ Holismus-Vorstellungen und systemtheoretische Ansätze).

Die Astrologie hat dieses Wissen von der Einheit und Ganzheit der menschlichen Existenz in einem sehr komplexen magischen System zu fassen versucht. Betrachtet man ein Horoskop und das astrologische System nur von seiner symbolischen Seite her (und lässt man die kritischen Fragen nach der Art der Beziehung des Menschen zu den Planeten und den Möglichkeiten der Berechenbarkeit beiseite), dann erkennt man, dass es sich um ein erstaunlich differenziertes Modell vom Menschen und von seiner Beziehung zum Universum handelt.

Im Vergleich zu einigen modernen psychologischen Typologien findet man in der Astrologie nicht nur zwei oder vier, sondern insgesamt zwölf typologische Charakterbeschreibungen (die Tierkreiszeichen). Innerhalb dieser Typologie konstellieren sich sieben (oder zehn oder noch mehr, je nach astrologischer Schule) psychische Grundkräfte, die Planeten, die sich ihrer Stellung entsprechend wechselseitig abschwächen, verstärken oder aufheben. So steht etwa der Planet Mars sowohl für aggressive, kämpferische Energie, Willensstärke, Tatkraft, Mut und Entschlossenheit als auch für Zerstörungslust, Brutalität und Rücksichtslosigkeit. Die Planetin Venus symbolisiert sowohl Bezogenheit, Sexualität, Schönheit, Kunst und Eros als auch Sentimentalität, Oberflächlichkeit, Leichtsinn und Geschmacklosigkeit.

Welche dieser Aspekte in der Persönlichkeit eines Menschen besonders zum Tragen kommen, wird sowohl durch die Stellung der Planeten zueinander – also durch die astrologischen Aspekte oder Kontakte – als auch zu den anderen Horoskopelementen, d. h. zum Beispiel durch die Stellung im Tierkreis, ausgedrückt. Das Häuser- oder Feldersystem des Horoskops stellt zudem noch den Bezug des Menschen zu seiner sozialen Umwelt und den einzelnen Lebens- und Altersstufen dar. Das Horoskopschema ist also in seiner Multidimensionalität – psychologisch und symbolisch gesehen – eine überraschend komplexe Abbildung der menschlichen Existenz in verdichteter und zugleich auch recht umfassender Form.[20]

Die Alchemie

Die Anfänge der Alchemie reichen, ebenso wie die der Astrologie, weit ins Altertum zurück. Alchemistische Vorstellungen finden sich auch in den östlichen Kulturen wie Indien und China. Im Abendland hatte die Alchemie ihre Hochblüte im Mittelalter. Sie hatte zwei Hauptaspekte. Zum einen war sie der konkrete Versuch, Materie zu verwandeln, also beispielsweise aus den unedlen Metallen Blei oder Quecksilber durch langwierige Prozeduren Gold herzustellen. Aus diesem Zweig entwickelte sich die Chemie als Naturwissenschaft.

Viele der alchemistischen Ideen waren Vorwegnahmen späterer naturwissenschaftlicher Entdeckungen, und viele der alchemistischen Hoffnungen haben sich heute durchaus (mit allen ihren Schattenaspekten) bestätigt. Man denke an die Idee der Verwandlung der Materie in andere Materie, die Transformation von Materie in Energie als dem eigentlichen Urstoff, die Vorstellung eines in der Materie vorhandenen Formen bildenden Codes (das kann die Molekularstruktur sein oder auch der genetische Code), den man verändern kann, die Erschaffung eines künstlichen Menschen (Genmanipulation, »Retortenbaby«) oder die Herstellung künstlicher Stoffe (Kunststoffe).

Daneben wurde der alchemistische Prozess immer auch als ein geistig-seelischer Vorgang verstanden, dessen Ziel nicht die Herstellung eines gewöhnlichen Goldes, sondern eines »philosophischen« Goldes oder eines »philosophischen« Steins der Weisen war, was offenbar die Veredlung und die Selbstverwirklichung des Menschen bedeutete.

C. G. Jung widmete sich in seinen letzten Lebensjahrzehnten intensiv der Entschlüsselung jener dunklen, merkwürdigen Symbolik der Alchemisten, weil er in ihr erstaunliche Parallelen zu dem von ihm beschriebenen Selbstverwirklichungsprozess (Individuation) entdeckte.[21] Er sah in den alchemistischen Fantasien Symbole, Bilder, Ausdrucksformen der unbewussten Psyche und ihrer Wandlungsvorgänge, projiziert auf die biologischen und chemischen Vorgänge, die sich in der Materie unter bestimmten Voraussetzungen abspielten.

Die Alchemisten – wie auch die Vertreter anderer hermetischer Systeme – taten nichts anderes, als was wir alle tun, wenn wir unbekannten komplexen Vorgängen gegenüberstehen und sie zu verstehen suchen: Wir interpretieren sie nach dem uns bereits bekannten Wissen oder suchen nach vergleichbaren Bildern und Symbolen, die uns die Zusammenhänge verstehbar machen. Wir können dann zunächst nicht recht unterscheiden, was der »wahre« Sachverhalt ist und was unsere unbewussten subjektiven Vorstellungen sind.

Die chemischen Abläufe, die die Alchemisten beobachteten, waren noch so unbekannt und komplex, dass sie nicht anders konnten, als mit ebenso komplexen und unbekannten Bildern zu antworten (»Obscurum per obscurius«), das Dunkle, Verdächtige durch ein anderes, aber ebenso Dunkles und Verdächtiges zu erkennen. Der Unbekanntheit der Materie stand die Unbekanntheit der eigenen Psyche gegenüber, und das erzeugte eine schillernde, geheimnisvolle, magische Welt voller Möglichkeiten, Fantasien, Hoffnungen und ersten Erkenntnissen. Hieraus erklärt sich auch der mythologische, rätselhafte Charakter der Texte und Bilder, der typisch für die symbolische Ausdrucksweise des Unbewussten ist.

Die nebenstehende Abbildung aus einem kabbalistischen Werk vereinigt in sich eine Reihe von Symbolen, die besonders für die Alchemie, aber auch für andere hermetische Systeme bedeutungsvoll waren. Sie seien hier als Beispiel dafür, wie sich hermetische Symbole unter dem Gesichtspunkt der Individuation psychologisch verstehen lassen, etwas ausführlicher tiefenpsychologisch interpretiert.

Der Berg der Adepten

Im „Berg der Adepten« geht es um das »Große Werk«, die Herstellung des philosophischen »Steins der Weisen«, mit dessen Hilfe es möglich sein soll, Krankheiten zu heilen, den Menschen zu erneuern und zu verwandeln. Psychologisch gesehen bezieht sich dieses große Werk auf die Ganzheit des Menschen, seine Vervollständigung, seine Selbst-Verwirklichung, die Bewusstwerdung seiner Einheit und Verbundenheit mit der Schöpfung und den sich daraus ergebenden Konsequenzen.

Die Realisierung dieses »Selbst« in seiner unauflöslichen Verbundenheit mit seiner Mit- und Umwelt als dem philosophischen Stein der Weisen hat für den Einzelnen wie für die Gesellschaft eine heilende und transformierende Wirkung.

Der Berg, in dem sich die geheimnisvolle Wandlung vollzieht, ist in gewisser Hinsicht eine »Erhöhung« der Erde und kommt dem Himmel nahe. Damit ist er als ein mittlerer Ort ein Ort der Vereinigung von Oben und Unten, von »Geist« und »Materie«, von »Göttlichem« und »Menschlichen«.

Er ist umrahmt von den vier klassischen Elementen Wasser (aqua), Feuer (ignis), Luft (aer) und Erde (terra) und den astrologischen Tierkreiszeichen und Planeten, die man als Symbole für archetypische Persönlichkeitsstrukturen auffassen kann. Alle Aspekte des Menschen, seine gefühlsmäßigen wie intellektuellen, seine geistigen wie körperlichen, seine personalen wie auch archetypisch-transpersonalen Seiten sollen in diesem Prozess zusammenwirken. Dass sich der Tempel der Weisen in dem Berg befindet, deutet darauf hin, dass der Stein der Weisen in der Erde liegt, an einem schwer zugänglichen Ort, den die Tiefenpsychologie als das »Unbewusste« interpretiert, als den Bereich der unbewussten körperlichen wie seelischen Vorgänge, deren Wurzeln bis in fernste evolutionäre Vergangenheit reichen. Aus diesen »Tiefenschichten« wird der »Stein« hervorgeholt, d. h. allmählich bewusst gemacht und integriert.

Die Höhle im Berg ist auch ein Symbol des »«, des heiligen Bezirks, in dem sich die Bewusstseinsveränderung und Bewusstseinserweiterung vollzieht. Die Selbstverwirklichung braucht einen geschützten Rahmen und die ihr gemäße Zeit. Er wird von Sonne und Mond auf der Kuppel des inneren Tempels beleuchtet, was heißen könnte, dass das neue Bewusstsein aus der polaren Spannung gegensätzlicher Prinzipien hervorgeht.

Sonne und Mond stehen hier für alle möglichen Polaritäten, besonders aber für Männliches und Weibliches (ähnlich den Prinzipien Yin und Yang in der taoistischen Philosophie). Man könnte dies auch als die Integration beider Bewusstseinsarten, dem analytisch-rationa-

IGNIS.

AERIS.

AQVÆ.

TERRÆ.

TINCTVR.
COAGVLATION.
DISTILLATION.
PVTREFACTION.
SOLVTION.
SVBLIMATION.
CALTINATION.

Abb. 27: Der Berg der Adepten

len Tag-Bewusstsein und dem intuitiven, symbolisch-bildhaften Nacht-Bewusstsein deuten.

Das Paar stellt König und Königin dar, die den alchemistischen Prozess betreuen, ihn selbst auch durchlaufen und sich durch ihn erneuern. Die Individuation ist ein königlicher Prozess, in dem sich der Mensch seines Selbst, seiner gegengeschlechtlichen und seiner umfassenden kosmischen, königlich-göttlichen Natur allmählich bewusst wird. Der Phönix auf der Kuppel ist ein altes Wiedergeburtssymbol, er verbrennt er im Feuer und steigt aus der Asche wieder auf. Im alchemistischen Prozess der Verwandlung müssen immer wieder alte Einstellungen und Werte sterben, damit sich neue, weitere und freiere Perspektiven ergeben können.

Die sieben Stufen in der Abbildung stellen verschiedene Aspekte oder Phasen dieses »Stirb-und-Werde-Prozesses« in der Auseinandersetzung mit dem Unbewussten dar. Sie wurden nicht notwendigerweise hintereinander vollzogen, sondern konnten einander auch abwechseln und sich zirkulär wiederholen. Diese Operationen bzw. psychischen Vorgänge von der »Calcination« (Zerstörung der äußeren Erscheinungsform durch Verbrennen) bis zur Coagulation (Verfestigung) haben als Endprodukt die »Tinctur": das ist der Stein der Weisen.

Diese Prozeduren sind verschiedene Aspekte des zentralen alchemistischen Grundsatzes »löse und verbinde« (solve et coagula). In einem sich ständig wiederholenden, zyklischen Prozess soll die Ursprungssubstanz (Zustand der Unbewusstheit) in ihre Elemente zerlegt, gereinigt und neu zusammengefügt werden. Das »Lösen und Verbinden« als wissenschaftliche Grundmethode wird auch in der tiefenpsychologischen Analyse angewendet. Durch die Analyse (Bewusstmachung durch Unterscheidung) unbewusster Persönlichkeitskomponenten und deren anschließende Integration in die Persönlichkeit (Synthese) sollen neue, heilende Einsichten und Verhaltensweisen gewonnen werden.

Der Mann mit den verbundenen Augen im Vordergrund könnte darauf hinweisen, dass es sich hier um – bei allen auch äußerlich zu vollziehenden Handlungen – vor allem um einen »esoterischen« – nach »innen« gerichteten Prozess handelt. Er könnte aber auch den unbewussten Menschen symbolisieren, der nichts von dem »Großen Werk« weiß und sein Leben so zufällig gestaltet wie ein blindlings Herumtastender, während der andere Mann dem tricksterhaften Fuchs, einem Bild für natürliche Instinktkräfte und den merkurialen Geist, in die Erde folgt, wo er möglicherweise einen Zugang zu dem Stein findet. Um den Weg nach innen zu finden, muss man seiner instinktiven Seite folgen und den Mut haben, manchmal sehr verborgene und merkwürdige Pfade zu gehen.

III. Symbolik der Individuation in Therapie und Selbsterfahrung

A. Urprinzipien des Lebens: ein symbolisches Orientierungssystem

In den vielfältigen Symbolen der Religionen und der Kunst, der Mythen und Märchen, der magischen Symbolsysteme, in den Selbsterfahrungen und Therapien geht es im Kern um die Grundfragen unserer Existenz: Wer sind wir wirklich, woher kommen wir, was könnte der Sinn und das Ziel unserer Existenz sein, wie können wir unsere Potenziale konstruktiv entfalten, wie können wir die in der menschlichen Natur liegenden Konflikte, zum Beispiel zwischen Weiblichem und Männlichem, Gut und Böse, Körperlichem und Geistigem, Freiheit und Bezogenheit, Selbstverantwortung und Hingabe, Personalem und Transpersonalem, konstruktiv bewältigen und in unser Leben integrieren? Es geht – mit einem Begriff der Analytischen Psychologie gesprochen – um die Frage der Individuation, der Verwirklichung der Ganzheit dessen, was wir sind, um die »Selbst-Verwirklichung«.

Dieses Selbst, das wir sind und das ein Produkt der Menschheitsgeschichte ist, ist so komplex und für uns in allen seinen verschiedenen Aspekten so schwer zu erfassen, dass es sehr vieler unterschiedlicher, aber auch vieler ähnlicher, sich überschneidender Symbole bedarf, um ein annäherndes Bild von der Ganzheit und Einheit unseres Wesens zu gewinnen. In dieser fast unüberschaubaren Komplexität kann ein symbolisches Orientierungssystem hilfreich sein, das wenigstens in Umrissen zu skizzieren vermag, worum es bei der Selbstfindung geht.

Ein solches Modell, das auf den Forschungsergebnissen der Analytischen Psychologie[22] aufbaut, soll im Folgenden kurz dargestellt werden. C. G. Jung und seine Schülerinnen und Schüler versuchten, die Ganzheit des Selbst und den Individuationsprozess des Menschen zu beschreiben, indem sie die Bilder der Seele mit den universalen Themen, Bedürfnissen und Konflikten, Lebens- und Entwicklungsverläufen, die sich in den menschheits- und kulturgeschichtlichen Überlieferungen finden, verglichen.

Der große Vorteil einer solchen kultur- und zeitübergreifenden archetypischen Sichtweise ist, dass sie uns aus der Einseitigkeit einer jeweiligen aktuellen, modischen und persönlichen – und damit meist nur sehr kurzfristig gültigen – Perspektive befreit und uns eine weitere, übergeordnete Position ermöglicht.

Archetypische Symbole sind in ihrem Wesen zeitlos, wenn sich auch ihre äußere Gestalt verändert. Sie sind keine kurzfristigen Trends, modischen Denkschemata oder zeitbedingten Theorien, sondern sie bilden Erfahrungswerte ab, die verschiedenste Menschen in verschiedensten Kulturen im Verlaufe der Jahrhunderte und Jahrtausende gewonnen und gestaltet haben. Und weil sie die Essenz von Erfahrungen des Menschen in seinem ganzen Lebensumfeld sind und keine eindimensionalen, abstrakten Theorien, sind sie auch umfassend, sie schließen jeweils die verschiedensten Komponenten der menschlichen Existenz und des menschlichen Erlebens mit ein.

Wenn man versucht, die Fülle des Materials, das die Analytische Psychologie zusammengetragen hat, auf die wesentlichen Grundfaktoren zu reduzieren, dann bieten sich folgende archetypischen Symbolgruppen oder Prinzipien an: das Bios-Prinzip, das Logos-Prinzip, das Heros-Prinzip, das Eros-Prinzip und das Mystos-Prinzip. Diese fünf Prinzipien lassen sich in einer mandala-ähnlichen Grafik (Abb. 28) anordnen.

In dieser Grafik bezeichnet der Mittelpunkt das Mystos-Prinzip, die letztlich unerkennbare und unfassbare Mitte, das unerkennbare Mysterium, die Quelle, aus der das Leben hervor kommt, um sich in einem Prozess dauernder Polarisierung und Wandlung auszudifferenzieren. Das Yin-Yang-Symbol weist auf den grundsätzlichen Polaritätscharakter aller seelischen Vorgänge und dessen schöpferische Dynamik hin. Der umfassende äußere Kreis symbolisiert die zunehmend bewusster werdende Einheit und Ganzheit des Menschen – das »Selbst« im Sinne der Analytischen Psychologie – als Ziel des Prozesses.

Im Individuationsprozess müssen wir uns in der einen oder anderen Weise zwangsläufig mit verschiedenen archetypischen Prinzipien und Bedeutungsräumen auseinandersetzen, wie hier zum Beispiel dem Bios-, Logos-, Heros- und Eros-Prinzip, die jeweils ihre inneren biopsychischen und ihre äußeren, auf das soziale Umfeld bezogenen Aspekte und Anteile haben. Diese Prinzipien gelten für Frauen wie für Männer, auch wenn sie in verschiedenen Entwicklungsphasen und Lebensaltern für Mann und Frau eine unterschiedliche Gewichtung und Bedeutung haben. Die beiden »männlichen« – Heros- und Logos-Prinzip – lassen sich auch dem »Animus« zuordnen, die beiden »weiblichen« – Eros und Bios – der »Anima«.

76

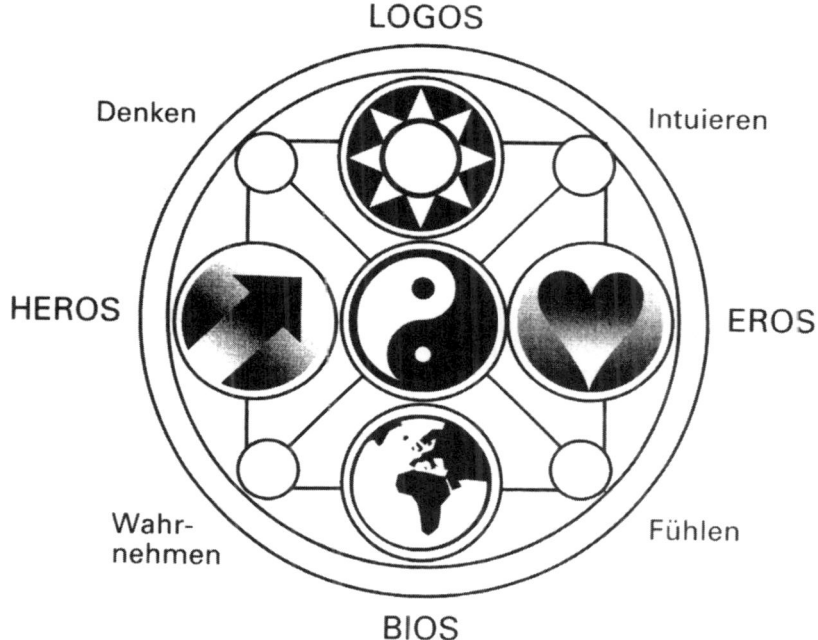

Abb. 28: Archetypische Prinzipien des Lebens

Das Yin-Yang-Symbol in der Mitte des Modells soll außerdem darauf hinweisen, dass die vier Prinzipien nicht getrennt voneinander zu sehen sind, sondern dass sie in einem polaren Ergänzungsverhältnis zueinanderstehen. Sie gehen in vielen Situationen nahtlos ineinander über, und häufig sind mehrere zugleich wirksam. Sie können von Stunde zu Stunde wechseln, manchmal kann man aber auch für eine längere Zeit hauptsächlich von einem Faktor bestimmt sein.

Einbezogen in das Modell sind auch die vier, von der Analytischen Psychologie beschriebenen psychischen Grundfunktionen, die wir benötigen, um uns in der Welt zu orientieren: das Denken, das Fühlen, die Empfindung und die Intuition (Fantasie).

Die Empfindung (Wahrnehmung) vermittelt uns die sinnlich erfassbaren Qualitäten einer Sache, ihre Form, Farbe, Konsistenz, ihr Gewicht, ihren Geruch usw. Das Denken sagt uns, um was es sich handelt, wie die Sache benannt wird, woraus sie besteht, wie sie entstanden ist, welcher Zweck sie hat. Das Fühlen vermittelt uns, wie wir persönlich dazu stehen, ob wir sie mögen oder nicht, ob sie uns wichtig oder unwichtig ist.

Die Intuition lässt uns die Möglichkeiten erahnen, die mit dieser Sache verbunden sind, und eröffnet den Raum der Fantasie.

Ebenso wie die fünf Urprinzipien lassen sich diese Funktionen zwar begrifflich voneinander trennen, im seelischen Leben tauchen sie aber in verschiedenster Weise miteinander verbunden auf, manchmal sind sie uns bewusst, manchmal verlaufen sie unbewusst, manchmal sind sie mehr nach außen (extravertiert), manchmal mehr nach innen (introvertiert) gerichtet. Das bewusste Umgehen mit diesen Funktionen kann ein sehr wertvolles Hilfsmittel sein, um einen ganzheitlichen Eindruck von einer Gegebenheit zu gewinnen, denn einen einigermaßen vollständigen Eindruck von einer Sache und damit auch ein ganzheitliches Erleben unserer selbst haben wir erst dann, wenn wir uns und die Welt mit allen diesen Funktionen erfassen.

Viele gesellschaftliche Missstände wie auch viele individuelle seelische Störungen sind dadurch bedingt, dass wir einige der beschriebenen Faktoren überwertig leben, uns mit ihnen einseitig identifizieren und andere in unserem Leben abwehren oder vernachlässigen. Je mehr aber ein Faktor in unserem Leben dominiert und die ausbalancierende Beziehung zu den anderen verliert, desto schärfer und krasser treten auch dessen Schattenseiten hervor.

In unserer modernen Gesellschaft herrschen offensichtlich das Heros- und Logos-Prinzip sowie das Empfinden im Sinne der Wahrnehmung und das Denken vor, das heißt eine Überbetonung des Handelns, des Leistungs- und Erfolgsstrebens. Die globale Selbstzerstörung und die Selbstentfremdung des Einzelnen scheinen nur heilbar zu sein, wenn auch die anderen Faktoren gebührende Berücksichtigung finden: die Erfahrung und Einsicht in die untrennbare Verbundenheit mit unserer Erde, unserer Umwelt und unserem Körper (Bios-Prinzip), die liebende Bezogenheit auf uns selbst, unsere Mitmenschen und Mitlebewesen (Eros-Prinzip) und das Erkennen, was für ein schöpferisches Mysterium unser Leben ist.

Da der Selbstverwirklichungsprozess für viele heutige Menschen im Rahmen einer Selbsterfahrungsgruppe oder einer helfenden therapeutischen Beziehung verläuft, sollen die dargestellten Faktoren im nächsten Kapitel vor allem im therapeutischen Zusammenhang beschrieben werden. Sie lassen sich darüber hinaus aber auch, wie angedeutet wurde, auf das Leben und Verhalten der Menschen allgemein, auf die Diagnose gesellschaftlicher Verhältnisse, auf das Verstehen künstlerischer und religiöser Symbolik oder auf die Lebenskunst[23] beziehen. Sie können auch helfen, sich mit den grundlegenden Symbolen der Menschheit vertraut zu machen.

B. Symbolik im therapeutischen Prozess

Aufgrund der umfassenden Bedeutung des Symbolischen für alle psychischen Prozesse, spielt es natürlich auch in allen Psychotherapieformen implizit oder explizit eine große Rolle. Immer geht es ja darum, dem Einzelnen dabei zu helfen, sich selbst, seine Innenwelt und seine Beziehung zur Mit- und Umwelt besser zu erleben und zu verstehen. Und da alle psychischen Prozesse, alles Verstehen, alles Kommunizieren und alle Beziehungsdimensionen immer auch symbolischen Charakter haben, ist die Entwicklung eines symbolischen Bewusstseins für den Therapeuten wie auch für den Klienten unumgänglich. In der Therapie begegnet uns das Symbolische überall: in jeder Verhaltensweise, in der Kommunikation, im Ausdruck des Körpers, natürlich ganz besonders deutlich in den Träumen, in den kreativen Gestaltungen, dem Bild, dem Gedicht, der Skulptur, dem Sandbild, den freien Assoziationen, in jeder Art von noch so unscheinbarer Fantasietätigkeit bis hin zu schon ganz bewusst beschrittenen, imaginativen Wegen.

Alles, was mit der therapeutischen Situation zusammenhängt, kann eine starke symbolische Bedeutung bekommen, denn die Therapie als Ort des Sich-selbst-Erfahrens-und-Entdeckens ist emotional hoch aufgeladen. Damit erhalten viele Alltagsdinge, die im therapeutischen Umfeld und Zusammenhang erscheinen, einen besonderen symbolischen Wert. Alles erscheint bedeutungsvoll: der erste Anruf, die erste Kontaktaufnahme, was uns im Vorfeld begegnet, wie wir uns kleiden, welche sogenannten Zufälle sich ereignen, welchen Eindruck die Gegend auf uns macht, in der der Therapeut lebt oder arbeitet, wie wir das Haus erleben, die Räume und deren Gestaltung, wie es sich anfühlt, wenn sich die Tür des Raumes hinter uns schließt und nun etwas beginnen soll, was wir vielleicht ersehnt, vielleicht aber auch gefürchtet haben. So kann der Weg zur Therapie als eine Art Pilgerfahrt oder als Initiationsweg erlebt werden und die Couch zu einem »magischen Gefährt« in die Unterwelt der Seele.

Der Raum, in dem der Prozess geschieht, bekommt oft die Attribute des Besonderen, Geheiligten, Eigenen, Geschützten, Abgeschlossenen Er wird zu einem Temenos, einem heiligen Bezirk oder Uterus. Manche Menschen möchten Gegenstände mitbringen, um im Raum auch in ihrer Abwesenheit vorhanden zu sein. Nichts darf in diesem Raum stören. Wenn es dann doch Störungen gibt, werden diese gravierender erlebt als in anderen Situationen. Es soll auch nichts aus diesem Raum nach außen fließen, sondern alles, was darin in Gärung kommt, soll in dieser Gärung bis zur Vollendung des Prozesses bleiben. Aus der Alchemie stammt das

Bild des »vas hermeticum« (das hermetisch versiegelte Gefäß, die alchemistische Retorte) das auch C. G. Jung für den »therapeutischen Raum« und den Therapieprozess benützt.

Ganz zentral ist die Bedeutung der menschlichen Begegnung und Beziehung, wie sie in einem solchen Prozess geschieht. Es geht hier um existenzielle Fragen, die wir vor anderen Menschen sonst nicht so ausbreiten. Symbolisch könnte man sagen, es geht um das Auge-in-Auge-sich-Befinden. Dies konfrontiert uns in seltener Weise mit dem anderen Menschen, aber auch mit uns selber. In fast allen anderen Beziehungen geht es darum, sich gut darzustellen, einen guten Eindruck zu machen, zu verbergen, wie wir wirklich sind.

Hier geht es aber geradezu ums Aufdecken, das Zeigen unserer »nackten Wahrheit«. Dies gilt im Übrigen – allerdings in etwas unterschiedlicher Weise – sowohl für diejenigen, die zur Therapie kommen, als auch für die Therapeuten. Das uns Verborgene zu ent-decken, das uns Unbewusste, Noch-nicht-Gewusste, uns aber Steuernde und Lenkende zu spüren, bewusst zu machen, uns selbst zu erkennen und zu verstehen, ist die Aufgabe jeder intensiveren Seelenarbeit mit Menschen, natürlich in der Intensität abgestuft und methodisch unterschieden je nach Art, Dauer und Fokus eines solchen Prozesses. Und dieser Prozess geschieht in der Begegnung mit einem – oder in der Gruppentherapie mit mehreren – Menschen, der dadurch eine ganz besondere Rolle spielt und auf den ganz besondere symbolische Gestalten projiziert, »übertragen« werden, z. B. die »Große Mutter«, der »Große Vater«, der Zauberer oder der Heiler.

Im Folgenden sollen nun die beschriebenen fünf Prinzipien und Symbolfelder in ihrer Bedeutung für die therapeutische Beziehung und den therapeutischen Prozess skizziert werden.

Der Symbolkreis des Logos-Prinzips

Das Logos-Prinzip ist die Grundlage jeder Form von Selbsterfahrung. Logos meint den Bereich des Geistigen, des Bewusstseins, des Erkennens und Verstehens, des Sinnes. Ihm zugeordnet werden kann der mythologische Begriff des »Großen Vaters« mit den zentralen Symbolen des Oberen, des Himmels, der Sonne, des Lichtes, des Wortes.

Im weiteren Umfeld begegnen wir den Symbolen Luft, Tag, Berg; Schwert, Zepter, Turm; Sprache, das Auge und sonstige Instrumente des Erkennens. Typische Gestalten sind »Alter Weiser«, König, Wissenschaftler (Faust), Richter und Priester.

Das folgende Bild von William Blake zeigt den „Alten der Tage" (Gott) mit Zirkel als den Architekten des Universums. Als weitere Aspekte gehören zum Logos-Prinzip: die Struktur, das Gesetz, die Ordnung, Objektivität, Vernunft, Wahrheit, Unterscheidung, Distanz, Übersicht, aber auch das Überpersönliche und Übersinnliche, die geistige Weisheit und Selbsterkenntnis. Das Logos-Prinzip spielt eine zentrale Rolle insbesondere in den tiefenpsychologischen Schulen, speziell den analytischen Verfahren, in kognitiven Therapieformen und ziel- und lösungsorientierten Therapien.

Abb. 29: Architekt der Welten

Übertragen auf eine therapeutische Situation kann sich das Logos-Prinzip wie folgt abbilden: Wir befinden uns in einer entspannten Situation, häufig im Liegen, erzählen frei assoziativ, was uns bewegt und beschäftigt, stellen unsere Gefühle, Empfindungen und Fantasien dar. Natürlich geht es dabei oft um belastende, mit Angst, Schuld- und Schamgefühlen verbundene Themen.

Wichtig ist auch, welche Gefühle und Fantasien wir gegenüber dem Therapeuten entwickeln, was wir beispielsweise an früheren Beziehungserfahrungen und Beziehungsängsten auf die Beziehung zum Therapeuten übertragen. Der Analytiker versucht, diesen Gedanken, Einfällen und Gefühlen aufmerksam zu folgen, sie zu verstehen und sein Verständnis der Zusammenhänge nach und nach zu vermitteln.

Bewusst gemacht werden sollen – allerdings nicht nur vom Verstand her, sondern vor allem mit der damit verbundenen Emotion – auf diese Weise unbewusste Konflikte, Komplexe, traumatische Erfahrungen, Entwicklungsprozesse, unbewusste Denkgewohnheiten, Einstellungen und Persönlichkeitsanteile und wie sich diese unbewussten Faktoren im gegenwärtigen Leben, in den privaten und beruflichen Beziehungen und auch in der therapeutischen Beziehung auswirken.

Durch die Bewusstmachung sollen vertiefte Selbsterkenntnis und neue Einstellungen zu sich und dem eigenen Leben gewonnen werden. Die Intention des Logos ist nicht nur nach rückwärts und nach unten – auf die Vergangenheit und das eigene Unbewusste – gerichtet, sondern auch nach vorn und nach oben. Er vermittelt uns geistige Sinnorientierung und Zielvorstellungen, er drängt uns nach neuer Erkenntnis, strebt zum Überschreiten von Grenzen hin.

Die therapeutische Situation ist im Bereich des Logos-Prinzips häufig durch sehr klare Struktur- und Rahmensetzung, durch eine gewisse Distanz, Neutralität und Abstinenz des Therapeuten gekennzeichnet, was sich auch in der Sachlichkeit und Kühle des Therapieraumes spiegeln kann. Die angewendeten Interventionen sind meist verbaler Art: Fragen stellen, Sachverhalte klären, präzisieren, sichten, ordnen, unbewusste Zusammenhänge und Hintergründe analysieren, deuten, erklären, rekonstruieren, amplifizieren.

Die Schattenseiten dieser Haltung können unter anderem in einer lebensfernen, unpersönlichen, rollenhaften Beziehungsform liegen, in der die emotionalen Seiten zu kurz kommen. Methoden, Prinzipien und Theorien werden dann über das gelebte Leben und das einzelne Individuum gestellt.

Therapieverfahren, die sich überwiegend oder ausschließlich auf das kognitive Prinzip stützen, haben in den letzten Jahren sowohl durch die klinische Praxis als auch die vergleichende Psychotherapieforschung vielfältige Kritik erfahren.

Es wurde betont, dass ein allein auf das Verstehen der unbewussten Hintergründe von seelischen Störungen fokussiertes Vorgehen, insbesondere ihre deutende Rückführung auf traumatische, unbewältigte Kindheitserlebnisse und Familienkonstellationen oder auf sexuelle Triebkonflikte, weniger therapeutische Wirkung hat, als man ursprünglich glaubte. Es ist aber fraglich, ob ein solchermaßen einseitiges Vorgehen und Setting (Rahmen und Vereinbarungen einer bestimmten Therapieform) in der Praxis überhaupt noch verbreitet ist.

Trotz dieser Relativierung wird die Selbsterkenntnis, die Bewusstmachung des Unbewussten, einer der wesentlichen Heil- und Wirkfaktoren bleiben. Einsichtsfähigkeit und Bewusstheit sind sehr wahrscheinlich die höchsten psychischen Funktionen, die der evolutionäre Prozess bisher hervorgebracht hat, und sie verhelfen uns wie keine andere Fähigkeit zur Freiheit und schöpferischen Verwirklichung unseres Potenzials. Wir müssen uns nur bewusst halten, dass alle unsere Erkenntnisse vorläufig und sehr beschränkt sind, dass wir uns niemals vollständig analysieren und verstehen können, dass wir ständig im Fluss sind und immer wieder Neues über uns erfahren können.

Was wir durch die analytische Arbeit besser lernen als durch jede andere Therapieform, ist Achtsamkeit auf unsere seelischen Vorgänge, die Fähigkeit, uns in unseren hintergründigen Wünschen und Motiven, in unseren unbewussteren Reaktionen zu spüren und besser kennenzulernen. Zu dieser differenzierten Achtsamkeit finden wir aber nicht nur oder hauptsächlich durch ein Analysieren, Erklären und Deuten von unbewussten Zusammenhängen, sondern schon allein dadurch, dass wir ermutigt werden, einfach hinzuschauen, wie wir wirklich sind, wie wir wirklich fühlen und denken, was wir wirklich wollen und uns in unserer Wahrheit und Wirklichkeit zum Ausdruck zu bringen.

Es gibt einfach keine bessere Möglichkeit, um Bewusstheit zu gewinnen und zu differenzieren, als die Formulierung von eigenen Wünschen, Fantasien, Gefühlen, Empfindungen und deren Mitteilung an einen anderen Menschen, der versucht, sich einzufühlen, zu verstehen, der nachfragt, vertieft. Das hängt damit zusammen, dass andere Äußerungsformen wie zum Beispiel körpersprachliches, mimisches Verhalten für uns meist nicht klar und eindeutig genug sind. Wir kennen das ja auch aus unseren sonstigen Beziehungen: Es reicht uns nicht aus, wenn uns ein Mensch freundlich, zärtlich zugewandt ist, wir wollen auch gesagt bekommen, wie er zu uns steht, dass er uns mag oder liebt. Das konkrete Aussprechen wirkt klärend, erlösend, befreiend.

> »Es braucht bei den meisten Menschen ein Gegenüber, sonst ist die Erlebnisgrundlage zu wenig real; der Mensch ›hört‹ sich sonst nicht, kann sich von nichts Fremdem abheben und damit kontrollieren. Alles verfließt innen und wird immer nur von einem selber und nicht von einem anderen, Verschiedenen, beantwortet. Es macht unendlich viel aus, ob ich meine Schuld mir selber oder einem anderen eingestehe.«
>
> C. G. Jung[24]

Wer in dieser Achtsamkeit das Interesse und die Aufmerksamkeit von der äußeren Welt auf die Innenwelten der Seele richtet, wechselt seinen Lebensraum und gelangt von der Welt der scheinbaren Fakten hin zur Erkundung symbolischer Bedeutungen und komplexer Zusammenhänge. Die Funktionen des Logos-Prinzips erweitern sich beträchtlich über das Rationale hinaus. Oft wird die Erforschungsarbeit dieser Felder als Hermeneutik beschrieben, ein Vorgehen, das in der Sprachwissenschaft und in der Theologie die Bedeutung von Texten erschließen soll. Es geht dabei um die Eröffnung des Hermetischen, des Verschlossenen oder Verborgenen, Dunklen und Geheimnisvollen. Die – vermeintlich – klaren Zusammenhänge, mit denen man bisher seine seelischen Vorgänge zu verstehen glaubte, werden abgelöst von verschlüsselten Feldern der Bedeutungen und Tiefendimensionen.

Es ist wohl der entscheidende Aspekt einer Seelenarbeit, dass eine langsame Umpolung von der Überwertigkeit der äußeren Ereignisse und

Fakten, von der Gefangenheit im Konkreten, hin zu einem Staunen über sich selbst, über die Rätsel des eigenen und des allgemeinen Lebens geschieht. Oft kann man erleben, dass Menschen am Anfang ihrer Reise in die eigene Seele voller vermeintlicher Fakten und Erklärungen sind und am Ende eher nachdenklich und fragend die Geschehnisse in neuen Dimensionen zu sehen gelernt haben. Es ist, als würden wir, vor einem Baum stehend, zunächst nur auf Augenhöhe den Stamm erkennen. Allmählich erweitert sich dann unser Bild bis zu den Wurzeln hinunter und bis zu der Krone hinauf, in Regionen, die wir gar nicht mehr in klaren Umrissen erkennen, teilweise nur noch vermuten können, die aber doch ebenso real sind wie der Stamm.

Das Symbolbild des Baumes bietet sich an dieser Stelle auch als Übergang zum nächsten archetypischen Prinzip an. Der Baum reicht mit seiner Krone zwar in den geistigen Raum hinauf, lebt und wurzelt aber in der Erde, dem Bereich der Natur, des Wachsens und Entfaltens, der für jede Individuation ebenfalls von fundamentaler Bedeutung ist.

Der Symbolkreis des Bios-Prinzips

Das Bios-Prinzip (im Modell mit der Erde als Symbol dargestellt) meint das Lebensprinzip in uns und den Bereich unserer irdischen, materiellen, körperlichen Existenz als unserer eigentlichen Lebensbasis. Es umfasst Begriffe wie Universum, Ursprung, Evolution; Erde, Leben, Natur, Instinkt, Trieb, Emotion; Wachstum, Entwicklung, Reifung, Weisheit des Organismus, Selbstregulation; Fruchtbarkeit, Fortpflanzung, Sterben, das Unbewusste.

Ein zentrales mythologisches Bild für das Bios-Prinzip ist die »Große Mutter«, auch die mit ihr verbundenen weiblichen Gestalten wie Göttin, Königin, Hexe usw. Ihre Symbole sind beispielsweise der Raum, das Gefäß, der Brunnen, die Tiefe, das Untere, die Höhle, Nacht, Meer, Erde, Mond, dann Natur-, Pflanzen- und Tiersymbole, der Baum, die Schlange, im menschlichen Bereich auch der Körper, der Bauch, die Brust.

In jenen psychotherapeutischen Richtungen, die eine Regression in frühkindliche Bereiche fördern und die Arbeit mit dem Körper einbeziehen, ist dieser symbolische Raum besonders betont. Das Bios-Prinzip hat einige Gemeinsamkeiten mit dem Eros-Prinzip, bezieht sich aber noch stärker auf unseren Körper und elementare, körpernahe Bedürfnisse, auf unsere natürlichen Instinkte.

In einer ausreichend guten Mutter-Kind-Beziehung werden unsere Grundbedürfnisse nach Sicherheit, Schutz, Wärme, Nahrung, Geborgenheit und Zugehörigkeit befriedigt. Entsprechend erwarten wir idealtypisch in einer Beziehung zum Therapeuten einen solchen hilfreichen Rahmen, in dem wir diese Grundbedürfnisse bei uns wahrnehmen und unsere Defizite ausheilen können.

Auch Therapeuten tragen in sich oft dieses Bild der »Großen Mutter« und fördern eine vertrauensvolle Regression in frühkindliche Erlebensbereiche, möchten uns darin unterstützen, einen Kontakt mit unserer ursprünglichen Natur, dem »Tier in uns« und dem »inneren Kind« aufzubauen. Sie bieten in einer warmen, mütterlichen Atmosphäre einen offenen, freien Raum der Selbstentfaltung an, der kaum durch Vorschriften und Regeln eingeschränkt ist. So können wir uns in allem angenommen fühlen und spüren,

Abb. 30: Das „Ewig Weibliche"

dass wir so, wie wir geworden sind, mit all unseren Verbiegungen und Verknotungen, sein dürfen. Ein solcher Raum weckt darüber hinaus zumindest die Hoffnung und Sehnsucht, eine grundlegende Beziehung zur Natur und zum Kreislauf des Lebens und damit den Anschluss an unseren natürlichen Ursprung wieder zu finden.

Wir sind oft so sehr mit dem Zwang identifiziert, immer irgendetwas Sinnvolles tun zu sollen oder zu müssen, dass wir zunächst gar nichts damit anfangen können, wenn uns gesagt wird, dass es ausreiche, einfach nur da zu sein. Dass wir eine Stunde Zeit haben, die wir uns so gestalten können, wie es gut für uns ist, dass wir nichts denken, sagen oder tun müssen, dass wir uns einfach mit dem beschäftigen oder nicht beschäftigen können, was jetzt in dieser Stunde ist oder nicht ist, macht uns große Angst. Es könnte ja einfach gar nichts in uns sein, es könnte sich eine tödliche Leere oder Langeweile ausbreiten, oder es könnten uns nur ganz irrationale, unvernünftige und kindische Sachen einfallen. Vielleicht haben wir auch Angst vor dem Durchbrechen leidenschaftlicher sexueller Fantasien und Wünsche. Es fehlt uns noch das Vertrauen darauf, dass gerade in diesem Loslassen, dieser Hingabe an unsere verrückten, irratio-

85

nalen, leidenschaftlichen, aber auch kindlichen Seiten neue Lebendigkeit erwachsen könnte.

Wenn wir bereit werden, uns zu lassen und unser »inneres Kind« zu spüren, dann kommen meist recht arglose Sachen: Ein verstärktes Bedürfnis, sich hinzulegen, vielleicht sogar auf den Boden, sich zusammenzurollen, sich in eine Decke zu wickeln, irgendwie die Nähe des Therapeuten zu spüren. Manche möchten einfach nur da sein, gar nichts sagen oder tun müssen, manche möchten spielen, träumen, Musik hören, Geschichten vorgelesen bekommen oder irgendwie versorgt werden mit Essen – insbesondere Schokolade – und Trinken. Vielleicht erinnern sie sich an die Situationen, in denen sie als Kind krank waren und es genossen haben, von den Eltern verwöhnt zu werden.

In vielen Therapieformen wird die Erfüllung solcher so genannter regressiver Wünsche, die einen forderungsfreien Versorgungszustand anstreben, kritisch gesehen, zum Beispiel in kognitiven und lösungsorientierten Verfahren und in der klassischen Psychoanalyse. In der Psychoanalyse wird die Bewusstwerdung solcher Wünsche und Fantasien zwar gefördert, aber nicht erfüllt. Sie fordert stattdessen zum Wahrnehmen der darin sichtbar werdenden unbewussten Fantasien auf, fordert einen Reifungsschritt statt realer Bedürfnisbefriedigung. Unerfüllte Bedürfnisse der Kindheit nachholen zu wollen und dies als Therapeut auch anzubieten, würde in dieser Sichtweise unerfüllbare Hoffnungen wecken, eine regressive Haltung verfestigen und zu stark an den Therapeuten binden.

Bei aller grundlegenden Berechtigung dieser Positionen ist es doch unvermeidlich und sogar notwendig, dass sich unbewusste Konflikte und Bedürfnisse zunächst im Handeln, im »Agieren« und »Inszenieren« entfalten, bevor sie bewusstseinsfähig werden.

Das Agieren und Inszenieren ist nicht nur ein Abwehrmechanismus, sondern kann auch als ein erster schöpferischer Versuch der Verlebendigung und Bewusstmachung des bisher unbewussten und ungelebten Lebens verstanden werden. Hierin liegt ja auch einer der Wirkfaktoren der gestaltenden und »inszenierenden« Therapiemethoden, wie zum Beispiel der Aktiven Imagination, der Kunsttherapie, des Sandspiels, der Gestalttherapie, des Psychodramas und der verschiedenen körperorientierten Verfahren.

Andererseits ist die Vorsicht gegenüber der Bedürfnisbefriedigung auch begründet. Ein machtvoller Schattenaspekt des Archetyps der »Großen Mutter« ist ihre festhaltende, verschlingende, »kastrierende« Seite, welche Ablösung, Autonomie und Individuation verhindert. Ein allzu mütterlicher, versorgender Stil in der therapeutischen Arbeit unterliegt der Gefahr, die Klienten »klein« zu halten und damit abhängig zu machen.

Ein anderer Schattenaspekt des Bios-Prinzips wäre eine mögliche Unterstützung einer passiven Erwartungshaltung. Manche Menschen verwenden ihre Therapie als Abwehr von Veränderung, gewissermaßen nach dem Motto: »Ich gönne mir erst mal eine Therapie, dann sehen wir weiter.« Häufig haben sie auch magische Vorstellungen darüber, wie sich ihre Heilung vollziehen könne. Entweder hoffen sie darauf, dass der Therapeut über besondere Fähigkeiten und Heilkräfte verfüge – zum Beispiel wie eine gute Mutter, die einen in den Arm nimmt, tröstet und alle Sorgen vergessen lässt – oder dass er ihm einen kurzen, schnellen Weg aus seiner Misere zeige oder dass das Unbewusste, wenn man es nur zulasse, die Heilung wie von selbst vollbringe.

Der Symbolkreis des Eros-Prinzips

Die psychotherapeutische Forschung ist sich heute weitgehend darüber einig, dass eine gute menschliche Beziehung der machtvollste Faktor für Heilung, Wachstum und Reifung ist und dass die Wirksamkeit von Psychotherapie wesentlich davon bestimmt wird, ob ein Mensch sich in der therapeutischen Beziehung wohl fühlt, ob er sich angenommen, verstanden und gefördert fühlt, ob die therapeutische Beziehung ihm dazu verhilft, sich öffnen zu können, seine Gefühle, insbesondere auch die kritischen und problematischen, die ängstlichen, schambesetzten und selbstunsicheren, zum Ausdruck zu bringen und besser zu verstehen. Über seine therapeutisch-fachliche Kompetenz hinaus muss der Therapeut auch in der Lage sein, selber authentisch, natürlich und ehrlich zu sein und ein warmes, engagiertes, menschliches Interesse an der Entwicklung und dem Wohlergehen der Menschen, mit denen er arbeitet, zu haben und zu zeigen.

Es ist sicher kein gelingender Prozess möglich, wenn sich diese Ebene nicht einstellt oder Empathie gar gespielt werden muss. Hier haben Therapeuten eine Verantwortung für die Wahrnehmung und Beachtung ihrer eigenen Grenzen und sind manchmal gefordert, in nicht kränkender Weise einen Prozess zu beenden, der für sie nicht stimmig ist. Erstaunlich oft kann man aber die Erfahrung machen, dass sich schon von Beginn an zwischen beiden Personen unbewusste Verbindungen knüpfen und sich darin Eros-Prinzipien seinen Anfängen konstelliert. Einen Menschen kennenlernen erweist sich oft auch als ein Weg des Liebenlernens. Das Lieben und Geliebtwerden öffnet ein Tor zur eigenen Seele, und man kann sich selbst zu lieben beginnen.

Für diese Aspekte der Therapie steht das archetypische Symbol des Eros. Wir wollen an dieser Stelle gleich betonen, dass Eros und Erotik nicht auf Sexualität beschränkt sind. Immer, wenn Beziehungen entstehen und Menschen auf so tiefer Ebene miteinander arbeiten, wie es in einer Therapie der Fall ist, ist Eros anwesend, indem er die Seelen auf vielfältige Weise miteinander verknüpft und manchmal auch verstrickt.

Das Eros-Prinzip meint also den Bereich der jeziehung, der Verbundenheit und Vereinigung, der Liebe und auch, aber nicht nur, Sinnlichkeit und Sexualität. Er meint darüber hinaus auch die Schönheit, Ästhetik und Harmonie. Desgleichen gehören zum Eros-Prinzip die Kunst, der Humor und die Freude und als transpersonale Aspekte die universale Liebe, die »Unio mystica«, All-Verbundenheit, Einheitserfahrung, Glücks- und Ekstaseerfahrung.

Die Symbole des Eros-Prinzips sind aus den Liebesgeschichten der Weltliteratur bekannt: beispielsweise das Herz, die Blumen, insbesondere die Rose, die Sexualität, der erotische nackte Körper, süße Früchte (Apfel, Erdbeere, Kirsche, Traube, Feige); Feuer (Leidenschaft); Wasser (Erfrischung); der Glanz des warmen goldenen Lichtes, die Götter Eros und Dionysos, die Göttin Aphrodite.

In Therapie und Selbsterfahrung geht es beim Eros-Prinzip um die Aspekte: Wertschätzung, Akzeptanz, Echtheit, Authentizität, Einfühlung und Liebe, Beziehung überhaupt. Ebenso werden Selbstakzeptanz, die Zuwendung und die Liebe zu sich selbst, eine besondere Rolle spielen und auf die Fähigkeit zustreben, die Schönheit und Fülle des Lebens überhaupt wahrnehmen zu lernen. Man wird besonders auf die frei fließenden Gedanken und Gefühle achten, die kreative Gestaltung und den kreativen Ausdruck betonen sowie die Imagination, Meditation und Visualisierung von inneren Bildern.

Besonders ausgeprägt finden sich diese Elemente in den tiefenpsychologischen Richtungen, in humanistischen Verfahren, in allen Formen der gestaltenden Arbeit mit Menschen. Speziell die Beziehung steht in Gruppentherapien im Vordergrund.

Eros ist eine ganzheitliche Erfahrung, die sich im Hier und Jetzt ereignet. Eros fordert die wirkliche Beziehung zwischen realen Menschen in ihrer individuellen Wahrheit, er fordert eine menschliche, nicht-technische Beziehung »von Herz zu Herz«. Das ist wohl der Hauptgrund, weshalb uns der Umgang mit ihm in der Therapie so schwer fällt.

Denn wir stehen vor der schwierigen Frage: Wie lässt sich eine therapeutische Haltung mit einer »echten«, persönlichen, partnerschaftlichen, dialogischen Beziehung »von Mensch zu Mensch« verbinden?

Viele von uns haben Angst, sich ihrer Liebe und ihrer Liebessehnsucht bewusst zu werden. Weil wir in unserer Gesellschaft keine Kultur des Eros haben, kennen wir in diesem Bereich nur Alles-oder-Nichts-Reaktionen. Entweder keine Liebe oder totale Liebe mit Haut und Haaren. Die vielen Zwischenstufen und Zwischenformen menschlicher Begegnung und menschlicher Zuneigung, in denen sich die Liebe zu einem anderen Menschen mit der Liebe zu sich selbst und mit Freiheit und Autonomie verbindet, sind uns wenig vertraut. Deshalb befürchten Menschen, die in eine Therapie kommen, oft, sie könnten abhängig, ausgenutzt, verletzt oder missbraucht werden, wenn sie ihre Liebe zulassen würden.

Die Offenheit und Nähe, die durch die Liebe entstehen kann, macht uns verletzlich für Kritik, Ablehnung und Zurückweisung. Manche Menschen befürchten, dass ein anderer Mensch, wenn sie ihn wirklich nahe an sich heranlassen und sich ihm öffnen würden, entdecken könnte, wie hässlich, unattraktiv, dumm, geistlos und minderwertig sie seien. Deshalb versuchen sie lange Zeit, sich den vermeintlichen Erwartungen und Vorstellungen des Therapeuten anzupassen. Es dauert oft lange, bis sie akzeptieren können, dass es in einer Therapie nicht um eine besondere Leistung geht, die sie zu erbringen hätten, oder um besonders reife, positive menschliche Qualitäten, die sie zu entwickeln hätten, sondern darum,

Abb. 31: Das alchemistische Paar im Brunnen der Wandlung

sich in ihrer Wahrheit und Wirklichkeit, in ihrer Schattenhaftigkeit und ihren Schwächen, in ihrem Sosein annehmen und lieben zu lernen.

In der analytischen Therapie spricht man bei dieser besonderen Art von Beziehung auch von Übertragung und Gegenübertragung und meint damit, dass sich in der Begegnung auf bewusster, aber vor allem auch auf unbewusster Ebene eine Beziehung entwickelt, die von Bildern, Erwartungen, Sehnsüchten, Wünschen, Befürchtungen geprägt ist, die wir auf den anderen projizieren. Dadurch entsteht eine Art unbewusster Kommunikation. Die Fantasien, Ideen, Einfälle sind nicht mehr nur die eigenen, sondern stehen in Beziehung zu denen des anderen. Sie sind manchmal so geheimnisvoll aufeinander bezogen, dass man geneigt ist, ein drittes wirksames Prinzip anzunehmen, das, über beiden stehend, diese verbindet.

Symbolisch steht dahinter das Motiv des »Mysterium conjunctionis«, das Geheimnis der Vereinigung der Gegensätze im Selbst. Dieses Motiv wird unter anderem beschrieben in Platons Gastmahl. Dort wird die Kugel als die ursprüngliche zwiegeschlechtliche Form des Menschen vorgestellt, die aber durch Zeus entzweit wurde. Er wähnte die Menschen so rund zu nah an der Vollkommenheit und wollte dem ein Ende bereiten. Durch die Halbierung des runden Menschen in zwei Geschlechter setzte er aber die ewige Sehnsucht nach der anderen Hälfte frei, die nun Grundmotiv der Suche des Menschen nach seiner verlorenen Ganzheit wurde.

Es gibt noch andere Aspekte des Erotischen, die in der Psychotherapie oft zu kurz kommen: die positiven Gefühle und Stimmungen, die Freude, der Humor, die Ekstase, die Leidenschaft, die Schönheit, die Harmonie.

Dadurch, dass Psychotherapeuten es vorwiegend mit leid- und konflikthaften Themen und Bereichen der Seele zu tun haben, neigen sie dazu, sich auf das Krankhafte zu fixieren und andere Aspekte zu vernachlässigen. Dies ist eine berufsbedingte Einseitigkeit, wenn nicht sogar Krankheit. Durch die Konzentration auf angst- und schambesetzte Komplexe, Konflikte und Schattenseiten bleibt wenig Raum für das schöpferische Potenzial. Es ist zu vermuten, dass das auch unter Psychotherapeuten weit verbreitete Burnout-Syndrom, das Gefühl der Lustlosigkeit und Müdigkeit, der Langeweile, das Erleben des »Vergiftetseins vom Seelenmüll« der Patienten, sehr viel mit der Schwierigkeit zu tun hat, die positiven erotischen Aspekte in der Therapie zu entfalten.

Natürlich hat auch das Eros-Prinzip seine Schattenseiten. Wenn Therapeuten, bewusst oder unbewusst, unter der Dominanz dieses Prinzips stehen, können sie verführerisch auf andere Bereiche ablenken als die gerade anstehenden. Auf diese Weise können beim Gegenüber frühkindliche Bedürfnisse nach Nähe und Wärme sexualisiert werden

Durch eine übermäßige Thematisierung von zentralen Beziehungskonflikten und Übertragungs- und Gegenübertragungsvorgängen können Tendenzen zur Autonomie und Individuation blockiert werden, und das Bedürfnis, Konflikte zu klären oder den Therapeuten mit aggressiven Fantasien zu konfrontieren, kann durch ein Harmonisierungsbestreben des Therapeuten verhindert werden. Auch kann der Therapeut versucht sein, seine eigenen Beziehungswünsche und -defizite zu sehr auszuleben – bis hin zu sexuellem Missbrauch –, dadurch Menschen an sich zu binden und es ihnen so zu erschweren, andere Beziehungen außerhalb der Therapie aufzubauen oder zu pflegen.

Deshalb müssen im Prozess von Therapie und Selbsterfahrung nicht nur die Beziehung und die Verbindung angesprochen werden, sondern auch die Distanz, die Erfahrung der Auseinandersetzung, der Entfernung und des Getrenntseins, des Allein- und Autonomseins.

Schon durch das Setting der regelmäßigen und zeitlich begrenzten Treffen, durch die verschiedenen Formen der Vergütung, Abrechnung, Bezahlung kommt das Trennungsmotiv mit hinein. Man könnte sagen, dass wir uns – je näher wir uns in der Begegnung kommen – auch gleichzeitig umso bewusster werden, dass wir Einzelwesen sind und bleiben. Um die Angst und Lust des Autonomseins zu erfahren, bedarf es des Heros-Prinzips, des Heldenarchetyps.

Der Symbolkreis des Heros-Prinzips

Das Heros-Prinzip bezeichnet den Bereich der Autonomie, der Freiheit und Unabhängigkeit, der zielgerichteten Aktion, der Willenskraft, der kämpferischen Auseinandersetzung und Aggression, der Selbstverantwortung und Disziplin. Auch Mut, Überwindung der Angst, Unterscheidung und Trennung gehören hierher. Er umfasst Aspekte, die sich insbesondere auf die Persönlichkeits-Entwicklung, die Entwicklung zur Autonomie und Selbstständigkeit beziehen. Es geht um die Fähigkeit, Einsamkeit und Ängste auszuhalten, Trägheiten zu überwinden, Schwierigkeiten durchzustehen.

Das Heros-Prinzip bedeutet, das Leben eigenverantwortlich zu wagen in der Art einer schöpferischen Tat. Die zentralen Symbole kennen wir aus den Heldengeschichten: die Hand, das Werkzeug, die Waffe, insbesondere das Schwert und den Pfeil; das Lernen bei einem Meister, um selber Meister zu werden, die Suche, der Weg, die Auseinandersetzung mit einem Gegner, der Kampf, insbesondere der Drachenkampf, die

Erreichung des ersehnten Zieles, die Hebung des Schatzes, die Befreiung der Gefangenen und der Sieg.

»Heroische« Elemente finden sich insbesondere in der Verhaltenstherapie, auch in konfrontativen Formen der Gestalttherapie oder Provokationstherapie und in den Autonomie fordernden Aspekten der analytischen Schulen. So hat Alfred Adler zum Beispiel schon zu Beginn seiner Therapien meist das Heros-Prinzip betont. Um die Delegation der Verantwortung von vornherein zu vermeiden, wies er die Patienten frühzeitig darauf hin, dass er sich als Berater verstehe und dabei helfe, die Lebensirrtümer und Lebenspläne aufzudecken, beim Handeln nach dieser Erkenntnis aber das Werk des Patienten beginne.

Die Freude am Lernen und an der Entfaltung eigener Kenntnisse und Fähigkeiten, das Erwachen der Lust zur Verwirklichung eigener Wünsche sind wesentliche Ziele aller Therapierichtungen.

Die hauptsächliche therapeutische Methode »heroisch« orientierter Therapeuten liegt im Anregen zu aktivem Tun, im Einüben neuer Verhaltensweisen (etwa Selbstbehauptung, Aggression, Aushalten von Konflikten), in der Übung des Willens, der Verbesserung der Frustrationstoleranz und der Ermutigung zur Angstüberwindung. Selbstmanagement, Selbstregulation und Selbstkontrolle sind moderne Schlagworte einer solchen Haltung. Die Therapeuten verhalten sich dabei oft aktiv anregend, fordernd, direktiv, manchmal sogar stark konfrontativ und manipulativ. Es werden praktische Übungen, Hausaufgaben technische Hilfsmittel und auch vertragliche Vereinbarungen eingesetzt, die Arbeit wird oft an konkreten Zielen orientiert.

Das Heros-Prinzip ist neben dem Logos-Prinzip in unserer leistungs- und erfolgsorientierten Gesellschaft vorherrschend und hat sich auch auf unseren Umgang mit uns selbst und unseren seelischen Vorgängen eher problematisch ausgewirkt. Deshalb seien einige der typischen und häufig wenig erkannten Schattenseiten hier besonders hervorgehoben.

Eine spezifische Problematik der mit dem Heroischen verbundenen Einstellungen und Techniken in der Arbeit an sich selbst und in der Therapie liegt darin, dass durch das ständige Hinarbeiten auf Selbstverantwortung, auf aktive Entscheidungen, auf Autonomie und Unabhängigkeit so etwas wie ein Bewusstseins- und Willenskrampf entsteht, der es verhindert, innerlich loszulassen, regressive Gefühle und Bedürfnisse, – zum Beispiel Nähe, Hingabe, Empfänglichkeit, Ruhe, Geborgenheit –, wahrzunehmen und eine vertrauensvolle, schöpferische Beziehung zu den unbewusst gesteuerten Regulationsvorgängen des Selbst herzustellen. Anstatt nach innen zu lauschen und vom Symptom zu lernen, was »es sagen will«, wird es einfach wegtrainiert. Damit

Abb. 32: Drachenkampf: Sich mit der Angst konfrontieren

verliert das Selbst aber eine wesentliche Möglichkeit, auf eine tiefer gehende Problematik oder einen schöpferischen symbolischen Sinn des Symptoms hinzuweisen.

Es ist wohl richtig, beides im Auge zu behalten: den tieferen symbolischen Hintergrund einerseits, das selbstverantwortliche Handeln und »Üben im Alltag« andererseits. Die ausschließliche Konzentration auf die Beseitigung eines Symptoms mag zwar schnelle Ergebnisse bringen, wäre aber auf Dauer ebenso wenig hilfreich, wie es etwas nützt, wenn man bei einem ausgebrochenen Feuer die Alarmanlage, die das Feuer meldet, ausschalten würde.

Des Weiteren besteht die Gefahr, dass ein bestimmtes eingeübtes Verhalten nur von außen fassadenhaft aufgesetzt wird. Man spielt Selbstsicherheit, ohne sich wirklich sicher zu fühlen. Das kann in einen Teufelskreis zunehmender Entfremdung von sich und anderen Menschen führen. Selbstsicherheit ist ein überaus vielschichtiger Zustand, der sich nur in ganz geringem Ausmaße einüben und antrainieren lässt Selbstsicherheit hängt beispielsweise davon ab, ob ich mich selbst, meinen Körper und meine männliche oder weibliche Identität akzeptieren und wertschätzen kann, ob ich mich als geistig klar und orientiert empfinde, ob ich mich in meinen Beruf als kompetent und wirksam erfahre, ob mir soziale Beziehungen ausreichend gut gelingen, ob ich einen tragenden Sinn in meinem Leben finde und schließlich: ob ich einen Zugang zu meinem inneren Selbst habe. Und Selbstsicherheit hängt – paradoxerweise – ganz entscheidend davon ab, ob ich mich in meinen unsicheren Seiten, meinen Hemmungen, meinen Schattenseiten und Schwächen annehmen kann. Dass dies alles nur in einem längeren Lebensprozess gelingen kann, ist offensichtlich.

Eine weitere mit dem Heros-Prinzip verbundene Problematik ist, dass Therapeut und Klient einer grandiosen Selbstüberschätzung verfallen können, die sie glauben lässt, sie könnten in kurzer Zeit alles erreichen, wenn sie nur wirklich wollten und nur die richtige Technik hätten. Dieser unrealistische Veränderungsoptimismus findet seinen Ausdruck in solchen forschen Formeln wie: »Was sich nicht in 10 Stunden verändern lässt, lässt sich auch nicht in 100 verändern« oder »Ich kann, wenn ich will«. Ein solcher Optimismus wird gerne von neuen psychotherapeutischen Richtungen ausgestrahlt, die damit werben, dass durch ihre »hochwirksamen«, »machtvollen« und »äußerst effektiven« Methoden Menschen, die sonst wo jahrelang Therapien gemacht und nichts erreicht hätten, bei ihnen in wenigen Stunden erstaunliche Veränderungen erzielt hätten.

Bei solchen Versprechungen ist es oft eine schwierige Aufgabe des besonnenen Therapeuten – bei aller Ermutigung und Unterstützung, die bei einer therapeutischen Begleitung möglich sind – zu vermitteln, dass es keinen kurzen, schnellen Weg gibt, keine Abkürzung, und dass man mithilfe einer Therapie nicht darum herumkommt, die gleichen Ängste, Frustrationen, Bemühungen und Risiken auf sich zu nehmen wie jeder andere Mensch, der seine Ziele im Leben erreichen will. Auch kann es schwer werden, die eigenen Grenzen, das Nicht-Veränderbare anzunehmen und zu jener Bescheidenheit, Einfachheit und jenem Loslassen zu finden, das die Basis jeder transpersonalen Selbst-Erfahrung ist. Vielleicht sollten wir uns manchmal fragen, warum der Entwicklungsprozess eines Menschen eigentlich so schnell gehen soll, warum ein Mensch für sich und seinen Weg keine Zeit haben darf? Brächte dieses Zeit-Haben nicht vielleicht einen Zugewinn an Menschlichkeit mit sich? Könnten wir nicht wieder jenes Maß für unsere Lebensvorgänge finden, das wir in der Hektik des Alltags und der modernen Zeit verloren haben?

Der Symbolkreis des Mystos-Selbst-Prinzips

Das Selbst ist, in Anlehnung an die Analytische Psychologie, ein Begriff für die Ganzheit unserer Person, für die Gesamtheit dessen, was wir sind: unser Körper und alle Fähigkeiten und Funktionen unseres Organismus, alle unsere latenten wie manifesten, bewussten und unbewussten Erlebens- und Verhaltensmöglichkeiten in Verbindung mit unseren Beziehungen, die wir mit der Umwelt und den Mitmenschen haben. Der Begriff Selbst meint auch jene steuernde, sich selbst organisierende Intelligenz und Weisheit unseres Organismus, die das Potenzial an Funktionen und Fähigkeiten so arrangiert, dass sie sich im Lebensprozess verwirklichen können.

Mit diesem Selbst-System hat es nun eine eigentümliche Bewandtnis: Obwohl unser Selbst das Einzige ist, was wir wirklich sind, ist es uns in seinen wichtigsten Aspekten verborgen. Das hängt hauptsächlich damit zusammen, dass unser Bewusstsein in seiner Kapazität relativ beschränkt ist. Außerdem wird uns der größte Teil der Vorgänge, die in unserem Körper und in unserem Gehirn ablaufen und die dazu führen, dass wir leben und Bewusstsein haben, erlebensmäßig niemals zugänglich werden, weil sie die Voraussetzung für den Lebensprozess bilden. Wir befinden uns in der eigentümlichen und für viele menschliche Leiden und Irrtümer verantwortlichen Situation, dass wir aus etwas leben, was uns unbewusst ist und immer unbewusst bleiben wird.

So kommt es zu einem alltäglichen, aber eigentlich sehr tragischen Missverständnis: Weil wir nur das kennen können, was im Laufe unseres Lebens durch unser Bewusstsein gegangen ist, haben wir natürlicherweise den Eindruck, dass dieses Bewusstsein den größten Teil – vielleicht 90 Prozent – unserer eigentlichen Existenz ausmacht und dass es unbewusste Anteile des Selbst oder gar eine zentral sich selbst regulierendes Selbst-System überhaupt nicht gibt. Es verhält sich aber genau umgekehrt. Unser Selbst ist unsere eigentliche, wahre Existenz und steuert unsere Lebens- und Bewusstseinsvorgänge. Alle unsere Gefühle, Gedanken, Empfindungen, unsere Willenshandlungen und die Entscheidungen, die wir dauernd treffen, sind bereits vorhanden, bevor sie uns bewusst werden. Bevor wir irgendetwas bewusst wahrnehmen, fühlen, denken oder wollen, hat das Selbst-System bereits entschieden, was es ins Bewusstsein treten lässt und was nicht. Gedanken, Gefühle, Willensimpulse: Sie erscheinen nur in unserem Bewusstsein – wie auf dem Bildschirm eines Computers –, sie werden uns durch das Bewusstsein nur bewusst, aber sie werden nicht vom Bewusstsein hervorgerufen.

Das, was auf diese Weise über den Bildschirm unseres Bewusstseins läuft, ist nur der allerkleinste und meist ein ziemlich verzerrter Teil von dem, was wir in unserer Gesamtheit wirklich sind. Wir haben von uns selbst nur eine sehr unzureichende Vorstellung. Wir wissen nichts von unserem Ursprung, wir wissen nicht, wie wir eigentlich »funktionieren«, wir wissen nichts von unserer universalen, transpersonalen Natur. Das macht es auch so schwer, diese Dimension des Transpersonalen in unser Leben einzubeziehen. Aber auch wenn es schwer ist, die Ganzheit unseres Wesens, unser Selbst, zu erkennen, hat es doch glücklicherweise die unablässige Tendenz, sich immer mehr in seiner umfassenden Natur durch uns seiner selbst bewusst werden zu wollen. Es offenbart sich uns in unseren Sehnsüchten und Fantasien, in unseren schöpferischen Impulsen, vor allem aber in den numinosen Träumen, Visionen und Symbolen. »Numinos« nannte C. G. Jung jene Erfahrungen und Symbole, die uns in geheimnisvoller Weise als Ganzes ergreifen und einen schicksalhaften Sinn vermitteln.

Diese großen Symbole und archetypischen Bilder der Menschheit sind keine willkürlichen Erfindungen, keine illusionären Wunschträume, sondern schöpferische Versuche des Selbst, über sich selbst und seinen eigenen Ursprung eine adäquate Vorstellung zu gewinnen. Wir sind von solchen Symbolen deshalb fasziniert, weil sie in uns eine Ahnung unserer innersten Wirklichkeit und Wahrheit erwecken. Sie lassen uns spüren, wie großartig und wunderbar unser innerstes Wesen ist, das in einem langen erd- und menschheitsgeschichtlichen Prozess entstanden ist, von dem wir ein Teil, gewissermaßen das Endprodukt, sind.

So symbolisiert sich das Selbst vor allem in jenen Bildern und Vorstellungen, die die Mythen und Religionen hervorgebracht haben, zum Beispiel als das Wunder, das Zentrum oder die Mitte, der Umfang, die Einheit, das Leben oder als das unergründliche Geheimnis, die kosmische Leere, das Mysterium, der Ursprung und das Ziel, die Wandlung, als das Universum, die schöpferische Energie, die kosmische Intelligenz, das Sein, das Eine, als göttliche Wesenheit, als alles durchflutendes Licht, als Diamant oder Gold, als die goldene Blüte, das Atman, das Tao, Alpha und Omega, das göttliche Prinzip, das innere Licht, der göttliche Funke, als der innere Meister, der oder die »Alte Weise«, der Magier, Hermes-Merkurius, als die »Große Mutter« oder das »Göttliche Kind«.

In den Märchen ist es die »schwer zu erreichende Kostbarkeit«, der Schatz oder das Wasser des Lebens, in der Kabbala das »En Soph«, in der Alchemie der »Stein der Weisen« oder auch der Anthropos (Abb. 33), der »kosmische Ur-Mensch«, der Makro- und Mikrokosmos in sich vereint.

Weil das Selbst eine schöpferische, sich dauernd wandelnde Quelle aus den verschiedensten Polaritäten unserer Existenz ist, stellt es sich auch in Wandlungssymbolen (Naturvorgänge, Pflanzen, Wasser) und ge-

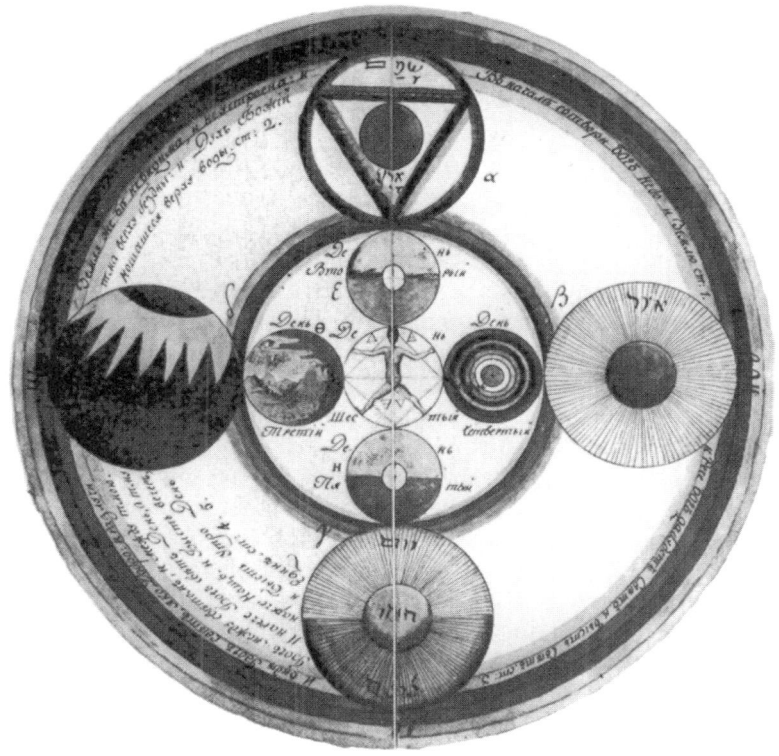

Abb. 33: Anthropos, der kosmische Mensch im Spannungsfeld der Polaritäten

gensatzvereinigenden Symbolen dar, wie dem Mandala, dem Tao, dem chinesischen Yin-Yang-Symbol oder der sexuellen Beziehung zwischen Mann und Frau (vgl. das indische Tantra).

Da das Selbst das Kostbarste ist, was das Universum bisher hervorgebracht hat, kann es sich darüber hinaus auch auf all das projizieren, was uns im Alltäglichen als wichtig, bedeutsam und wertvoll fasziniert: Geld und Gold, Diamanten und Perlen, Reichtum und Macht, Ruhm und Ehre, Schönheit und Attraktivität. Und es macht unsere Tragik aus, dass wir diesen projektiven Charakter nicht erkennen, dass wir nicht sehen, dass das, was wir im Geld, im Besitz und in der Schönheit faszinierend finden, zum ganz großen Teil etwas ist, das wir in uns selbst tragen.

Unser Selbst, unsere Lebendigkeit, unser Bewusstsein, unsere Liebesfähigkeit und die schöpferische Kraft, die wir besitzen, sind das eigentlich Wertvolle, sind unser ganzer wirklicher Reichtum. Die

Schönheit unseres Selbst ist unsere wahre Schönheit, ist unser wahrer Glanz. Der »Heilige Gral«, der »Stein der Weisen«, das große Wunder kann nur in der eigenen Seele entdeckt und in der Entfaltung des eigenen Bewusstseins verwirklicht werden.

Haltungen oder Arbeitsformen, durch die die Entfaltung der Dynamik des Selbst ganz besonders gefördert wird, sind: Offenheit, Spontaneität, jede Arbeit mit den Äußerungsformen des Unbewussten, wie zum Beispiel Anregung zu freier Assoziation, Fantasie, Intuition, Kreativität, Spiel, Traum- und Symbolarbeit, Imagination. Auf der Körperebene sind es Atemtechniken und körperbezogene Arbeitsformen. Im rational-irrationalen Raum sogenannte paradoxe Interventionen: Überraschungen, Verhaltensverschreibungen, Humor, Witz, Ironie, Umdeutungen, List, im transpersonalen Bereich das Achten auf synchronistische Ereignisse, magische und schamanistische Praktiken, spirituelle Übungen und Exerzitien, Meditation, Kontemplation.

Naturgemäß kommt kein therapeutischer Ansatz um eine Beschäftigung mit den Kräften des Selbst herum, wenn nicht bewusst, dann – unvermeidbar – unbewusst. Besonders betont wird dieser Aspekt aber in den transpersonalen Therapieformen, in der Analytischen Psychologie, der initiatischen Therapie, der Daseinsanalytik und in kreativen Verfahren.

Wenn es uns gelingt, die Projektion zurückzunehmen und den »Stein der Weisen« in der eigenen Seele zu entdecken, dann geschieht so etwas wie eine kopernikanische Wende, die Verhältnisse werden vom Kopf auf die Füße gestellt, die Dinge kommen endlich in Ordnung.

Unter der Perspektive des Selbst-Systems sind nämlich viele unserer Einseitigkeiten, Fehler und Mängel, unserer kleinen Schwächen und Macken absolut bedeutungslos. Die Aufgabe, die das Selbst jeden Tag und jede Nacht neu zu bewältigen hat, indem es unser bewusstes Leben ermöglicht, ist so immens, dass Fehler, Irrtümer und Funktionsstörungen unvermeidlich sind und man sich eigentlich nur wundern muss, dass unser Leben überhaupt so geordnet verlaufen kann.

Unsere dauernde Selbstkritik wegen aller möglichen Minderwertigkeiten und Schwächen, die wir alle täglich begehen, ist unter dieser Perspektive nur Ausdruck unserer Unfähigkeit, die Großartigkeit des seelischen Lebens in uns zu erkennen. Wenn wir uns gestatten, dem geheimnisvollen Selbst durch seine verschlungenen Pfade zu folgen, dann ist Selbst-Erfahrung viel mehr als ein ewig-gleiches Suchen in vergangenen Kindheitserfahrungen und Vater- und Mutterbeziehungen, alten Konflikten und Ängsten, sondern eher ein lebendiges Abenteuer, das uns mit immer neuer Faszination und tiefem Staunen erfüllen kann.

»Und es ist das ewig Eine,
das sich vielfach offenbart:
Klein das Große, groß das Kleine,
alles nach der Eigenart.
Immer wechselnd, fest sich haltend,
nah und fern und fern und nah.
So gestaltend, umgestaltend,
zum Erstaunen bin ich da.«

J. W. von Goethe[25]

Die von den Symbolen der Ganzheit ausgehende Faszination birgt aber auch eine Gefahr. Wir könnten »abheben«, so berauscht sein den unendlichen kreativen Möglichkeiten und vom Erleben des Einsseins mit der ganzen Schöpfung, dass wir unsere kleine, individuelle Realität vernachlässigen. Deshalb ist es gerade in der Auseinandersetzung mit den transpersonalen Aspekten des Selbst entscheidend wichtig, authentisch jene Person zu bleiben, die wir sind, und in der Welt und in guten Beziehungen »geerdet« und verwurzelt zu sein. Und: Es müssen auch keineswegs »große«, »numinose« Erfahrungen sein, die uns dem transpersonalen Aspekt des Selbst gegenüber öffnen. Oft sind es auch kurze unscheinbare Augenblicke mitten im Alltäglichen. Denn wir sind, ob es uns nun bewusst ist oder nicht, in jedem Augenblick bereits ein unmittelbarer Ausdruck des Selbst.

Teil 2

Mit Symbolen schöpferisch leben

... und die Welt hebt an zu singen,
triffst du nur das Zauberwort.

Joseph von Eichendorff

I. Symbole finden

Bevor wir uns mit den vielfältigen Möglichkeiten der praktischen Symbolarbeit beschäftigen, wollen wir uns der Frage zuwenden, wie wir überhaupt geeignete Symbole für uns finden können. Der Hauptzugang hierzu ist das Symbolisieren, die Fähigkeit, uns selbst und die Welt mit einem »symbolisierenden Blick«, einer symbolisierenden Einstellung, betrachten zu können.

A. Symbolisierung und der »symbolisierende Blick«

Die Symbolisierung hebt die Dinge und Ereignisse des inneren und des äußeren Lebens aus ihrer alltäglichen, gewohnten Bedeutung heraus und stellt sie in den »symbolischen Raum«. Mit der Symbolisierung schalten wir von der rational-analytischen Betrachtungsweise auf die bildhaft-intuitive Betrachtungsweise um. Wir könnten auch sagen: Wir setzen eine »magische« Brille auf, eine »Zauberbrille«, die die Welt für einen Augenblick aus ihrer grauen Eindeutigkeit und Eintönigkeit in eine farbige Vieldeutigkeit und Vielstimmigkeit verwandelt und ein geheimnisvolles Leben in ihr erweckt.

Bei der Symbolisierung fragen wir uns einfach: »Wie ließe sich diese Sache symbolisch sehen?« Dabei versuchen wir nicht gleich, eine mögliche Interpretation oder Deutung zu finden, sondern gehen mit der Sache in einen inneren Dialog (siehe weiter unten) und lassen danach erst einmal alle Erinnerungen, Fantasien, Einfälle und Gefühle zu, die spontan in uns aufsteigen: »Was ist so ähnlich? Welche Bilder entstehen in mir, was klingt in mir an? Woran erinnert mich das?« Wir nehmen dabei eine offene, neugierige Haltung ein, in der wir spielerisch mit der »Sache« experimentieren, nach dem Motto der vier kreativen »F«: frisch, frech, fröhlich, frei. Wir tun so, als würden wir der »Sache« oder dem Ereignis zum ersten Mal in unserem Leben begegnen.

Wenn wir unsere »Zauberbrille« aufsetzen, können wir uns zunächst Zeit lassen, uns gestatten, ein wenig verwirrt und desorientiert zu sein. Wir dürfen uns erlauben, erst einmal gar nichts zu sehen – so lange, bis die ersten Eindrücke und Einfälle kommen. Es lohnt sich, die etwas unangenehme Spannung, die vermeintliche Leere zuzulassen und sie nicht vorschnell mit den üblichen Gedanken und Deutungen zu füllen.

Wir bedürfen dazu eines inneren Freiraumes, in dem es keine Einschränkungen für unsere Einfälle, für unser Fühlen und Denken gibt. Vor allem kann unsere kritische und moralisierende Seite für eine Weile ganz zurücktreten. Sehr hilfreich ist auch eine große Portion Humor.

Am Anfang mag uns diese Art, die Welt zu betrachten, schwer zugänglich erscheinen und uns ratlos machen, nach und nach aber wird sie uns zur zweiten Natur, und wir beginnen zu spüren, wie sie uns für die Vielschichtigkeit und Tiefendimension des Lebens öffnet. Wir werden dann erleben, wie sehr uns unsere Neigung, alles möglichst eindeutig zu machen, unfrei und unflexibel gemacht hat und wie viel fließender, lebendiger und abenteuerlicher das Leben wieder werden kann.

Jedes gewöhnliche Ereignis unseres Lebens kann symbolisch angeschaut werden und dann erstaunliche Zusammenhänge und wundersame Perspektiven offenbaren. Es sind keine Kunststücke nötig, kein mühsames Lernen, sondern nur eine kleine Drehung im Blick auf ein Ereignis, um dessen symbolischen Teil zu erkennen und überrascht zu erwachen. Gäbe es diese Sicht nicht, so gäbe es weder Lyrik, noch Literatur, noch Musik, Malerei, Bildhauerei, noch Kino, noch schöne Gebäude, das Schöne sowieso nicht, keine Blumengärten, Springbrunnen und kein Spiel. Vermutlich gäbe es vieles andere auch nicht, und die Nüchternheit solchen Lebens wäre schlicht nicht vorstellbar. Das heißt, das Symbolische ist gewissermaßen schon immer da, wir müssen es nicht suchen, nur unsere Einstellung verändern, symbolisierend hinsehen und hinhören.

Der Alltag wird so zu einer spannenden Übung. Wir lernen eine neue Sicht, die die alte, automatisierte vielleicht mit der Zeit ablösen kann. Auch kleine Handlungen bekommen dann wieder eine tiefere Bedeutung und sind nicht nur lästiger Übergang zur nächsten.

Das Symbolisieren, der »symbolisierende Blick«, übt sich natürlich dadurch am besten, dass wir beständig mit Symbolen umgehen, sie gestalten und sie in ihren vielfältigen Sinnzusammenhängen zu erfassen versuchen. Hilfreich kann es auch sein, dass wir uns einige Grundlagen des symbolischen Sehens und Erlebens systematisch erarbeiten, um ein Gespür für allgemeine Symbolik und das Wesen des Symbolischen zu entwickeln. Zum »ABC« der Symbolarbeit könnten etwa folgende Symbolbereiche gehören: Geometrische Grundformen, Farben, Raum, Bewegung, Natur, Tiere, Körper und Körpersprache, archetypische Grundsymbole (vgl. dazu das beschriebene symbolische Orientierungssystem in Kap. III b und seine zentralen Symbole).

B. Wege zum eigenen Symbol

Abgesehen davon, dass sich das Symbolisieren überall und jederzeit allgemein anwenden lässt, wird man im Individuationsprozess besonders mit Symbolen arbeiten, die in einem engeren Sinne etwas mit der eigenen Person zu tun haben. Wenn wir unsere ganz persönlichen Symbole entdecken, gewinnen wir so etwas wie einen »roten Faden«, der uns durch unser Leben führt. Grundsätzlich gibt es hierfür zwei Wege. Die erste Möglichkeit ist, sich von Symbolen ansprechen, berühren und bewegen zu lassen, die aus äußeren Quellen stammen, die zweite, den aus der eigenen Seele aufsteigenden Symbolen zu begegnen, zum Beispiel aus unseren Träumen, Fantasien und Imaginationen.

Von äußeren Symbolen ausgehen

Unsere Gesellschaft und Kultur bietet uns, wie wir ja auch im ersten Teil unseres Buches gesehen haben, einen unermesslichen Vorrat an Symbolen. Wir brauchen uns nur mithilfe der Fähigkeit der Symbolisierung für sie zu sensibilisieren, indem wir darauf achten, welche Dinge unserer Umwelt uns besonders anziehen oder abstoßen, bewegen, faszinieren, anregen, interessieren, beschäftigen, unsere Neugier wecken. Wenn wir uns beispielsweise intensiv mit der Frage beschäftigen: »Was könnte mein Symbol sein?«, das Symbol, welches meiner jetzigen Lebensphase entspricht, das meine innersten Wünsche, Sehnsüchte, Entwicklungsmöglichkeiten, meinen Lebenssinn, meine aktuelle Aufgabe usw. ausdrückt, werden wir bald eine stimmige Antwort erhalten. Das kann durch einen spontanen Einfall geschehen, durch ein Buch, ein Gespräch, ein Bild in einer Zeitschrift oder ein äußeres Ereignis.

Aus der Kreativitätsforschung weiß man, dass sich die besten Inspirationen und Einfälle häufig dann ereignen, wenn wir sie nicht erwarten. Unbewusste Informationen können besonders dann ins Bewusstsein treten, wenn das Bewusstsein verändert oder herabgesetzt ist, beispielsweise bei allen Routinetätigkeiten, bei denen wir nicht viel bewusste Konzentration brauchen, bei der Hausarbeit, nach dem Aufwachen oder kurz vor dem Einschlafen, beim Duschen, Zähneputzen, auf der Toilette, beim Spazierengehen, beim Sport, bei der Ausübung eines Hobbys.

Die folgende Methode, die von äußeren, vorgegebenen Symbolbildern ausgeht, hat sich in der Erwachsenenbildung sehr bewährt. Häufig wird sie zur Einstimmung auf ein Thema benützt oder auch einfach zum Kennenlernen und zum bildhaften Ausdruck einer augenblicklichen Stimmung. Sie kann aber auch mitten in einem Prozess eingesetzt werden, wenn in einem bestimmten Zusammenhang Klärungsbedarf entstanden ist.

Als Ausgangsmaterial wird eine Reihe von Bildern benützt, die aus allen möglichen Lebensbereichen stammen und in irgendeiner Weise einen symbolischen Gehalt haben. Es gibt professionelle Karteien, die im einschlägigen Handel erhältlich sind. Es lassen sich aber auch eigene Sammlungen zusammenstellen. Dazu eignen sich Illustriertenfotos, Motive aus der Werbung, aus dem eigenen Fotoschatz. Es finden sich schnell 100 bis 200 aussagekräftige Bilder. Diese (oder – wenn erforderlich – eine thematische Auswahl) werden ausgelegt – wobei die Zahl der Bilder ein Vielfaches der Teilnehmer betragen sollte – mit der Anregung, sich unter einer bestimmten mehr oder weniger offenen Fragestellung Anmuten zu lassen und mit der Zeit ein Bild auszusuchen, das der eigenen seelischen Antwort auf die Frage am ehesten entspricht. Wenn alle ein Bild gefunden haben, werden die restlichen weggeräumt und die ausgesuchten vor den Teilnehmern auf den Boden gelegt. Dann kann – ausgehend von einzelnen Bildern und je nach Intention – jeder mitteilen, was das Bild angesprochen und was ihn zur Wahl bewogen hat. Es ist auch möglich, gleich in einen Dialog über die Bildmitteilungen zu kommen und die Bilder sozusagen aufeinander reagieren zu lassen.

Ein Anwendungsbeispiel ist die Einleitung einer Gruppensitzung mit der Frage nach der Erwartung für diesen Tag. Komplexer wäre die Frage nach dem bestmöglichen Bild für eine momentane Situation in der Gruppe. Es lassen sich aber auch Bildassoziationen zum Traum eines Teilnehmers, zu einer geschilderten Konfliktsituation, einer soeben gemachten Erfahrung usw. auf diese Weise erfassen, oder man kann auch direkt nach der symbolischen Dimension eines Sachverhalts fragen.

Es ist einleuchtend, dass die Methode sich besonders für Gruppen anbietet. Aber auch in der Arbeit mit Einzelnen oder allein für sich kann sie – wenn gezielt eingesetzt – oft einen neuen Weg eröffnen und den Zugang zu einer bildhaft-symbolischen Sichtweise eines vorliegenden Problems ermöglichen. Sie kann als Anfangsimagination Ausgangspunkt für die Erarbeitung der darunter liegenden Tiefendimension sein.

Wenn man auf diese Weise von bekannten und vorgegebenen Symbolen ausgeht, stellt sich die Frage, ob uns diese Symbole wirklich weiterhelfen, ob sie wirklich etwas mit uns zu tun haben. Da man solche Symbole ja mehr oder weniger bewusst ausgewählt hat, können in dieser Auswahl schon eine Menge bewusster Absicht, viel bewusstes Denken und Konstruieren enthalten sein. Das stimmt in gewisser Hinsicht.

In anderer Hinsicht aber kann man davon ausgehen, dass sich in der Auswahl, die man trifft, immer auch ein unbewusstes Motiv findet. Wir können unserem Unbewussten selbst dort nicht entgehen, wo wir glauben, ganz bewusste und absichtliche Entscheidungen getroffen zu haben. Oft kann man nämlich gar nicht genau angeben, warum einen gerade dieser Gegenstand in diesem Augenblick fasziniert oder anspricht. Ein Mensch, der sich beispielsweise einen roten Porsche gekauft hat, mag sich sagen, er habe diese Entscheidung ganz vernünftig und bewusst getroffen, und er kann dafür vielleicht auch etliche überlegt klingende Gründe nennen. Trotzdem wird in seiner Wahl gerade dieses Autos und gerade dieser Farbe viel von dem zum Ausdruck kommen, was er unbewusst gerne sein und wie er sich unbewusst gerne anderen Menschen darstellen möchte.

Mit vorgegebenen Symbolen zu arbeiten, kann deshalb genauso sinnvoll und fruchtbar sein wie die Arbeit mit eigenen und individuellen Symbolen. Vielleicht ist es für extravertierte Menschen leichter, von einem äußeren Symbol auszugehen, während introvertierte Menschen möglicherweise innere Bilder vorziehen. Darüber hinaus gibt es zwischen diesen beiden Wegen auch sehr viele fließende Übergänge. Aus einem allgemeinen, zum Beispiel einem religiösen Symbol kann ein individuelles werden, sobald wir beginnen, es persönlich zu gestalten und uns persönlich mit ihm auseinanderzusetzen. Andersherum kann aus einem sehr individuellen Traumsymbol rasch ein allgemein gültiges, archetypisches Symbol werden, wenn wir es, wie später noch beschrieben wird, amplifizieren, das heißt, auf seinen allgemein gültigen Hintergrund hin erweitern.

Von inneren Symbolen ausgehen

Als innere Quelle für eigene Symbole bietet sich alles an, was in einem engeren Sinne mit uns selbst zu tun hat, was Ausdruck von uns selbst ist: Vorlieben, Eigenheiten und Gewohnheiten, typische Körperhaltungen und Bewegungen, Fantasien und Imaginationen, kreative Gestaltungen und natürlich unsere Träume.

Da Träume für die meisten Menschen ein natürlicher Weg zur Erfahrung der symbolbildenden, unbewussten Dimension ihrer Seele sind, seien hier einige Regeln zusammengefasst, die sich in der Traumarbeit als hilfreich bewährt haben.

- Um seine Traumerinnerungsfähigkeit zu verbessern, kann man sich vor dem Einschlafen intensiv wünschen oder vornehmen, sich an einen Traum zu erinnern.
- Für den Fall, dass man nachts aus einem Traum aufwacht, ist es gut, Papier, Bleistift, eventuell eine Taschenlampe oder gar ein Diktiergerät bereitzuhalten und den Traum zumindest stichwortartig festzuhalten.

Träume werden aus dem Halbschlaf heraus nicht gut im Gedächtnis behalten und sind morgens nach dem Aufwachen schnell wieder vergessen.

- Wegen der Flüchtigkeit der Träume sollte man sich den Traum oder zumindest wichtige Stichworte und die beteiligten Gefühle sobald wie möglich notieren. Dabei sollte man auch besonders auf die Stimmung achten, mit der man aus dem Traum aufgewacht ist. Sie kann wichtige Hinweise zum Verständnis geben.

- Wenn man nicht zu stark im Stress ist und genügend Zeit hat, sodass man ausschlafen kann, verbessert sich die Wahrscheinlichkeit, sich an einen Traum zu erinnern.

- Nach dem Aufwachen sollte man eine Weile in Schlafstellung liegen bleiben und sich fragen: Hatte ich einen Traum? Wenn eine Erinnerung aufsteigt – auch wenn es nur ein Fragment ist –, sollte man ruhig bei ihr bleiben, bis eine weitere Erinnerung kommt. Manchmal gelingt es dann, den Traum wie eine Perlenkette langsam aus dem Halbbewussten herauszuziehen.

- Wenn man den Traum erinnert hat, kann man gleich auch noch versuchen, sich an Gefühle, Gedanken, Ereignisse zu erinnern, mit denen man sich am vergangenen Tag beschäftigt hat.

- Den Traum sollte man möglichst noch am gleichen Tag in sein Traumtagebuch vollständig aufzeichnen und mit Vortageserinnerungen und Assoziationen versehen.

- Ein Verständnis seiner eigenen Traumsymbole erhält man in der Regel nur dann, wenn man sich regelmäßig und systematisch mit ihnen beschäftigt. Dazu hilft, ein Traumtagebuch zu führen. Wer es nicht zu rational und traumfremd empfindet, kann seine Träume in den Computer schreiben. Das hat auch einige Vorteile: Man kann Skizzen und Grafiken einfügen, nachträgliche Einfälle und Korrekturen leichter einarbeiten, man kann seine Träume nach bestimmten Symbolen und Themen schnell absuchen und ordnen.

- Darüber hinaus kann der Traum nummeriert, mit Datum und einer kurzen schlagwortartigen Überschrift versehen werden, in der sich das zentrale Thema des Traums ausdrückt. Diese Überschrift kann durchaus plakativ-dramatisch überzogen sein, wie man sie aus manchen Tageszeitungen kennt. Auf diese Weise stellt man das zentrale Thema des Traumes heraus und kann den Traum später auch leichter wieder finden.

- Zentrale Symbole des Traums können mit Farbstift markiert und vielleicht auch kurz skizziert werden.

Immer wieder gibt es auch Vorschläge in der Traumliteratur, wie man das Traumgeschehen aktiv beeinflussen kann, sei es, dass man sich vor dem Einschlafen autosuggestive Befehle gibt, von bestimmten Inhalten zu träumen, sei es, dass man erreichen will, im Traum aufzuwachen und dann das Traumgeschehen bewusst in die Hand zu nehmen (»luzides Träumen«).[26]

So faszinierend diese Möglichkeiten sein mögen, ist aber zu bedenken, dass das Traumleben eine einzigartige Möglichkeit ist, der Seele freien Raum für ihre schöpferische Selbstregulation zu geben, und dass man diese heilsame Tätigkeit nicht ohne guten Grund stören sollte. Außerdem kann es durch solche Übungen zu einer Schwierigkeit mit der Abgrenzung zwischen Wach- und Traumzuständen kommen, was psychische Störungen, Orientierungs- und Konzentrationsschwierigkeiten, Realitätsverlust usw. mit sich bringen kann. Auch könnte eine zu starke Konzentration auf das Traumleben einen gesunden, erholsamen Schlaf stören.

Bei einzelnen Symbolen ist es manchmal hilfreich, wenn man sie darüber hinaus auf ihre einzelnen Qualitäten hin untersucht: zum Beispiel die Farbe, die Helligkeit, der Kontrast, die Form, die Umrahmung, die räumliche Anordnung, das Gewicht, die Bewegung, die Richtung, die Geschwindigkeit, der Rhythmus, die Intensität und Dauer. Ein systematisches »Abfragen« dieser Symbolqualitäten ist am Anfang als Übung gut geeignet, um unser symbolisches Bewusstsein zu sensibilisieren.[27]

Symbolaspekte auswählen

Manche Symbolgestaltungen, mit denen wir arbeiten, bestehen nicht nur aus einem isolierten Symbol, sondern aus mehreren, die miteinander verbunden und kombiniert sind, zum Beispiel in Bildern, Märchen und Träumen. Dann empfiehlt es sich, einzelne Symbole oder Symbolaspekte, die uns besonders wichtig und aufschlussreich erscheinen, für die nähere Symbolarbeit aus ihrem größeren Kontext herauszunehmen und sich nur mit ihnen zu beschäftigen. Um ein geeignetes Symbol aus einem Traum herauszufinden, können wir uns fragen, welches uns als das emotional wichtigste, das zentrale Symbol oder Symbolelement erscheint, welches Symbol uns am meisten überrascht, welches wir besonders auffällig oder merkwürdig finden oder welches uns besonders ängstigt. Wir können uns auch nach dem Hauptkonflikt fragen, der sich im symbolischen Geschehen darstellt.

II. Umgang mit Symbolen (die A–H-Methode)

Wenn wir ein Symbol gefunden haben, gibt es viele Möglichkeiten, mit ihm weiterzuarbeiten. Die verschiedenen Methoden der praktischen Symbolarbeit sollen im Folgenden anhand eines einfachen Gliederungsschemas von A bis H skizziert werden. Die Anordnung der Aspekte und Schritte in dieser Weise dient vor allem der leichteren Erlern- und Erinnerbarkeit. Sie hat zwar eine gewisse innere Logik und folgt der Grundregel der Symbolarbeit »Erleben vor Interpretieren«, dennoch lassen sich natürlich nicht alle Aspekte zwanglos in das Schema einordnen.

In der praktischen Symbolarbeit überschneiden und vermischen sie sich, sodass es oft nicht nötig und auch gar nicht möglich ist, stur in der schematischen Reihenfolge vorzugehen. An dieser Stelle möchten wir deshalb noch einmal erinnern: Beim Umgang mit Symbolen gehen wir von unseren Bedürfnissen, unseren Möglichkeiten und unserer eigenen Fantasie aus. Unsere Arbeit, oder besser: Unser Spiel mit dem Symbol soll einfach, natürlich und spontan sein, so spielerisch und experimentell, wie ein Kind es macht.

In den letzten dreißig Jahren wurde im Bereich der Erwachsenenbildung, der Persönlichkeitsentwicklung, der Selbsterfahrung und der Psychotherapie eine unüberschaubare Zahl von Techniken und Methoden entwickelt.

Dies hat für viele Menschen – neben einem vielleicht hie und da anregenden Effekt – doch eher negative Auswirkungen: Wir fühlen uns überflutet, überfordert, verunsichert. Zu jeder normalen menschlichen, kreativen, spielerischen oder sportlichen Tätigkeit wurde eine neue Therapieform entwickelt: zum Schlafen, Essen, Kochen, Atmen, Laufen, Gehen und Stehen, zum Schreien, Sprechen und Zuhören, zur Sexualität, zum Singen, Spielen und Tanzen, zum Lachen und Weinen. Für jeden Bereich gibt es Experten und Methoden, die uns zeigen wollen, wie man es richtig und effektiv macht.

Aber alle Methoden und Techniken, mit denen man seelisches Leben steuern und in den »Griff« bekommen will, sind nur begrenzt hilfreich. In gewissem Rahmen mögen sie dazu beitragen, dass wir unsere diesbezüglichen Fähigkeiten bewusster und geschickter ausbilden und einsetzen können, aber sie können uns auch den Mut nehmen, eigene Erfahrungen zu wagen, zu experimentieren, auszuprobieren, es einfach so zu machen, wie es uns gefällt. Die allermeisten dieser Techniken müssen wir uns gar nicht erst aneignen, weil wir sie seit unserer Kindheit kennen und spontan einsetzen.

Die aus dem Feld der therapeutischen Arbeit gewonnenen Methoden und Erfahrungen können wir zwar nutzen, wir sollten uns aber immer vor Augen halten, dass das Schöpferische jenseits der Konventionen, Techniken und Methoden gedeiht. Zudem geht die schematische Anwendung von Methoden und Techniken über die individuelle Einmaligkeit von Menschen hinweg, die als Einzelwesen gesehen und nicht in Schubladen gesteckt werden wollen.

Bei Laotse heißt es sinngemäß: Wenn sich der falsche Mensch der richtigen Mittel bedient, dann wirken die richtigen Mittel falsch; wenn sich der richtige Mensch der falschen Mittel bedient, dann wirken die falschen Mittel richtig.

Er betont damit, dass es in vielen Dingen des Lebens mehr auf den einzelnen Menschen, auf seine innere Haltung und Einstellung ankommt als auf die von ihm angewandte Methode oder Technik. Kinder und schöpferische Menschen brauchen meist keine spezielle Methode, um einfallsreich, neugierig und fasziniert zu sein. Sie entwickeln ihre eigenen Methoden oder lernen wissbegierig von anderen.

Wenn wir uns dieser Vorbehalte bewusst sind, kann uns die A–H-Methode wertvolle Hilfe leisten. Bei der »A–H-Methode« handelt es sich um folgende Zugangsweisen zum Symbolischen (eine zusammenfassende Übersicht der einzelnen Aspekte findet sich im Anhang):

A = AKTUALISIEREN

B = BETRACHTEN

C = CREIEREN:
SCHÖPFERISCH GESTALTEN UND INSZENIEREN

D = DEUTENDE ANNÄHERUNG

E = EIGENASPEKTE ODER SUBJEKTSTUFE

F = FREMDASPEKTE ODER OBJEKTSTUFE

G = GLOBALASPEKTE

H = HANDELN

A. Das Symbol aktualisieren

Bei der Aktualisierung geht es darum, das Symbol, das wir ausgewählt haben, in seiner gegenwärtigen Wirkung intensiv wahrzunehmen und zu erleben. Symbole können, wie schon beschrieben, von innen – zum Beispiel durch Fantasien und Träume – wie auch von außen her kommen, immer aber bedarf es unserer aufmerksamen Hinwendung und Entscheidung, um sie aus ihrem latenten Zustand in unser Bewusstsein zu heben, wenn wir mit ihnen arbeiten wollen.

Geistigen Frei- und Spielraum für den Umgang mit dem Symbol schaffen

Als ersten Schritt werden wir uns einen inneren sicheren – und auch äußeren – Raum schaffen, in dem alles – ohne jede Einschränkung – an Fantasien, Einfällen, Gedanken und Gefühlen erlaubt ist, was in uns aufsteigt. Die Offenheit für spontane Einfälle, in der der »innere Kritiker« zum Schweigen kommt, ist die Grundlage aller kreativen Prozesse. Friedrich Schiller schreibt darüber in einem Brief:

> »Es scheint nicht gut und dem Schöpfungswerke der Seele nachteilig zu sein, wenn der Verstand die zuströmenden Ideen, gleichsam an den Toren schon, zu scharf mustert. Eine Idee kann, isoliert betrachtet, sehr unbeträchtlich und sehr abenteuerlich sein, aber vielleicht wird sie durch eine, die nach ihr kommt, wichtig, vielleicht kann sie in einer gewissen Verbindung mit anderen, die ebenso abgeschmackt erscheinen, ein sehr zweckmäßiges Glied abgeben. [...] Bei einem schöpferischen Kopfe [...] hat der Verstand seine Wache vor den Toren zurückgezogen, die Ideen stürzen pele-mele [frz. durcheinander, Anm. d. A.] herein, und alsdann erst übersieht und mustert er den großen Haufen. – Ihr Herren Kritiker [...] schämt und fürchtet euch vor dem augenblicklichen, vorübergehenden Wahnwitze, der sich bei allen eigenen Schöpfern findet und dessen längere oder kürzere Dauer den denkenden Künstler von dem Träumer unterscheidet. Daher Eure Klage der Unfruchtbarkeit, weil Ihr zu früh verwerft und zu strenge sondert.«[28]

Im Brainstorming nach A. Osborne, einer klassischen Methode zur Förderung kreativer Einfälle, werden die Teilnehmer, um den »augenblicklichen, vorübergehenden Wahnwitz« zu fördern, gebeten, für etwa eine halbe Stunde lang so viele Ideen wie möglich zu produzieren. Je mehr Ideen und je schneller, desto besser. Damit wird die verstandesmäßige Kontrolle außer Kraft gesetzt. Außerdem sollen der Fantasie in keinerlei Hinsicht Grenzen gesetzt werden. Kritik ist ausdrücklich verboten, Logik darf ausgeschaltet werden, verrückte und skurrile Einfälle sind erwünscht und werden vom Leiter besonders unterstützt. Erst nach diesem chaotischen »Gehirnsturm« werden die Einfälle dann gesichtet, geordnet und auf ihre Verwertbarkeit hin überprüft.

In den analytischen Therapieformen ist die freie Assoziation einer der Hauptwege zu den unbewussten Tiefenschichten der Seele. Der Therapeut versucht dabei, die Offenheit für spontan auftauchende Einfälle dadurch zu fördern, dass er sie nicht beurteilt, nicht verurteilt oder sonst wie vermittelt, dass sie falsch oder schlecht seien. Es sind gerade die von der vorherrschenden gesellschaftlichen Moral meist abgewerteten und abgelehnten Fantasien, die zu einer vertieften Selbsterkenntnis und einer Erweiterung unserer Lebensmöglichkeiten verhelfen können.

Wenn wir für uns alleine arbeiten, dann fehlt uns meist ein solcher ermutigender Begleiter. Es ist von daher nicht ganz leicht, die eigenen inneren Fesseln zu lösen. Deshalb kann es für den einen oder anderen hilfreich sein, wenn er sich vorstellt, dass er eine magische Brille aufsetzt, mit der er »alles« sehen kann und darf.

Um das Symbol ins Zentrum unserer bewussten Aufmerksamkeit »im Hier und Jetzt« zu bringen, kann es hilfreich sein, ein kurzes einstimmendes Ritual durchzuführen. Wir ziehen uns an einen Ort zurück, richten uns einen »Temenos«, einen »heiligen Bezirk«, ein, in dem die Erfahrung und Gestaltung des Symbols ungestört vonstattengehen kann. Wir stellen geeignete Gegenstände (z. B. Blumen, Kerzen, Symbole) hin, die uns bei der Einstimmung helfen, hören meditative Musik, entspannen uns. Dann beschäftigen wir uns mit dem Symbol.

Zur Einstimmung und Aktualisierung des Symbols können auch imaginative Übungen helfen. Wir fantasieren uns einen eigenen Frei- und Spielraum (einen geheimen, sicheren Ort, eine Insel, einen fernen Planeten, eine Kinoleinwand o. ä.). Wir können uns vorstellen, dass wir ein imaginäres Spielzimmer für Kinder und Narren betreten, an dessen Tür ein Plakat hängt, das Vernünftigen und Erwachsenen den Eintritt unter Androhung von Strafmaßnahmen verbietet.

Das Symbol in den Brennpunkt unseres Interesses und in die Gegenwart bringen

Der nächste Schritt ist, dass wir das Symbol für uns zum Leben erwecken, es emotional »aufladen«. Wir gehen mit ihm so um wie mit einer Sache oder einer Person, die uns leidenschaftlich interessiert und deren Geheimnis wir verstehen lernen möchten. Wir setzen uns immer wieder neu und auf den verschiedensten Ebenen mit ihm in Beziehung. Wir nehmen dazu eine innere Haltung ein, die unserer üblichen und alltäglichen entgegengesetzt ist, eine offene, eher meditative, erweiternde, nicht eine, mit der wir versuchen, eine Sache schnell und bequem in den Griff zu bekommen. Es geht darum, dem Symbol Raum zu geben, es zu vertiefen, mit allen Sinnen zu umkreisen und zu erfassen. Es geht darum, immer tiefer und weiter zu fragen, statt schnell zu antworten. Es geht darum, innezuhalten, nachzuspüren, Unverständliches, Unbequemes auszuhalten, dabeizubleiben, sich zu wundern und zu staunen.

Wir versuchen, so offen und leer von Beurteilungen zu werden, wie es uns möglich ist. Wir lassen das Symbol in seiner »Istigkeit« oder in seinem Sosein auf uns wirken, ohne gleich zu analysieren.

Wir setzen konkret oder imaginativ alle unsere Sinne ein: Wir schauen das Symbol von allen Seiten genau an, seine Gestalt, seine Farben; wir fassen es an, tasten es ab, prüfen das Gewicht und achten auf die Empfindungen, die wir dabei haben. Wir riechen an ihm, entlocken ihm Töne, vielleicht lässt es sich auch schmecken. Wenn das Symbol sich auf körperliches Ausdrucksverhalten bezieht, können wir die symbolische Geste oder das Verhalten einige Male wiederholen und es vielleicht auch noch verstärken. Wenn man beispielsweise herausfinden möchte, was die geballte Faust symbolisiert oder was es bedeuten könnte, wenn man sich am Kopf kratzt, dann kann man diese Handlungen bewusst und vielleicht langsamer und intensiver wiederholen, um seine Aufmerksamkeit zu erhöhen. Bei Träumen ist es manchmal sinnvoll, sie noch einmal in der Gegenwarts- und Ichform zu erzählen, um dadurch mit der Handlung in besseren emotionalen Kontakt zu kommen: »Ich befinde mich in einer fremden Stadt. Ich fühle ...«

Den Gefühlswert des Symbols erfassen

Neben das sinnliche Wahrnehmen und Erleben des Symbols tritt als besonders wichtiges Element sein gefühlsmäßiges Erfassen. Das Symbol wird uns – wenn es Raum hat, um seine Wirkung zu entfalten – in einen Zustand versetzen, der uns mehr oder weniger angenehm ist. Es macht uns vielleicht ängstlich oder euphorisch-mutig, es erfreut uns oder macht uns traurig, es bringt einen Zustand der Gelassenheit oder der Erregung mit sich usw. Die emotionale Tönung zu erfassen hilft uns auch, die spezielle Bedeutung des Symbols für uns besser einzuschätzen. Wir können den Gefühlszustand mit Gesten, Mimik und Körperbewegungen intensiv ausdrücken und dabei spüren, in welche seelische Situation wir geraten. Wir wollen dies an einem Beispiel etwas verdeutlichen:

Rebecca, Teilnehmerin in einem Traumseminar, träumte von einem Fisch, der im Sand am Ufer zu schwimmen versuchte und mit letzter Kraft gerade noch bis zum Ufergras kam, wo er dann liegen blieb.

Zunächst wusste sie nicht so recht, was dieser Fisch mit ihr zu tun haben sollte, bis sie sich darauf einließ, sich einmal in die Lage eines Fisches zu versetzen, zuerst in seinem Element, dem Wasser, indem sie sich vorstellte, wie sie schwamm, sich treiben ließ, mit leichten Flossenbewegungen sich anmutig drehen und wenden konnte. Dann stellte sie sich vor, sie sei als Fisch plötzlich an Land gespült, liege auf dem Sand und versuche, dort irgendwie voranzukommen.

Während sie sich im ersten Teil zunehmend wohler fühlte und fast in eine Art inneren Befreiungszustand geriet, kam dann im zweiten Teil schnell und panikartig das Gefühl auf, dass da etwas grundsätzlich nicht mehr stimme, dieses Fischwesen in einem ganz falschen Element gelandet war, in dem es nicht zurechtkam, die Orientierung verlor, auch Lebenssubstanz rapide verloren ging, ihr sozusagen »das Wasser des Lebens« entzogen wurde. Es kamen Angst, Trauer und Hilflosigkeit auf, und sie fing an zu weinen. Der Zusammenhang war schlaglichtartig erhellt, sie konnte mehrere Situationen nennen, in denen sie außerhalb ihres Elements mit aller Kraft Dinge zu bewegen versuchte und sie doch nicht voran brachte. Sie sah plötzlich, dass sie in mehrerlei Hinsicht sich nicht in ihrem Element befand.

Ohne den Fisch hier als Symbol zu vertiefen, wird im Beispiel deutlich, dass der gefühlsmäßige Zugang das Tor zum Verstehen war. Aus dem zunächst fremden Bild wurde für Rebecca dadurch schnell ein hochgradig bedeutsames und wirksames Symbol.

In das Symbol einfühlend hineingehen (Identifizieren)

Rebeccas Weg eignet sich auch als Beispiel für das einfühlende Hineingehen in das Symbol, um mit ihm in einen direkten, intensiven Kontakt zu kommen. Dabei identifizieren wir uns vorübergehend mit der Symbolgestalt, das heißt, wir versetzen uns in sie hinein, als lebten wir in ihr, als erlebten wir ihre »Seele«. Wir lassen unserer vom Gefühl geleiteten Fantasie freien Lauf, empfinden, fühlen, denken, sprechen und reagieren sozusagen aus der Sicht des Symbols. Indem wir auf diese Weise das Symbol nicht nur von außen betrachten, sondern uns in es einfühlen, erhalten wir oft einen überraschend neuen Zugang zu ihm, und es erschließen sich uns unerwartete Perspektiven.

Mit dem Symbol in Dialog treten

Wir können uns auch mit dem Symbol in Dialogform auseinandersetzen. Wir befragen das Symbol nach allem, was uns interessiert, nach seinem Befinden, seinem Wesen, seiner Herkunft und seiner Entwicklung, seinen Wünschen und Absichten. Wir sprechen ihm gegenüber auch eigene Gefühle und Wünsche aus, sagen beispielsweise: »Ich habe Angst vor dir«, »Wenn ich dich sehe, bin ich ganz traurig«, »Ich mag dich nicht« oder: »Ich würde dich gerne kennenlernen.« Dann warten wir darauf, ob und wie das Symbol in unserer Fantasie darauf antwortet.

Identifizieren und Dialogisieren sind Grundprinzipien der Symbolarbeit. Sie lassen sich auf alle Symbolgestalten anwenden. Durch sie begegnen wir dem Symbol »hautnah«. Wir können beides sowohl in der Fantasie durchführen – sie gehen dann meist nahtlos in eine Imagination über – als auch zusammen mit anderen in einer dramatischen Inszenierung.

Ein bekanntes Vorgehen aus der Gestalttherapie nach Fritz Perls, in dem die Methoden der Identifizierung und des Dialogisierens gemeinsam verwendet werden, ist die Arbeit mit dem leeren Stuhl.[29]

Auf einem Stuhl sitzt der Imaginierende, auf dem anderen, leeren Stuhl die symbolische Gestalt, mit der er sich auseinandersetzen will. Indem man sich abwechselnd auf den einen oder anderen Stuhl setzt, spricht man einmal aus der Sicht der eigenen Person, einmal aus der der Symbolgestalt.

Auf diese Weise kann man nicht nur mit Symbolen, sondern auch mit wichtigen Menschen aus der Vergangenheit oder Gegenwart und auch mit verschiedenen Teilaspekten der eigenen Persönlichkeit ins Gespräch kommen. Man kann die Teilaspekte auch selbst miteinander reden lassen, eventuell unter Zuhilfenahme weiterer leerer Stühle.

Ein Wechsel des Stuhls, also des Standpunkts oder Blickwinkels, bietet sich dabei in der Regel von selber an, wenn auf eine Aussage, Frage oder Bemerkung die Antwort drängt und man spürt, dass nun der eine oder die andere dran ist.

Hal Stone hat eine erweiterte Form dieses Dialogisierens mit inneren Teilpersönlichkeiten als »Voice-Dialogue-Methode« beschrieben.[30]

116

B. Betrachten des Symbols

Unter Betrachten verstehen wir hier ein geistiges Umkreisen des Symbols, das die eher erlebensmäßig orientierte Stufe des Aktualisierens in assoziativ-meditativer Weise vertieft. Das Betrachten dient der Anreicherung des Symbols mit Einfällen aus der persönlichen Lebensgeschichte und allgemein-menschlichen Zusammenhängen, ist aber noch keine Deutung des Symbols (vgl. Kapitel II D. Deuten).

Frei assoziieren

»Was fällt Ihnen dazu ein?« ist die klassische Frage der Psychoanalyse und eine einfach-geniale Entdeckung Sigmund Freuds. Sie stellt einen sehr natürlichen, direkten Zugang zu unseren Symbolen und uns selbst dar, einfach deshalb, weil das freie Assoziieren eine unserer seelischen Haupttätigkeiten ist. Meist verlaufen die Assoziationen halb bewusst und weitgehend ungestört von unseren kritischen Kommentaren im Hintergrund. Die ständige assoziative Tätigkeit der Psyche fällt uns erst dann auf, wenn wir versuchen, uns zu entspannen und »abzuschalten«. Sehr zu unserem Leidwesen können wir dann erfahren, wie es pausenlos in unserem Kopf hin und her geht, wie wir uns in aktuellen Konfliktsituationen wieder finden oder wie wir neue vorwegnehmen, wie wir planen, argumentieren, diskutieren ohne Ende.

Die assoziative Tätigkeit können wir auch in vielen Gesprächen erfahren, die wir im Freundes- oder Bekanntenkreis führen. Wenn das Gespräch nicht auf ein bestimmtes Thema zentriert ist, kommen wir unversehens vom Hundertsten ins Tausendste und erkennen erst mit Abstand doch noch einen gemeinsamen roten Faden.

Freud ermutigte seine Patienten, sich in der Therapiestunde »in die Lage eines aufmerksamen und leidenschaftslosen Selbstbeobachters zu versetzen, immer nur die Oberfläche seines Bewusstseins abzulesen und einerseits sich die vollste Aufrichtigkeit zur Pflicht zu machen, andererseits keinen Einfall von der Mitteilung auszuschließen, auch wenn man 1. ihn allzu unangenehm empfinden sollte, oder wenn man 2. urteilen müsste, er sei unsinnig, 3. allzu unwichtig, 4. gehöre er nicht zu dem, was man suche«.[31]

Bei der freien Assoziation folgt man also dem sonst nur halbbewusst ablaufenden Strom der Einfälle mit bewusster und wohl wollender Achtsamkeit. Das ist in gewisser Hinsicht eine ganz einfache Sache, weil wir dazu nichts tun müssen, außer eben beobachten.

Aber dieses einfache Beobachten wird oft als sehr schwierig empfunden, weil wir dabei unweigerlich mit Fantasien in Berührung kommen,

117

die uns unangenehm sind, und weil »es« in uns immer gleich mitdenkt und strukturiert.

Solange unsere Assoziationen während des Tages eher unterschwellig ablaufen, nehmen wir sie kaum wahr und kritisieren uns deswegen auch nicht. Erst wenn wir beginnen, uns aufmerksamer und bewusster auf unsere frei fließenden Einfälle, Gedanken und Fantasien einzustellen, unterliegen sie auch stärker unserer vernünftigen und moralischen Bewertung. Wir schämen uns dann dafür, dass wir solch unsinnige, dumme, verrückte, kindische, »perverse«, »abartige«, kriminelle und sonstige »unerlaubte« Einfälle haben, und möchten sie am liebsten gleich wieder vergessen. Oft genug liegen gerade in solchen »verrückten«, vermeintlich abseitigen Einfällen wesentliche, schöpferische Aspekte verborgen.

An solchen Reaktionen können wir auch sehen, wie tief diese einfache Übung reicht. Sie richtet sich keineswegs – wie ihr manchmal vorgeworfen wird – nur an den Intellekt. Gefühle und körperliche Empfindungen werden bei ihr durchaus wach. Wenn wir unsere spontanen Einfälle nur als Gedanken im Kopf erleben, ist das meist eine Form der ängstlichen Abwehr. Wir wagen es nicht, wirklich loszulassen und Gefühle und Körperreaktionen »hochkommen« zu lassen. Die Begegnung mit unbewussten Inhalten ist immer ein ganzheitliches Erleben und alles andere als eine gedankliche Überlegung.

Die freien Assoziationen führen nach kurzer Zeit immer mehr oder weniger direkt auf seelische Inhalte hin, die gerade zu diesem Zeitpunkt für uns von besonderer emotionaler Bedeutung sind. Dabei kann es sich sowohl um Wünsche, Sehnsüchte, Hoffnungen, Bedürfnisse und Triebe handeln wie auch um Ängste, Hemmungen und Konflikte. Häufig sind sie auch eine Mischung von beidem. Dass wir in der Assoziation an einem solchen emotional aufgeladenen, vielleicht »wunden« Punkt angekommen sind, merken wir daran, dass wir an ihr länger verweilen, sie immer wieder umkreisen oder auch ein Unbehagen spüren, weiter zu assoziieren. Wir haben dann den Eindruck, dass uns einfach nichts mehr einfällt. Manchmal wäre aber das, was gerade jetzt noch käme, wenn man sich einen kleinen Schritt weiter wagte, der entscheidende Punkt.

Alle Störungen des assoziativen Flusses weisen auf die Wirksamkeit eines wichtigen, positiv oder negativ »aufgeladenen« seelischen Inhaltes hin, der in der Tiefenpsychologie als Komplex bezeichnet wird.

Der Ausgangspunkt für eine freie Assoziation kann praktisch alles sein, ein Symbol, aber auch ein beliebiger sonstiger Sachverhalt, Gegenstand oder ein Wort. Wenn wir uns mit der Frage: »Was fällt mir dazu ein?« auf diese Sache einstellen, uns entspannen, nach innen lauschen und uns unseren Einfällen öffnen, können wir erleben, wie dieses

Wort nach einer Weile zu wachsen, zu sprießen beginnt wie eine Pflanze. Immer neue Triebe, Zweige, Blätter und Blüten bilden sich.

Zentriert assoziieren

Bei der ganz freien Assoziation besteht allerdings die Gefahr, dass man sich sehr weit von seinem ursprünglichen Symbol entfernt und nachher nicht mehr recht weiß, was die Assoziationen noch mit dem Symbol zu tun haben. Deshalb ist es häufig notwendig, den Assoziationsfluss an einem bestimmten Punkt abzubremsen, noch einmal neu zu dem Symbol zurückzukehren und andere Assoziationen auftauchen zu lassen. Bei der gebundenen Assoziation lenkt man seine Einfälle behutsam um das Symbol herum, man umkreist es kontemplativ.

Amplifizieren

Wenn wir auf eine solche Weise ein Symbol umkreisen, stoßen wir auch auf Einfälle und Zusammenhänge, die allgemeinerer Art sind: Es fallen uns Redensarten, Sprichwörter, gelesene Texte, Märchenmotive und Geschichten, Filmszenen oder auch Werbespots ein. Damit geht die Assoziation »frei fließend« in die Amplifikation über. Die Amplifikation (Erweiterung, Anreicherung, Vertiefung) hat C. G. Jung in die Psychotherapie eingeführt.

Bei der Assoziation werden eher persönliche Bezüge zu dem Symbol gesucht, bei der Amplifikation wird das Symbol in allgemein gültige, allgemein-menschliche, archetypische Zusammenhänge hineingestellt. Wir fragen uns, welche Bedeutung das Symbol in unserer Gesellschaft oder in anderen Kulturen hat, wie es in den Religionen, den Mythen, Märchen, der Weltliteratur, der Kunst, den Filmen auftaucht, verarbeitet und verstanden wird.

Die Amplifikation kann uns helfen, unsere Symbole und damit auch uns selbst aus einer allzu persönlichen, allzu engen, vielleicht auch allzu »egozentrischen« Sichtweise zu befreien. Sie verbindet uns mit dem »universalen« Menschen der Vergangenheit und der Gegenwart, lässt uns unsere Gemeinsamkeit und Ähnlichkeit mit ihm spüren. In diesem Erleben von Gemeinsamkeit kann sehr viel Befreiendes und Tröstendes liegen. Es macht uns das Leben um vieles leichter, wenn wir wissen, dass es uns in einer schwierigen Lebenslage nicht alleine so geht, sondern dass es sich um eine existenzielle, allgemein-menschliche Problematik handelt, mit der die meisten Menschen ebenso zu ringen haben wie wir selbst.

Die Amplifikation kann somit das Gefühl der Bedeutsamkeit und Wichtigkeit eines Symbols sehr erhöhen. Sie kann uns bisher nicht berücksichtigte Zusammenhänge eröffnen und in uns die Ahnung eines transpersonalen Hintergrundes erwecken, aus dem unsere Seelentätigkeit erwächst. Sie ist ein hilfreicher Schritt auf dem Wege zu einem transpersonalen Bewusstsein. Es besteht beim Amplifizieren allerdings die Gefahr, dass wir durch ein rein philosophisches Intellektualisieren und Spekulieren in »geistige Höhen« abheben und den Bezug zur persönlichen Situation aus den Augen verlieren.

Deshalb muss auch der Umgang mit Symbollexika besonnen geschehen. Sie können uns manchmal als Anregung und Orientierungshilfe dienen, sie können uns aber auch, wenn wir sie unreflektiert anwenden, den individuellen Zugang zu einem Symbol erschweren. Wir können uns von ihnen inspirieren, sollten uns aber nicht festlegen lassen.

Mindmapping

Das Mindmapping ist – ähnlich dem Brainstorming – eine bewährte Kreativitätstechnik, die von Tony Buzan [32] entwickelt wurde. Sie ist eine Art schriftlicher freier Assoziation. Hierbei werden Gedanken und Ideen zu einem Thema in der Reihenfolge zu Papier gebracht, wie sie uns gerade einfallen. Die Technik des Mindmapping hilft dabei, trotz der notwendigen Ziellosigkeit eine übersichtliche und gute Struktur des Themas zu entwickeln. Das Mindmapping lässt sich für die verschiedensten Fragestellungen einsetzen: zur allgemeinen Ideenfindung für alle Lebensbereiche und kreativen Zwecke, zur Symboldeutung, zum Organisieren und Planen, als Moderationsmittel in Diskussionen, als Visualisierungsmittel in Präsentationen, als Protokoll bei Besprechungen und als Manuskript für Vorträge.

Mindmapping unterstützt die schöpferischen Denkprozesse durch die grafische Visualisierung der Einfälle. Wir malen gewissermaßen ein Bild unserer assoziativen Gedanken. Wieder geht es zuerst einmal darum, offen für spontane Einfälle zu werden und ein anfängliches chaotisches Durcheinander zuzulassen. Wir brauchen auch in keiner Weise vorher zu wissen, was das Ergebnis sein wird. Wir sind einfach nur gespannt, wohin »es« uns führen wird, wenn wir ganz spielerisch-assoziativ ein Thema zu umkreisen beginnen. Dabei brauchen wir auch nicht immer einen Gedanken bis zum Ende weiterzuverfolgen, sondern können Gedankensprünge machen und erst später wieder zu den ursprünglichen Gedankengängen zurückkommen.

Im Zentrum des Mindmapping steht ein Schlüssel- oder Kernwort, ein Begriff oder Symbol, mit dem wir arbeiten wollen. Dieses Wort wird in die Mitte auf eine leere Seite geschrieben und mit einem Kreis umgeben. Dann lassen wir uns vom Strom der Einfälle treiben. Jeder Einfall wird rasch aufgeschrieben, jeder in einen eigenen Kreis, und durch einen Verbindungsstrich oder eine Pfeillinie mit dem vorangegangenen Kreis verbunden. Jeder neue Gedanke oder jede neue Wendung beginnt am Ursprungskreis, geht von da in Verästelungen nach außen, bis sich die Assoziationen erschöpft haben. Dann beginnen wir mit der nächsten Ideenkette wieder beim Ausgangsbegriff. Einfälle, die zusammengehören, werden mit Strichen oder Pfeilen verbunden.

So entsteht nach und nach ein ganzer Ideen-Baum mit Ästen und Zweigen. Wichtig ist, dass wir in dieser Phase nicht lange überlegen, wie die »richtigen« Zusammenhänge sind und wie alles am Besten zusammengehört. Die Gedanken brauchen nicht logisch zu sein und auch nicht in logischer Reihenfolge zu verlaufen. Mindmapping ist keine logische Analyse eines Problems, sondern ein entspanntes Fantasieren, ein fast meditativ-intuitives Umkreisen eines Themas. Wir brauchen nur vertrauensvoll dem natürlichen Fluss unserer Gedanken zu folgen. Nach einer bestimmten Zeit ist dieser Prozess beendet. Dann können wir mit etwas mehr Abstand überprüfen, was wir alles entdeckt haben und was wir davon für unsere weitere Arbeit gebrauchen können.

Meditieren

Assoziation und Amplifikation stehen in gewissem Zusammenhang zur Meditation, wenn auch der Schwerpunkt und die Zielrichtung meist ein wenig anders gelagert sind. Unter Meditation (lat. meditari: ermessen, geistig abmessen) wird allgemein ein intensives, konzentriertes Nachdenken, ein sinnendes, philosophisches Betrachten oder Sichversenken verstanden.

In den religiösen Traditionen ist die Meditation ein Hauptweg zur Erfahrung des Göttlichen und Transpersonalen. In den Jahrtausenden östlicher und westlicher meditativer Praxis sind viele und unterschiedliche, teilweise sehr widersprüchliche meditative Verfahren entstanden. Im Wesentlichen geht es aber bei den meisten darum, sich durch einen Prozess der Entspannung, des inneren Loslassens und Öffnens der tieferen oder höheren Dimensionen des Seins bewusst zu werden, das Bewusstsein so zu verändern, dass es möglich wird, zu einer Erfahrung des erstrebten transpersonalen Zustandes (Erleuchtung, Unio-Mystica, Samadhi, Satori) zu finden. Um die Hervorbringung dieses Zustandes zu fördern, wurden viele Hilfsmittel empfohlen: bestimmte Körperhaltungen, Gesten und rituelle Bewegungen; ruhig auf eine Kerzenflamme zu blicken, den Atem zu beobachten, zu zählen, zu benennen (»ein – aus«, »ein – aus«), dem Fluss der Fantasien folgen, ohne sich mit ihnen zu identifizieren, im Geiste einen mystischen Laut (Mantra, z. B. »OM« oder »AUM«) oder ein Gebet zu wiederholen, sich auf ein Symbol zu konzentrieren.

Bei der religiösen Meditation werden dabei die persönlichen Assoziationen, die unweigerlich aufsteigen, eher als störend und ablenkend empfunden. Meist wird empfohlen, sie zwar zur Kenntnis zu nehmen, sich aber nicht weiter mit ihnen zu beschäftigen und zur meditativen Aufgabe zurückzukehren. Amplifikationen hingegen, wenn sie dem Meditierenden ermöglichen, sich der un- und überpersönlichen Aspekte des Selbst bewusst zu werden, können den meditativen Zustand fördern.

Letztlich geht es aber bei der religiösen Meditation um ein Leerwerden von allen persönlichen Gedanken, Bildern, Wünschen und Vorstellungen, um ein Eintauchen in die Stille und um ein Einswerden mit dem uns tragenden Grund. Symbole, die diesen letzten Zustand symbolisieren, können dabei hilfreich sein (z. B. Kreuz, Kreis, Mandala, Blüte, Diamant, Yin-Yang, Buddha, Jesus).

Focusing

Mit dem Focusing hat E. T. Gendlin[33] ein praktisches Vorgehen entwickelt, in das einige der bisher beschriebenen Methoden zusammenfließen. Es ist eine sehr direkte Möglichkeit, mit unserer »inneren Weisheit«, unserer »inneren Stimme«, unserem »Herzen« oder »Bauch« in Berührung zu kommen, um zu spüren, was für uns stimmig ist. Gendlin hatte bei seinen Untersuchungen herausgefunden, dass Menschen von einer Beratung oder Therapie besonders dann profitierten, wenn sie die Fähigkeit besaßen oder erworben hatten, achtsam ihre inneren Vorgänge wahrzunehmen, wenn es ihnen gelang, in einer offen-entspannten Weise mit ihren Gefühls- und Körperreaktionen in Verbindung zu treten.

Das Focusing ähnelt vielen meditativen Methoden, bei denen man sich auf eine Thematik, ein Symbol, eine Frage einstellt und dann auf Empfindungen, Gefühle, Fantasien und Begriffe wartet, die als Reaktion »aufsteigen«. Dies ist uns eigentlich vertraut, weil es die Art und Weise ist, wie wir meist vorgehen, wenn wir uns mit einem Thema schöpferisch beschäftigen und uns auf leidenschaftliche und engagierte Weise um die Lösung eines Problems bemühen. Gendlin hat nun versucht, diesen Prozess näher zu beschreiben und in eine klarer unterscheidbare Stufenfolge zu bringen, die es uns erleichtert, den Prozess bewusster zu fördern und zu begleiten.

Grundsätzlich können wir alles in den Fokus unserer Aufmerksamkeit stellen, was uns gerade wichtig ist: ein Symbol, ein seelisches oder körperliches Symptom, ein belastendes unerklärliches Gefühl, eine künstlerische oder wissenschaftliche Problematik, eine Alltags- oder Beziehungsthematik. Zur Einübung in die Methode ist es leichter, wenn man keine zu komplizierten oder noch sehr unbewussten Fragestellungen nimmt, sondern sich einfache alltägliche Entscheidungsfragen stellt, zum Beispiel: »Was will ich jetzt eigentlich wirklich?« Bei etwas Übung können wir uns, auch ohne eine entspannende Vorbereitung zu treffen, in jeder Situation auf eine Fragestellung fokussierend einstellen und darauf achten, welches Bild oder Symbol als Antwort auftaucht. Solange man mit dem Vorgehen noch nicht vertraut ist, ist es aber hilfreich, sich ausreichend Zeit zu lassen (ca. fünfzehn Minuten). In der Symbolarbeit lässt sich das Focusing dazu verwenden, ein Symbol zu finden (z. B.: »Welches Symbol passt zu meiner momentanen Befindlichkeit oder Lebenssituation?«), oder auch ein Symbol in seiner emotionalen und geistigen Bedeutung für uns tiefer zu erfassen. Der allgemeine Ablauf einer Focusingübung ist folgender:

Raum schaffen

In der Vorbereitungsphase versuchen wir, uns äußeren und inneren Freiraum zu verschaffen. Wir ziehen uns an einen ruhigen Ort zurück, entspannen uns, schauen nach innen und überprüfen, welche aktuellen Probleme und Spannungen, die uns vielleicht ablenken könnten, gerade vorliegen. Wir benennen sie und legen sie dann vorübergehend zur Seite. Wir kommen zur Ruhe.

Sich anmuten lassen

Dann zentrieren wir uns auf unsere Frage (oder auf das Symbol), zum Beispiel: »Was will ich jetzt eigentlich wirklich?«. Wir lassen uns von dieser Frage erst einmal »Anmuten«, lassen sie in wohl wollender Achtsamkeit auf uns wirken, ohne ihr vorschnell eine bestimmte Richtung oder eine bestimmte Antwort zu geben. Dieses Offenbleiben ist anfangs etwas schwierig, weil wir dazu neigen, die Spannung, die sich aus der Ungelöstheit einer Frage ergibt, schnell zu überwinden. Es ist aber ein wesentliches Kriterium des schöpferischen Prozesses, dass die frustrierende Unbestimmtheit, Widersprüchlichkeit und Unklarheit lange genug ausgehalten werden können. Das gilt auch für das Focusing. Wir lassen die Frage oder das Problem und ihr Umfeld, in dem sie stehen, einfach einige Zeit als Ganzes auf uns wirken, ohne gleich zergliedernd und analysierend in sie einzudringen. Das ist etwa so, als versuche man, die »Aura« eines Problems zu erfassen. Wenn wir uns auf diese Weise offen auf die Frage: »Was will ich jetzt eigentlich wirklich?« einstellen, stellt sich zunächst eine unbestimmte körperliche Empfindung, eine Art Spannung, ein, die ein Ausdruck aller an dieser Frage beteiligten Stimmungen, Empfindungen, Gefühle und Intuitionen ist. Weil sie noch so vage und undeutlich ist, ist sie uns vielleicht auch eher unangenehm.

123

Gendlin nennt diesen Moment »felt sense«, was so viel wie eine nur erst körperlich empfundene Bedeutung des Problems (besonders im Bereich des Bauch- und Brustraums) und der Antwort darauf meint.

Symbole und Einfälle aufsteigen lassen
Erst wenn sich dieser »felt sense« deutlich eingestellt hat, kann man zum nächsten Schritt übergehen, der eine Art freie, umkreisende Assoziation ist. Welche Symbole, Bilder und Fantasien entsprechen diesem vagen Empfinden, dem »felt sense«? Welche Begriffe, Wahrnehmungen und sonstigen Reaktionen (z. B. auch innere Stimmen) tauchen auf? Hier setzt also eine Art inneres Suchen nach dem treffenden Ausdruck ein, das wir alle kennen, wenn wir uns an irgendetwas erinnern wollen oder etwas auszudrücken versuchen, das uns gewissermaßen auf der Zunge liegt. Wir probieren dann vielleicht verschiedene Worte oder Metaphern (»das ist so ähnlich wie ...«) aus, bis wir das Gefühl haben: »Ja, jetzt stimmt es, das ist genau, was ich sagen wollte.« Dieses Suchen nach dem passenden, ganzheitlichen Ausdruck nennt Gendlin »einen Griff finden« (an dem sich das Problem handhaben, d. h. bewusst machen lässt).

Überprüfen und vergleichen, Einsicht gewinnen
Passen die körperliche Empfindung und das gefundene Symbol oder Wort zusammen – ja, nein, nicht ganz? Was wäre vielleicht passender? Wenn man durch ein ständiges inneres Hin-und-her-Gehen und Vergleichen zwischen dem körperlichen Grundgefühl, das sich auf die Frage »Was will ich jetzt eigentlich wirklich?« eingestellt hat, und den gefundenen Begriffen, Bildern und Einfällen eine Übereinstimmung erreicht hat, tritt spontan ein Gefühl der Erleichterung ein. Man atmet innerlich und äußerlich auf und freut sich, dass man »es« gefunden hat; es ist ein »Aha!«-Erlebnis. Gendlin nennt es »shift«, was eine Art innere, körperseelische Bewegung meint, eine erleichternde Aufwärtsbewegung eines unbewussten Inhalts in die Bewusstwerdung hinein. Daraus entstehen Lust und Befriedigung, wie sie mit jeder schöpferischen Leistung im Kleinen wie im Großen verbunden sind.

Annehmen und schützen
Die gewonnenen Einsichten und Erfahrungen nehmen wir dankbar an, ohne sie gleich zu beurteilen, ohne gleich über die Schlussfolgerungen nachzudenken. Wir genießen einfach das Erleben, in dieser Weise mit uns in Kontakt gekommen zu sein und einmal mehr gespürt zu haben, was unsere »innere Wahrheit« ist.

Absichtsloses Weiterfragen, vertiefendes Fokussieren

Der Prozess des Fragens ist manchmal an dieser Stelle noch nicht abgeschlossen. Wir können die gleiche Frage oder eine neue Frage ins Zentrum unserer fühlenden Besinnung stellen. In vielen Fällen mag die erste Antwort, die wir erhalten haben, zwar in gewisser Hinsicht richtig und stimmig sein, bringt aber noch nicht wirklich unsere innersten Bedürfnisse zum Ausdruck. Wenn wir beispielsweise fragen: »Was will ich jetzt eigentlich wirklich?«, während wir uns gerade in einer gereizten, aggressiven Stimmung befinden, könnte die spontane innere Antwort sein: »Am Liebsten würde ich jetzt alles kurz und klein schlagen.« Dann ist es wichtig, diese Antwort ernst zu nehmen, ihr eine Weile unsere Aufmerksamkeit zu schenken, sie vielleicht in der Fantasie auszuleben, bis wir sie ganz gespürt haben. Seien wir dankbar, dass wir auf diese Weise die Wahrheit über unsere momentane Befindlichkeit erfahren. Gehen wir davon aus, dass auch in solchen, manchmal negativ erscheinenden Reaktionen etwas für uns sehr Hilfreiches und Positives enthalten ist.

Fragen wir jetzt aber weiter und tiefer, zum Beispiel: »Was will ich damit erreichen, wenn ich jetzt alles kurz und klein schlage?« Wenden wir auch auf diese Frage wieder die oben genannten drei Schritte an. Es kann sein, dass jetzt noch eine weitere »negative« Antwort kommt, etwa: »Ich will mich dafür rächen, dass mein Partner so mit mir umgegangen ist.« Auch diese Antwort sollte »gewürdigt« werden, sie sollte Raum und Zeit bekommen, um ihr entsprechenden Ausdruck zu verleihen.

Wenn wir dann aber immer weiter fragen, stoßen wir bald auf eine »positive« Absicht, es kommt ein konstruktiver Wunsch zum Ausdruck. Die Antwort auf die fokussierende Frage: »Was will ich eigentlich wirklich damit erreichen, dass ich mich räche?« könnte so weitergehen: »Ich möchte, dass er mich nicht wieder verletzt. Ich möchte, dass er mir meine Fehler und Schwächen nicht vorwirft. Ich möchte, dass er mich akzeptiert, wie ich bin. Ich möchte, dass er mich mag und mir das auch zeigt.« Im Hintergrund unserer Aggression stand also das Bedürfnis, geliebt zu werden. Je tiefer wir fragen, desto mehr kommen wir mit unseren »eigentlichen« Wünschen und Bedürfnissen in Beziehung.

Wir können uns nun auch noch fragen, wie sich die gefundene Antwort – unser »wahrer Wille« – zu unserem Wohl verwirklichen lässt, ohne einem anderen Menschen zu schaden.

Wir können wieder nach innen gehen und entsprechende Zielfantasien auftauchen lassen, wobei wir einerseits auf unsere Gefühle der persönlichen Stimmigkeit und Freude achten, die wir dabei empfinden, und andererseits auf die voraussichtlichen Auswirkungen, die unser Verhalten

125

auf unsere Umwelt haben könnte. Dann versuchen wir, unsere Fantasie in die Realität umzusetzen.

Wenn uns diese Art, nach innen zu gehen und auf unsere körpernahen Empfindungen zu lauschen, vertraut geworden ist, werden wir sie nicht mehr missen wollen und sie zur Grundlage aller unserer wichtigeren Entscheidungen und Handlungen machen. Sie stellt mit das Beste dar, was wir lernen können, um unser Leben in Übereinstimmung mit unserer inneren Weisheit zu führen.

Das Focusing hat, wie schon erwähnt, Ähnlichkeiten mit manchen Meditationsverfahren. Tatsächlich ermöglicht es uns, eine Verbindung mit unseren tiefsten oder höchsten Aspekten aufzunehmen. Dazu müssen wir, wie oben kurz skizziert wurde, nur immer tiefer und weiter fragen: »Was will ich (das Selbst) eigentlich wirklich?« und: »Was will ich (das Selbst) eigentlich wirklich dadurch erreichen, dass ich das will?«

Folgen wir diesen Schlüsselfragen, bis wir das Gefühl haben, unsere aufrichtigste und ehrlichste Antwort (oder ein stimmiges Symbol) gefunden zu haben, an den Grund unserer tiefsten Sehnsucht gelangt zu sein. Wir werden entdecken, dass unser tiefstes Wünschen und Wollen meist die Erfahrung eines »Seins«-Zustandes ist, in dem wir einfach das erleben können, was wir im Innersten sind: lebendig, freudig, kreativ; offen, liebevoll und mitfühlend; frei, selbstbewusst, gelassen in uns ruhend; wach, achtsam und bewusst; in Einheit und Verbundenheit mit der Welt und dem inneren Selbst. Dieser Seins-Zustand der Einheit und Ganzheit wird sich dann auch in jenen Bildern und Symbolen darstellen, die die religiöse Erfahrung seit Jahrtausenden hervorgebracht hat.

C. Creieren: Das Symbol schöpferisch gestalten und inszenieren

Wir können nun einen Schritt weiter gehen und uns auf den symbolischen Gehalt oder das Symbol imaginierend einlassen. Wir können es in unserer Fantasie lebendig werden lassen, es laufen lassen, wohin es will, und damit seiner eigenen Dynamik einen Raum geben. Wir können es malen, es tanzen, es träumen usw. Diese Anregungen sind aber weniger im Sinne von »ich mache« gemeint, sondern im Sinne von Geschehenlassen, von Sichöffnen für einen sich von selbst entfaltenden Prozesses. Dabei kehrt auch die schon vorhandene Kreativität der Natur zu uns zurück, wir können uns als etwas Blühendes und Wachsendes erleben. Die Last des Vernünftigseins fällt von uns ab, und wir finden wieder zu einer mehr spielerischen, humorvollen Haltung gegenüber den Ereignissen und zu uns selber.

Zeichnen und Malen

Für viele Menschen sind das Malen und die noch zu beschreibenden anderen gestalterischen Methoden zugänglicher als die Imagination. Das konkrete sinnliche Erfahren der Materialien und Farben ermöglicht es ihnen, leichter abzuschalten und sich auf innere Prozesse einzustellen. Das ganzheitlichere Vorgehen macht es ihnen leichter als die rein geistige Imagination oder Meditation, in einen Zustand der Selbstversenkung, Selbstvergessenheit und des »Fließens« [34] zu kommen. Es ist ein quasi magischer Schöpfungsakt, wie aus dem Nichts der freien weißen Fläche eines Blattes mithilfe von »magischen Zauberstäben« (Bleistifte, Farbstifte, Pinsel, Kreiden) Dinge aus dem geistigen Raum der Fantasie in die konkrete Wirklichkeit gebracht und auch für andere Menschen sichtbar gemacht werden können.

Symbole, die uns wichtig sind, können durchaus auch mit künstlerischem Anspruch geschaffen werden. Dadurch, dass man sich viel Zeit lässt, das Symbol genau und sorgfältig auszuformen, verleiht man seiner Bedeutsamkeit besonderen Ausdruck und lässt es sich im Arbeiten unbewusst weiter entfalten. Das Arbeiten am Symbol ist dann wie eine Meditation. Beim tibetischen Sandmandala wird mit gefärbtem Sand viele Tage lang in äußerst geduldiger und akribischer Weise ein großes Mandala hergestellt, und in dem Moment, in dem es fertig ist, wird es wieder zerstört. Hier geht es um den Prozess, nicht um das fertige Produkt. Das Mandala symbolisiert ja die Ganzheit des menschlichen Lebens, sein ständiges Werden und Vergehen.

In Selbsterfahrungsprozessen oder in der therapeutischen Arbeit ist es aber empfehlenswert zu betonen, dass es gerade nicht um einen künstlerischen Anspruch oder eine gute Maltechnik geht. Ein solcher Anspruch kann sich nämlich sehr hemmend auf den schöpferischen Fluss auswirken. Die meisten erwachsenen Menschen sind unsicher im Umgang mit diesem Ausdrucksmittel, sie fürchten, für ihre kindlichen Malereien und Kritzeleien ausgelacht oder beschämt zu werden. Es kann deshalb eine ganze Weile dauern, bis die Hemmungen überwunden sind und sie ihre Freude am unbefangenen Spiel mit Farben und Formen wiedergewinnen.

Malen aus dem Unbewussten

Eine bewährte Methode in der Symbolfindung ist das Malen aus dem Unbewussten. Man legt sich geeignetes Malmaterial zurecht, entspannt sich, lauscht, wie beispielsweise im Focusing beschrieben, nach innen auf das, was sich als körperliche Empfindung, als Gefühl oder Wunsch ausdrücken will. Man kann auch auf die Malunterlage schauen wie auf eine Projektionsfläche und auf Symbole und Motive achten, die sich auf dieser Fläche imaginativ andeuten. Noch eine andere Möglichkeit ist, mit dem Malstift oder Pinsel eine spontane Bewegung auf dem Papier zu vollziehen oder einfach mit einer Farbe, die einen anspricht, zu beginnen und den Impuls sich dann nachspürend entwickeln zu lassen. Wichtig ist, dass man dabei in Übereinstimmung mit seinem eigenen Rhythmus bleibt. Mal möchte man sich viel Zeit lassen, immer wieder innehalten, in sich hinein lauschen, mal möchte man rasch und ohne große Bedenken intensiven Impulsen folgen.

Märchenmalen

Eine andere sehr anregende Methode, die sich gut auch für die Gruppenarbeit eignet, ist das Märchenmalen. Hierbei wird ein Märchen, vielleicht das Lieblingsmärchen, langsam und laut vorgelesen. Man hört in entspanntem Zustand zu, versetzt sich, so gut man kann, imaginativ in das Märchen hinein, folgt seiner Handlung und achtet dabei auf Teile des Märchens, die einen emotional besonders berühren. Daran anschließend malt man auf einem ausreichend großen Papier mit Farbstiften diese Szenen und Symbole. Dann stellt man sein Bild den anderen Gruppenmitgliedern vor und berichtet darüber, welche Motive man gestaltet hat. Indem jeder sein Bild zeigt und erläutert, kommt ein Austausch über die Gründe der Auswahl und die individuelle Bedeutung der Szene oder des Symbols in Gang. Die anderen Teilnehmer können ergänzende Überlegungen und Einfälle dazu beitragen.

Auch hier ist es wichtig, dass man der Neigung widersteht, eindeutige Erklärungen und Deutungen zu geben.

Deutung des Gemalten

Bereits das gestalterische Umgehen mit unbewussten Symbolen hat heilsame Wirkung und ermöglicht vielfältige Erfahrungen. Die vorzeitige Frage, was das Gemalte psychologisch bedeutet, kann sich hemmend auf den Fluss der unbewussten Energien auswirken. Manche kunst- und gestaltungstherapeutische Richtungen verzichten deshalb auf eine Interpretation und diagnostische Bewertung.

Andererseits sind das Verstehenwollen und der Wunsch nach Selbsterkenntnis mithilfe des Denkens ein starkes Bedürfnis. Wenn der Malprozess zum Ende gekommen ist und man auch genügend Abstand von seinem Schaffen hat, damit die Deutung nicht mehr störend in den Symbolbildungsprozess eingreift, kann man sich – mit aller Behutsamkeit – der psychologischen Bedeutung widmen, das heißt der Frage danach, welche Wünsche und Sehnsüchte, welche Persönlichkeitsanteile oder welche Konflikte sich im Bild spiegeln können.

Grundsätzlich kann alles symbolische Bedeutung haben: die Auswahl des Maluntergrundes und der Malutensilien; das Format eines Bildes; die verwendeten Farben, Formen und Motive; die Aufteilung der Motive und Gestalten auf dem Blatt, ihre Größe und ihre Beziehung zueinander.

In der Tiefenpsychologie gibt es einige Versuche, den vier Quadranten eines Zeichenblattes bestimmte symbolische Qualitäten zuzuordnen. Oben ist meist der geistige, der »väterliche« Raum, das Bewusstsein, unten der »mütterliche« Raum, der Bereich des Ursprungs und des Unbewussten. Links bezieht sich häufig mehr auf die Vergangenheit und auf das Introvertierte, rechts mehr auf das Zukünftige und Extravertierte.[35] Solche Zuordnungen sind allerdings meist zu schematisch. Sie sollten bei der Deutung nur vorsichtig als Orientierung verwendet werden.

Eine größere Rolle als die Raumsymbolik spielen meist die Farbsymbolik und die Gestaltung der zentralen Figur oder des zentralen Motivs. Auf die zentrale Symbolgestalt lassen sich einige der beschriebenen Symboloperationen wie zum Beispiel das Identifizieren oder das Dialogisieren anwenden.

In dem folgenden Bild (Abb. 34) hat ein Mann sehr beeindruckend dargestellt, wie sehr er sich durch negative Muttererfahrungen in der Entwicklung seiner männlichen Identität gehemmt fühlt.

In Selbsterfahrung und Therapie kann man nun auf verschiedene Weise versuchen, dem symbolischen Gehalt eines Bildes näher zu kommen:

- Man lässt den »Maler« über sein Bild selbst sprechen, darüber, was er malen wollte, wie sich der Malprozess entwickelt hat, was beim Malen in ihm vorgegangen ist.
- Man kann ihm vorschlagen, auf bestimmte Teile näher einzugehen, etwa Formen, Farben und Personen oder Motive näher zu beschreiben und zu erzählen, was sie in ihm wachrufen.
- Man kann ihn auffordern, sich mit dem ganzen Bild oder Teilen davon zu identifizieren, zum Beispiel: »Ich fühle mich ganz hilflos.« Oder: »Ich bin gekreuzigt ...« Aus dieser Identifizierung können sich weitere Fragen

Abb. 34: Auf den Phallus fixiert

ergeben wie: »Was wird mit mir geschehen?« »Was fühle ich dabei?« »Was würde ich gerne tun?« »In welcher Beziehung stehe ich zu den anderen Elementen des Bildes?« Man kann auch Dialoge zwischen den einzelnen Teilen anregen.

- Wichtig ist, auf Diskrepanzen in der Darstellung zu achten, also wenn beispielsweise etwas von der zu erwartenden oder durchschnittlichen Norm stark abweicht, wenn Teile überproportioniert sind oder wenn wichtige Teile fehlen. Man kann darauf hinweisen und danach fragen. Hier ist ein besonders behutsames Vorgehen erforderlich, insofern der Hinweis auf solche Diskrepanzen leicht als Kritik an mangelhaften Fertigkeiten missverstanden wird. Oftmals symbolisieren sich in diesen Diskrepanzen besondere »wunde Punkte«, traumatische Komplexe, was eine achtsame Annäherung erfordert. Als Grundregel gilt dabei, von der Oberfläche zum Tieferen zu gehen, vom Vordergründigen zum Hintergründigeren, vom Angenehmen zum Schwierigeren. Immer ist daran zu denken, dass der wichtigste Heilfaktor in der Herstellung eines sicheren und tragfähigen Vertrauensverhältnisses zu den eigenen unbewussten seelischen Prozessen und der menschlichen Beziehung liegt. Das zu frühe

Ansprechen schwieriger und problematischer Aspekte kann eine solche Vertrauensbildung erheblich stören.

- Wenn der Prozess der Identifizierung und des Dialogisierens abgeschlossen ist, kann man danach fragen, inwiefern das, was in der Gestaltung zum Ausdruck gekommen ist, mit einem selbst und dem eigenen Leben zu tun hat: »Fühle ich mich manchmal auch so?«, »Empfinde ich mein Leben auch so?«
- Man kann auch nach weitergehenden Assoziationen und Einfällen aus dem persönlichen Leben fragen. Aber nicht immer ist die Übertragung auf das ganz persönliche Leben erforderlich. Oft reicht es auch aus, dass etwas in symbolischer Weise gezeigt und gesagt wurde und vom anderen wie auch vom Malenden selber auf dieser Ebene gesehen und verstanden wird.

Malen ist sowohl in der Gruppe als auch in der Arbeit mit Einzelnen und als Selbsterfahrung möglich. Beide Varianten des begleiteten Malens bergen je eigene Nach- und Vorteile. In der Regel wird es aber in der Einzelsituation erforderlich sein, den Anspruch und die Kontrolle zu reduzieren, weil hier die direkte Konfrontation mit sich selbst unausweichlich ist. Die Gruppe ermöglicht es, sich auch ein wenig zu verstecken und sich schrittweise herauszuwagen. Es wird dadurch leichter, sich in den Prozess des Malens zu versenken.

Tonen
Eine noch ursprünglichere Form der Symbolgestaltung als das Malen ist das Tonen. Die Arbeit mit Ton ist nicht so stark von Regeln und Perfektionismusvorstellungen belastet wie das Zeichnen und Malen. Man kann viel weniger »falsch« machen, und das Material ermöglicht rasche Veränderungen und Verbesserungen. Zudem ist es relativ einfach, ein »annehmbares Endprodukt« zu erzielen. Auch dieses Endprodukt hat natürlich symbolische Bedeutung, aber oft ist die lustvolle Arbeit am und mit dem Ton vorher mindestens genau so befriedigend und symbolträchtig. Dementsprechend gibt es auch ein »Tonen aus dem Unbewussten«, in dem das Symbol erst aus dem Umgang mit dem Ton entsteht.

Um sich mit der Beschaffenheit und Eigenart des Tons vertraut zu machen und unbekümmert in den Ton hineingreifen zu können, kann man vor der eigentlichen Symbolgestaltung mit Ton erst einmal ausprobieren, wie er sich anfühlt, was man damit alles machen, wie man ihn formen und bearbeiten kann.

Bereits bei diesem spielerischen Herumexperimentieren mit dem Ton kann man darauf achten, was einem besonders viel Spaß macht und was

131

einem unangenehm ist. Wie geht es uns mit dem Kneten, Schlagen, Glätten und Verstreichen, Teilen, Auseinanderreißen und Verbinden? Wie geht es uns mit bestimmten Formen? Wurst, Kugel, Schlange, Gefäß. Fragen wir uns, was uns zu diesen verschiedenen Handlungen und Gestaltungen einfällt.

Ton ist ein ganz elementares, erdhaftes, sinnliches Material, anfassbar und plastisch. Er hat – wie Stein und Sand – etwas von der »Prima materia«, dem Ur- und Ausgangsstoff der Alchemisten, der die Grundlage des Steins der Weisen bildet. Zwischen dem Ton und seinem Benutzer kann eine sehr enge, haut- und erlebensnahe Verbindung hergestellt werden.

Die so intensiv erfahrbare sinnliche Qualität scheint es möglich zu machen, sehr frühe und tief verborgene Gefühle und Empfindungen anzusprechen. Man kann ihn liebevoll streichelnd formen oder man kann mit seiner Hilfe heftige Aggressionen zum Ausdruck bringen, beispielsweise in ihn hinein boxen und auf ihn einschlagen. Auch andere starke, archaische Affekte scheint er besonders gut aufzunehmen, insbesondere alles, was mit den als »schmutzig« tabuisierten Bereichen der Seele, mit Körperfunktionen und Körperteilen zu tun hat.

Wie unmittelbar und schnell die Verbindung zu diesen Gefühlen gelingt, zeigt sich darin, dass viele, wenn sie mit dem Tonen beginnen, kichern, lachen oder redselig werden, so als würde sich gleich etwas lösen und in Fluss kommen oder unbewusst die heimliche sinnliche Lust spürbar werden. Manchmal kann das Sprechen natürlich auch ein Versuch sein, die peinlichen Empfindungen, die man durch die Berührung mit dem feuchten, matschigen, sinnlichen Ton hat, zu verdecken.

Aus der Entwicklungspsychologie wissen wir, dass in der Zeit, in der das Kind an die Sauberkeit gewöhnt wird, auch viele andere triebhafte Bereiche des Kindes kanalisiert und eingeschränkt werden. Mit dem von der Psychoanalyse geprägten Begriff der »analen Phase« werden solche wichtigen Aspekte verbunden wie Autonomiefähigkeit und Anpassungsleistungen, Schuld und Scham, Hergeben und Behalten, Freude am kreativen Ausdruck und auch Entwicklung von Ordnung und Regeln. Das Machen des »Haufens« auf der Toilette wird als eine wichtige Vorform des kreativen »Ausdrucks« verstanden, etwas aus sich heraus machen und hergeben zu können.

Deshalb bietet sich die Arbeit mit Ton auch besonders bei Menschen an, die in diesen Triebbereichen Schwierigkeiten haben, solche, bei denen Sauberkeit und Ordnung eine zu große oder eine zu kleine Rolle spielen und die perfektionistische Züge haben. Der Ton erlaubt es ihnen, ungeniert ihre »schmutzigen« Seiten auszuleben, zumal der Ton eigentlich

132

ein sehr sauberes Material ist, leicht aus- und abwaschbar, und, wenn er trocken ist, leicht aufzusaugen und auszukehren.

Der Ton regt auch sehr oft zu erotischen Fantasien an. Gerne werden phallische Formen und weibliche Rundungen gestaltet.

Um aus der Tonarbeit Symbolgestalten entstehen zu lassen, kann man ähnlich verfahren wie beim Malen aus dem Unbewussten. Man entspannt sich, schließt die Augen und nimmt in Ruhe Kontakt mit dem Ton auf. Es kann der Eindruck entstehen, aus dem Ton heraus wolle sich etwas formen, es kann sich aber auch eine spontane Idee einstellen. Wie auch immer, man folgt den leisen Impulsen und überlässt sich dem unbewussten Gestaltungsvorgang. Wie bei allen anderen imaginativen Prozessen besteht die Kunst darin, sich den leisen Impulsen anzuvertrauen und sie nicht zu kritisieren oder zu bewerten.

Der unbewusste Prozess findet nach einer Weile auch seinen organischen Abschluss, und mit dem entstandenen Produkt kann man so weiterarbeiten wie schon beim Malen geschildert. Man kann sich mit der Gestalt identifizieren, mit ihr sprechen, zu ihr assoziieren.

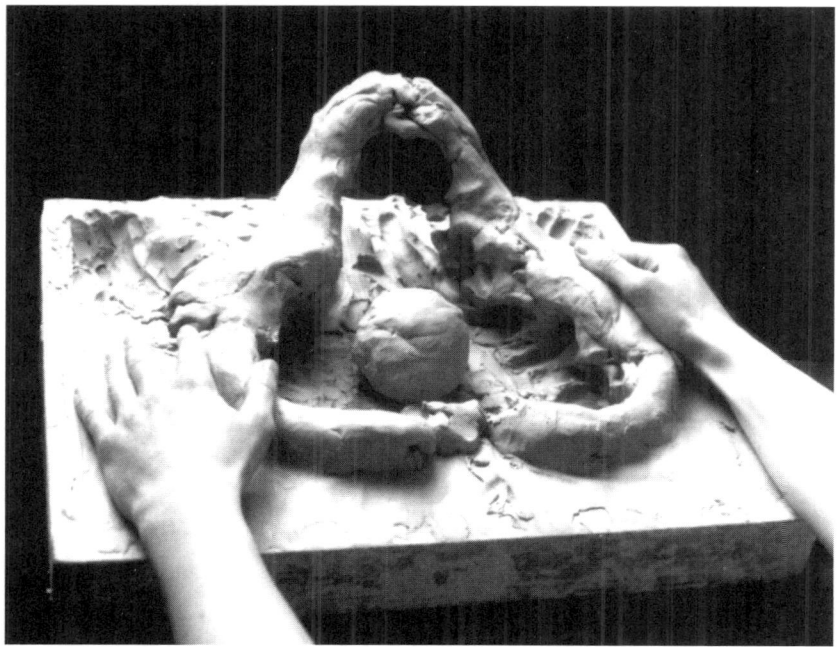

Abb. 35: Arbeit am Tonfeld

133

Arbeit am Tonfeld

Bei der »Arbeit am Tonfeld«, einer Methode, die von Heinz Deuser[36] entwickelt wurde, findet dieser Prozess des unbewussten Gestaltens in einem kleinen, abgegrenzten Bereich statt. Man hat einen flachen Kasten (38 × 42 × 3 cm Ausmaß), der ebenmäißg mit Tonerde ausgestrichen ist (ca. 6 kg) auf dem Schoß und arbeitet mit geschlossenen Augen. Immer wieder hält man inne, um sich die entstandene Gestalt anzuschauen, und setzt dann das Tonen fort.

So entsteht eine ganze Reihe von – häufig archetypischen – Symbolgestalten, die in einer psychodynamischen Beziehung zueinander stehen. Hier steht also das Prozesshafte im Vordergrund.

Schreiben

Da wir üblicherweise das Schreiben mehr mit Bewusstheit und Rationalität verbinden, erscheint es für die Symbolarbeit vielleicht nicht besonders geeignet. Aber wie bereits besprochen, lassen sich alle Tätigkeiten, die wir so weit beherrschen, dass wir ohne nachzudenken über sie verfügen können, als »Sprachrohr« des Unbewussten einsetzen.

Außerdem kann man trotz aller Wortskepsis vieler neuerer Psychotherapieschulen doch generell sagen, dass das Wort und die Sprache, beziehungsweise die Versprachlichung, elementar für die Hebung unbewusster Inhalte ins Bewusstsein sind. Sprache kann ja nicht nur rationale und abstrakte Begrifflichkeit, sondern auch noch voller Symbolik sein. Es kann vieles »zwischen den Zeilen« stehen, was ohne Zeilen dort nicht stehen könnte.

Auch können manche Menschen am besten schreibend imaginieren. Möglicherweise hilft ihnen das Schreiben, sich besser zu konzentrieren und zum Beispiel durch Abschweifen unterbrochene Handlungsverläufe immer wieder neu aufzunehmen. Von Schriftstellern und Dichtern ist ja bekannt, dass sie sich beim Schreiben ganz verlieren und sich mit ihren Fantasiegestalten identifizieren können. Wer Schwierigkeiten mit dem rein visuell-geistigen Imaginieren hat, sollte es einmal mit dem Schreiben versuchen. Das Schreiben am Computer kann, unter der Voraussetzung, dass man die Technik einigermaßen beherrscht, den Schreibprozess noch wesentlich erleichtern, da sich der Text immer leicht korrigieren und verändern lässt.

Einen guten Einstieg in ein assoziativ-imaginatives Schreiben bietet auch die beschriebene »Mindmapping«-Methode.

Eine selten angewendete Methode des imaginierenden Schreibens ist das so genannte »automatische Schreiben«, ein »Schreiben aus dem

Unbewusste«, bei dem man »es« in entspanntem Zustand schreiben lässt.

Eine andere Technik ist das Schreiben mit der linken beziehungsweise der ungeübten Hand. Diese ungewohnte Weise zu schreiben bringt uns in Beziehung mit unseren intuitiven, bildhaften, kindlichen Seiten. Wir können an uns selbst Fragen stellen und uns dann antworten, indem wir mit der ungeübteren Hand schreiben.

Das Schreiben wird, wenn wir unseren spontanen Impulsen dabei folgen, andere Gefühle und Inhalte zum Vorschein bringen, als wir vermutet haben. Wir können auch beide Hände miteinander kommunizieren lassen. Die gewohnte und geübte Hand schreibt die Fragen und die »vernünftigen« Kommentare auf, die ungewohnte und ungeübte antwortet darauf aus ihrer Sicht. So treten Links und Rechts miteinander in einen Dialog.

Auch das Verfassen von Gedichten kann als Symbolarbeit verstanden werden. Fast alle Menschen kennen Lebensphasen, in denen sie mehr oder weniger kunstfertige Gedichte geschrieben haben, die dem Wunsch nach Ausdruck einer starken Belastung oder einer inneren Fülle oder Überfülle folgten.

Haikus

Eine besondere Art der Lyrik sind die in Japan üblichen Haikus, die dort im 16. Jahrhundert erstmals entstanden und sich schnell zu einem sehr verbreiteten Gesellschaftsspiel entwickelten. Zu allen möglichen Anlässen und Gelegenheiten wurden Haikus gedichtet, verändert und verfeinert.

Haikus stehen in der Tradition des Zen, des Taoismus und Buddhismus und bilden wohl die klarste Ausdrucksform der diesen Strömungen eigenen geistigen Haltungen. Insofern gilt auch das Verfertigen des Haikus als ein religiöses Urerlebnis, das sich vor allem in einer konzentrierten Naturbetrachtung manifestiert. Diese Gedichtform ist nur in Annäherungen in unseren Sprachraum übertragbar, weil die Sprache als Bild benützt wird, das durch die Anordnung der Schriftzeichen eine sehr spezifische Ausdrucksform erhält. Wir können aber auch in der Übertragung eine Ahnung von der Dimension solch schwebender Betrachtung bekommen, die dem Symbol sehr nahe kommt: »Sie umspielt einen Sachverhalt mehr, als dass sie ihn anzielt, sie umschreibt mehr, als dass sie bezeichnet, sie malt mehr aus, als dass sie definiert.«[37]

Haikus folgen einer streng vorgegebenen Form und einigen Regeln und eröffnen innerhalb dieser Form einen Spielraum. Diese Form lässt sich auch in der Arbeit in Gruppen gut einsetzen:

- Haikus umfassen drei Wortgruppen (Zeilen).
- Insgesamt sind nicht mehr als siebzehn Silben erlaubt (ein Atemzug).
- Die Zeilen reimen sich am Ende nicht.
- Die Sprache folgt einer inneren Melodik.
- Sie sollen einen Naturgegenstand außerhalb der menschlichen Natur erwähnen.
- Sie beziehen sich auf ein einmaliges Ereignis.
- Dieses Ereignis soll in der Gegenwart dargestellt sein.

Ein Beispiel:

> Die Glocke hat den Tag
> hinaus geläutet. Der Duft
> der Blüten läutet nach.
>
> Basho[38]

Es ist eine wichtige Haiku-Regel, dass keine moralisch-sinnhafte Aussage gemacht, sondern eine betrachtende Ebene eingehalten wird. Dies bewirkt eine Loslösung vom Anliegen, von der Botschaft, die der beschriebenen symbolisierenden Einstellung nahe kommt: Das Wirken des Bildes wird nicht gebremst durch den ihm auferlegten oder vorgegebenen Sinn, sondern es kann ohne Filter aufsteigen und in die Form fließen. Es ist erstaunlich und überraschend, zu welcher Klarheit und Konzentration des Bildes diese Formvorgabe führt.

Briefe, E-Mails und SMS
Ein ganz anderer Zugang ist das Schreiben von Briefen. Eine Zeit lang schien es etwas aus der Mode gekommen, jetzt wird es durch die modernen Kommunikationsformen wieder belebt: das Schreiben von E-Mails (von elektronischen Briefen) oder »Weblogs« (Blogs), das sind digitale Tagebücher, die im Internet für alle Interessierten zugänglich geführt werden, boomt ebenso wie das Übermitteln von Kurzbotschaften (SMS) per Handy. Wir können das Briefeschreiben aber auch im Raum der Selbsterfahrung und Therapie wieder zum Leben erwecken. Es ist erstaunlich, welche Aktivität und welcher Mitteilungsfluss plötzlich entsteht, wenn wir zum Beispiel einer Gruppe den Mund verbieten und Feder und Papier zur Verfügung stellen. Schreiben ermöglicht eine andere Ebene des Wahrnehmens und Mitteilens als das Reden und bringt uns der symbolischen Ebene näher.

Körperbewegung

Die Auseinandersetzung mit dem Symbol kann auch über die reine Fantasie hinausgehen, indem man nicht nur innerlich imaginiert, sondern das Symbol durch körperliches Verhalten und konkrete Handlung zum Ausdruck bringt. Das sprechende, fühlende und handelnde Umgehen mit dem Symbol macht es ganzheitlich, insbesondere auch körperlich erfahrbar und erhöht damit seinen Realitätscharakter. Heute erleben wir eine rege Diskussion um die Integration der körperlichen Ebene in die Psychotherapie, was ein deutliches Bedürfnis nach Erweiterung der bisherigen Ansätze auf diese ursprüngliche Ebene des Daseins hin anzeigt.

Da »Körper, Seele und Geist« eine untrennbare Einheit bilden, drückt sich unsere bewusste und unbewusste Befindlichkeit natürlich immer auch in unserem Körper aus, in unserer Haltung und Bewegung, in unserer Mimik und Gestik, in Atem und Stimme, in körperlichen Symptomen und Krankheiten, in unserem Erscheinungsbild, das wir beispielsweise durch Kleidung, Schmuck, Frisur, Make-up und Parfüm auch ausgestalten. Wie wir uns in unserem Körper erleben, bestimmen in hohem Maße unsere Identität und unser Selbstwertgefühl. Unsere körperliche Erscheinung ist ja schließlich das, was die anderen Menschen von uns am unmittelbarsten erleben.

Bei Kindern und jungen Tieren können wir die Körper-Geist-Seele-Einheit noch am besten beobachten. Nicht nur, dass alle seelischen Vorgänge, Gedanken, Vorstellungen und Gefühle unmittelbar von körperlichen Reaktionen begleitet werden, wir können auch beobachten, wie körperlich-sinnliche Wahrnehmung und körperliche Funktionen seelische Vorgänge nachhaltigst beeinflussen. Körperlich sein ist für das Kind (natürlich von Krankheiten und Verletzungen abgesehen) noch unmittelbare Lebendigkeit und Lebenslust. Nach und nach lernt es dann, diese Freude am Körperlich-Sinnlichen abzubremsen. Es nimmt sich in seiner körperlichen Expansion zurück, um nicht unangenehm aufzufallen, es verbirgt seinen Körper, weil es eine Beschämung, Missbilligung oder Kritik erfahren hat, vielleicht wegen einer Ungeschicklichkeit oder Unbeholfenheit. Seine Bewegungsfreude wird durch »gute Manieren« diszipliniert und im Sportunterricht durch Leistungsanforderung und Benotung gehemmt. Wir lernen, uns in erwünschter Weise zu »ver-halten«.

In der Pubertät treten zusätzliche Belastungen im Hinblick auf das Sein im eigenen Körper auf: die disharmonischen Körperveränderungen, die zu einer Vielzahl von Scham- und Minderwertigkeitsgefühlen führen; der schwierige Umgang mit der Sexualität und der Partnersuche, in

137

der körperliches Erscheinungsbild und körperliche Attraktivität eine zentrale Rolle spielen.

Verstärkt wird das gestörte Verhältnis zum eigenen Körper durch Idealbilder, die von Medien und Stars vermittelt werden, weil sich viele Pubertierende in der Zeit der eigenen unsicheren Identität diese als Vorbild und Maßstab nehmen.

Aus vielen Gründen also hat sich der Erwachsene meist von seinem Körper entfremdet. Obwohl dieser seine eigentliche Lebensbasis darstellt, kann er ihn kaum noch positiv wahrnehmen. Die Wiederherstellung einer gesunden, liebevollen Beziehung zu sich selber als einem Körperwesen ist deshalb zu einem zentralen Anliegen vieler Therapie- und Selbsterfahrungsformen geworden.

Manche Symbolgestalten lassen sich am besten, intensivsten und ganzheitlichsten im sich bewegenden Körper ausdrücken, insbesondere die Gefühle, Affekte, Triebe und Leidenschaften. Diese Bereiche werden ja ohnehin meist als sehr körpernah und körperlich empfunden.

Wir spüren sie als Schmerz, Lust, Spannung, Entspannung, Druck, Hitze, Wärme, Kälte, im Ändern von Atem- und Herzfrequenz, als Energiefluss oder -blockade, als Zittern und Erstarren, als Ausdehnung und Zusammenziehung, im Verhalten unserer Körpersäfte und Organfunktionen. In der Verzweiflung »fallen wir in uns zusammen« und sind dann wie »ein Häuflein Asche«, in der Freude können wir »in die Luft springen«, tanzen und singen.

Viele Körperteile und Verhaltensweisen haben eine hohe symbolische »Aufladung«. Dies gilt auch für die elementaren körperlichen Zustände und Bewegungen: das Liegen, Sitzen, Gehen, Stehen, die verschiedenen Körperhaltungen usw. Wenn wir uns bewusst auf die momentane Art und Weise unseres körperlichen Daseins konzentrieren, werden wir schnell erfahren, dass sie voller symbolischer Mitteilungen steckt.

Der Körper ist der Ausdruck unserer Ganzheit, und meist, ohne dass es uns bewusst wird, kommunizieren wir alle ständig auf der Ebene der Körperbewegungen miteinander. Auch wenn wir häufig versuchen, nach außen hin »eine gute Figur« zu machen, und unseren Körper verwenden wie eine Maske oder einen Panzer, mit deren Hilfe wir uns versecken und schützen wollen, so lassen sich unsere tieferen Empfindungen doch nicht wirklich verbergen. Da uns viele dieser Körperäußerungen nicht bewusst sind, können wir sie auch nicht oder nur wenig beeinflussen – »Der Körper sagt die Wahrheit«.

Über körperliche Ausdrucksformen und Symbolgestalten lassen sich deshalb tiefe Gefühle erwecken, und umgekehrt äußern sich tiefe Gefühle körperlich.[39]

138

Auch hier lassen sich zwei verschiedene Weisen unterscheiden, um mit dem Körper symbolisch zu arbeiten: erstens, indem man von bestimmten körperlichen Symbolgestalten ausgeht, sich von ihnen leiten lässt und beobachtet, was sie auslösen und bewegen; zweitens, indem man auf die spontanen Äußerungen seines Körpers achtet, sie symbolisch verstehen lernt und sich mit ihnen in Beziehung setzt.

Abb. 36: Taufe Jesu

Das erste Vorgehen hat eine lange Tradition, insbesondere auch in spirituellen Richtungen: Spezielle Körperhaltungen im Yoga oder bei der Meditation, spezielle Atemübungen, spezielle Handstellungen, Tanzformen und rituelle Abläufe sollen dazu dienen, bestimmte Erfahrungsdimensionen zugänglich zu machen.

Die körperlichen Übungen und Rituale haben eine doppelte Funktion. Die in ihnen enthaltene Symbolik soll dem Übenden helfen, sich der gewünschten Erfahrung anzunähern, gleichzeitig drückt sie diese Erfahrung auch aus. So weisen zum Beispiel die bei der Meditation offen ineinander gelegten Handflächen auf die Notwendigkeit einer offenen, empfangsbereiten inneren Haltung hin, gleichzeitig symbolisieren sie ein wesentliches Merkmal der angestrebten meditativen Erfahrung, die Leere, die Gelassenheit, das Zu-Ruhe-Kommen von bewusstem und angestrengtem Handeln. Die Handhaltung im christlichen Gebet ist darüber hinaus ein Ausdruck der Demut und Hingabe wie auch der konzentrierten Ausrichtung auf das Göttliche.

Die moderne Körpertherapie arbeitet mit der Vorstellung, dass durch spezielle Übungen, Bewegungen und Berührungen Hemmungen und Blockaden des körperlich-seelischen Energieflusses aufgelöst werden können. Auch zahlreiche Entspannungsverfahren arbeiten so, wobei sie die Entspannung oft noch zusätzlich durch entsprechende imaginative Vorstellungen fördern (Liegen auf einer Wiese, in einem Boot, Spüren des Windes und des Wassers). Eine ähnliche Art des Vorgehens findet sich auch in der Gebärdenarbeit und in der Eurythmie. In beiden wird mit im Prinzip archetypischen Grundgebärden und Bewegungen gearbeitet, um bestimmte seelisch-körperliche Zustände und Kompensationen zu evozieren.

Die zweite Vorgehensweise, das symbolische Verstehen von spontanem körperlichem Ausdruck, ist uns in gewissem Sinne angeboren und macht, wie wir bereits besprochen haben, einen entscheidenden Anteil unserer menschlichen Kommunikation aus. Alles, was wir körperlich empfinden und tun, kann symbolisch gesehen werden.

Eine Möglichkeit, mit körperlichen Empfindungen ins Gespräch zu kommen, haben wir beim Focusing kennengelernt. Eine weitere wurde von der Gestalttherapie eingeführt. Körperliche Empfindungen und Bewegungen werden in dieser direkt angesprochen.

Man kann beispielsweise eine Bewegung dadurch besonders ins Bewusstsein heben, dass man sie absichtlich wiederholt und verstärkt. Dann kann man sich mit ihr identifizieren und in Dialog treten.

Ein Beispiel: Robert, ein Psychotherapiepatient, hatte sich viele Jahre lang mit einer starken Depression gequält. Für ihn war sein Leben vor allem grau und sinnlos, und auch die Therapie wurde bald ins allgemein Graue des Lebens eingebaut – eine kurzfristige Hoffnung, die sich wie die früheren eben schnell wieder zerschlug.

Es fiel nach einiger Zeit auf, dass in ganz bestimmten Situationen sein linker Arm anfing zu zucken, als wollte sich der Ellbogen selbstständig machen. Dies waren regelmäßig Situationen, in denen ein Gefühl aufsteigen wollte, das er dann aber durch verstärktes Reden wieder unterdrückte.

In der Therapie wurde er nach einiger Zeit auf dieses Zucken angesprochen und ermuntert, es wahrzunehmen, zu akzeptieren, vielleicht zu verstärken und ihm etwas nachzuspüren. Auf diese Anregung hin wurde er schnell ruhig, beendete das Klagen und versank in eine Art Trancezustand. Er lehnte sich zurück, der ganze Körper entspannte sich. Dann kamen Assoziationen: »Da ist etwas Wegstoßendes, Aggressives in diesem Zucken. Der Arm tut weh. Ich habe plötzlich auch das Gefühl, dass ich diesen Arm gar nicht kenne. Andererseits kommt er mir jetzt, wo ich mich mit ihm beschäftige, so vor, als ob er mein vernachlässigter Bruder oder Freund sei.«

An dieser Stelle fing Robert an zu weinen und sprach dann davon, dass ihm ein Freund fehle, ja, dass er nicht einmal sich selber Freund sein könne. Er fühle sich nur kaputt, unwert und nutzlos. Und wenn dann Gefühle kämen, seien es immer solche, und er wolle sie nicht mehr haben. Auch jetzt sei es so, immer komme nur Dreck herauf. Er weinte immer stärker und kam schließlich in ein tiefes kindliches Schluchzen, das nicht enden wollte. Einige Zeit nach diesem Erlebnis konnte er äußern: »Ich fühle, dass das reine Gefühl etwas Gutes ist, sogar wenn es traurig ist, aber ich habe Angst, auf ein Gefühl zu stoßen, das größer ist als ich, das ich nicht erklären kann und das so schwierige Fragen aufwirft.« In diesem Moment – der sich zwar wieder im Grau verwischte, aber doch als Erlebnis nun zu seinem Erinnerungsschatz gehörte, begann etwas Neues: Er war für kurze Zeit ganz frei von der Depression, hatte sie wie einen alten Mantel abgeworfen, war vorgedrungen zu einer kurzen Erfahrung dessen, was Jung das »Numinose« nannte.

Hier zeigt der Körper ein Symptom, das unübersehbar Symbol ist und gleichzeitig einen Grundkonflikt aufzeigt: das Dilemma zwischen der wahren inneren, traurigen Gefühlswelt, die nun einmal so ist, wie sie ist, und auch so gesehen werden will, und der massiven Abwehr dieser Gefühle, die sich im Zucken äußert und in die gefühlsentleerte Depression mündet.

In der Hinwendung zum körperlichen Ausdruck wird aber gleichzeitig noch mehr als eine rationale Einsicht gewonnen. Es wird erfahren, dass das Körper-Selbst sich direkt mitteilt, im Hier und Jetzt, aus einer Dimension, die vor dem Denken liegt. In einer sehr ursprünglichen Weise wird das eigene Selbst-Sein, die tragende und steuernde Anwesenheit eines Selbst aus Fleisch und Blut erlebt. Die für die tiefere Identitätsbildung fundamentale Erfahrung des »Ich bin, der ich bin« gestaltet sich hier auf einer ganz elementar spür- und erlebbaren Ebene. Der Körper bahnt damit oft auch den Weg zum Transpersonalen, das ja letztlich einfach das Erleben ist, ganz präsent in seinem Leib, mit sich selbst zu sein und darin auch seine tiefe Verbundenheit mit der Welt, der Natur, dem All zu realisieren.

Die Rückkehr in den eigenen Körper, den wir im Laufe des Lebens tausendfach zu verlassen gelernt haben, ist die Wiederannäherung an unseren Ursprung, als das Körper-Selbst uns noch vertraut war, noch frei von den neurotischen Deformationen. Auch wenn sich unsere negativen Erfahrungen, Hemmungen und Blockaden tief in den Körper eingegraben haben, wenn sie »eingefleischt« sind, so sind viele spontane Körperäußerungen jedoch in aller Regel Versuche, Wege herauszufinden, und weisen zudem meist deutlich symbolhaft auf die dazu notwendigen Schritte hin.

Natürlich gibt es noch viele andere körperliche Ausdrucksformen, die eine hohe symbolische Bedeutsamkeit haben wie Sprechen, Schreien, Singen, Tanzen, Ekstase und Sexualität. Von diesen sei hier noch kurz der Tanz erwähnt.

Tanzen

Tanzen ist möglicherweise die ganzheitlichste Weise, in der ein Mensch sich symbolisch äußern kann, denn im Tanz ist er mit Leib und Seele beteiligt, und er bewegt sich – meist mithilfe von Gesang oder Musik – zudem noch im dreidimensionalen Raum. Diese Ganzheitlichkeit und Bewegtheit macht es auch schwer den symbolischen Gehalt bewusst wahrzunehmen und zu benennen. Der symbolische Ausdruckstanz kann aber seine heilsame Wirkung entfalten, auch ohne dass der Symbolgehalt gekannt wird.

Die tieferen Schichten unseres Wesens sind auf ein rationales Erfassen nicht angewiesen, sie lernen und wissen auch auf andere Weise.

Eine uralte Form des Tanzes, bei der Kontakt zu symbolisch-archaischen Inhalten aufgenommen werden kann, ist der Trance-Tanz, man könnte ihn auch als Tanzen aus dem Unbewussten bezeichnen. Hierbei schließt man die Augen, zentriert und entspannt sich und lenkt seine Aufmerksamkeit nach innen. Man beginnt vielleicht mit ruhigen, wiegenden oder schaukelnden Bewegungen. Dann lässt man spontane Bewegungen kommen, die einfach wie von selbst auftauchen. Es gibt kein richtig und kein falsch, kein normal und kein verrückt, kein anständig, kein unanständig. Das Ziel ist, dass alle Bewegung von innen her gesteuert wird. Hilfreich ist die Begleitung durch Musik, die einem gefällt. Manche Gefühle können sich in weinen, in Töne und Geräusche wandeln. Je nachdem, wie sehr man sich den spontanen Bewegungen des eigenen Körpers anvertrauen kann, kann man tiefe Zustände der Trance, der Zentrierung und Leere, der Ekstase erleben.

Musizieren

Vielen Menschen ist die Musik eine wichtige »Begleiterin« in ihrem Leben, in ihren Ritualen und in der Arbeit mit ihren Symbolen. Sie kann helfen, eine positive, vertraute und entspannte Atmosphäre zu schaffen, sie kann bestimmte gewünschte Zustände hervorrufen und unterstützen, Bilder und Emotionen erwecken und vertiefen und sie kann heilsam wirken. Obwohl Musik – wenn wir ihr zuhören – durch ihren unmittelbaren Zugang zu seelischen Tiefenschichten dem Symbolischen sehr nah ist, fällt es uns meistens eher schwer, sie selbst zu erzeugen und kreativ in der Symbolarbeit zum Einsatz zu bringen.

Das hängt vielleicht mit ihrem unanschaulichen, schwer greifbaren und sehr dynamischen Charakter zusammen, vielleicht aber auch damit, dass sie mehr noch als der Umgang mit den anderen Medien die Beherrschung einer Technik, zum Beispiel eines Instrumentes, voraussetzt, um zu befriedigenden Ergebnissen zu führen.

Viele Menschen, die sich mit anfänglicher Freude an ein Instrument setzen, um ihm Töne zu entlocken, ihre Stimmungen zu begleiten oder zu gestalten, wenden sich bald enttäuscht ab, weil die Töne und Klänge sich nicht ihren Wünschen und Vorstellungen fügen wollen. Man kann aber auf einfache und ursprüngliche Instrumente zurückgreifen wie Trommel, Gong, Rasseln oder das Monochord und über diese in einen Zustand gelangen, der die Steuerung langsam loslässt zugunsten eines Flusses ursprünglicher Energie.

Noch leichter zugänglich sind vielleicht das Singen und Pfeifen, das Töne- und Geräusche-Machen und das Umsetzen von Musik in körperlichen Ausdruck und Bewegung.

Gelingt es, über solche einfache Instrumente und Geräuschproduktionen zu einem unmittelbaren Ausdruck zu kommen, der Rhythmus, Melodie, Klang, Geräusch in eine Harmonie zur inneren Seelenbewegung bringt, dann erreichen wir einen sehr direkten und ungefilterten Zugang zu unserem symbolischen Dasein.

In den folgenden Abschnitten werden wir uns mit einigen Methoden beschäftigen, in denen einzelne Symbole nicht nur gestaltet werden, sondern in denen man sich mit dem Symbol in intensiver Weise auseinandersetzt, es dabei weiterentwickelt und in einen umfassenden Geschehensablauf integriert.

Fantasie, Imagination und Vision

>>Die Psyche erschafft täglich die Wirklichkeit. Ich kann diese Tätigkeit mit keinem anderen Ausdruck als mit ›Phantasie‹ bezeichnen. Die Phantasie ist ebenso sehr Gefühl wie Gedanke, sie ist ebenso intuitiv wie empfindend. Es gibt keine psychische Funktion, die in ihr nicht ununterscheidbar mit den anderen psychischen Funktionen zusammenhinge. Sie erscheint bald als uranfänglich, bald als letztes und kühnstes Produkt der Zusammenfassung alles Könnens. Die Phantasie erscheint mir daher als der deutlichste Ausdruck der spezifischen psychischen Aktivität. Sie ist vor allem die schöpferische Tätigkeit, aus der die Antworten auf alle beantwortbaren Fragen hervorgehen, sie ist die Mutter aller Möglichkeiten, in der auch, wie alle psychologischen Gegensätze, Innenwelt und Außenwelt lebendig verbunden sind.<<

C. G. Jung[4c]

Die verschiedenen Formen veränderter Bewusstseinszustände, von denen die meisten fließend ineinander übergehen, wie zum Beispiel das Träumen, die Meditation, die Visualisierung, die Imagination und die Fantasie, sind schon immer in den verschiedensten Kulturen für psychotherapeutische Zwecke und kreative Prozesse systematisch eingesetzt worden. Sie sind so alt wie die Menschheit und jedes Kind entdeckt und »erfindet« sie spontan neu. Sie sind urtümliche Fähigkeiten und Tätigkeiten, mit denen die Psyche Wirklichkeiten erfährt und erschafft und das Leben bewältigt.

Zunächst ist es vielleicht hilfreich, die einzelnen Begriffe voneinander abzugrenzen, obwohl es sich um ähnliche seelische Vorgänge handelt. Auch wenn es zwischen Fantasie, Visualisation, Imagination, Vision und Traum fließende Übergänge gibt, unterscheiden sie sich doch voneinander, insbesondere im Hinblick auf die Beteiligung des Wachbewusstseins, des aktiv-zielgerichteten Denkens und der Autonomie der schöpferischen Selbstregulation unbewusster Vorgänge.

Fantasie ist eine ganz alltägliche seelische Tätigkeit. Wenn eine Aufgabe nicht gerade ein hohes Maß an Aufmerksamkeit und Konzentration von uns fordert, dann befinden wir uns meistens, ohne es recht zu bemerken, in einem Zustand leichter Trance. Wir hängen unseren spontan auftauchenden Gedanken und Gefühlen nach und sind mit allen möglichen frei fließenden Fantasien beschäftigt. In diesen Tagträumen und Fantasien geht es oft um alltägliche Dinge, meistens um Aufgaben und Probleme, die noch zu bewältigen sind, um Gespräche und Auseinandersetzungen, die wir mit anderen haben, um unerfüllte Wünsche oder auch manchmal um vergangene Erlebnisse, die noch in uns nachklingen.

Diese alltägliche Fantasietätigkeit dient dazu, uns selbst und unsere Welt zu ordnen und mit uns ins Reine zu kommen. Wenn wir vor bedrohlichen oder bedeutsamen Ereignissen stehen, kann uns die Fantasietätigkeit ganz in Beschlag nehmen. Wir sind schwer ansprechbar, können uns kaum auf die gegenwärtige Situation einlassen. Außenstehende haben dann den Eindruck, wir seien gar nicht richtig da. Es scheint, als würde eine große Menge unserer seelischen Energie aus unserem Wachbewusstsein »abgezogen«, damit sie der Lösung unserer akuten Probleme zur Verfügung steht.

Diese »Besessenheit« von einer starken Fantasietätigkeit ist für die meisten schöpferischen Prozesse notwendig und unvermeidbar. Es ist ein Zustand zwischen bewusst und unbewusst, in dem wir für neue Lösungen, Ideen und Inspirationen besonders zugänglich sind. Bei manchen Menschen ist dieser Zustand aber eher Ausdruck einer seelischen Störung, nämlich dann, wenn die Fantasietätigkeit und die Fantasiewelt zu einem imaginären Zufluchtsort werden und es keine Brücken zwischen dieser Welt und der realen Welt mehr gibt.

Während die Fantasietätigkeit alle Grade von Wachheit und Bewusstheit haben kann und sich im Traumleben fortsetzt, ist die Visualisierung mehr eine bewusste, konzentrierte Ausgestaltung einer Sache oder eines Ereignisses in der Fantasie. Sie bezieht sich meist auf die zukünftige Realisierung eines Projektes und hat oft schon eine recht konkrete Gestalt. Sie gleicht dem Entwurf und dem Bauplan eines Architekten. Sie wird in der Psychotherapie häufig dazu verwendet, um ein bestimmtes neues Verhalten einzuüben oder um bestimmte Situationen vorwegzunehmen und sich vorbereitend mit ihnen auseinanderzusetzen. Ähnlich wird sie auch als »mentales Training« zum Beispiel von Sportlern geübt.

Die Imagination ist zwar auch eine bewusste, wache Denk-und Vorstellungsleistung, aber sie zielt nicht primär auf die Bewältigung konkreter, äußerer Lebenssituationen, sondern ist mehr nach innen gerichtet und in höherem Maße offen für emotionale, intuitive, symbolische, unbewusste Einflüsse. Anders als bei der Visualisation tritt bei der Imagination das absichtliche Planen und Wollen im Hinblick auf zukünftige Projekte in den Hintergrund. Man überlässt sich in einem entspannten Zustand den spontan »aufsteigenden« Impulsen.

Imaginationen müssen sich keineswegs immer bildhaft ausdrücken, sie können auch gedanklich, gefühlsbetont oder körperlich ablaufen. Je tiefer die Entspannung und der induzierte Trancezustand und je autonomer und archetypischer die aufsteigenden Inhalte werden, desto mehr nähert sich die Imagination der Vision.

Die Vision ist eine emotional hoch aufgeladene, intensive Szenerie oder Bildfolge, die von dem Betreffenden meist ichfremd und unpersönlich erlebt wird. Er hat den starken Eindruck, in Kontakt mit einer höheren Realität getreten zu sein oder die Offenbarung eines göttlichen Wesens erfahren zu haben.

Die Vision ist für den Betreffenden von starker Überzeugungskraft und Gewissheit,

Abb. 37: Die Visionen des Propheten Ezechiel

hat zukunftsweisenden Charakter und kann ihn viele Jahre lang beeinflussen.

Der Grat zwischen Vision und wahnhafter Halluzination ist schmal und wird vor allem dadurch bestimmt, in welchem Maße sich der betreffende Mensch von den Bildern unterscheidet, sie eben als Bilder erkennen kann, sie nicht mit der äußeren Realität verwechselt und auch sonst ausreichend in der Realität verankert ist.

Im Unterschied zu Imaginationen und Visionen tritt in den Träumen in der Regel das Ichbewusstsein weitgehend zurück, wodurch auch die Erinnerungsfähigkeit geringer ist. Bei manchen Angstträumen oder auch mithilfe bestimmter Techniken (vgl. Anm. 26 zum luziden Träumen) ist es allerdings möglich, dass sich der Träumer seines Träumens bewusst wird.

Wir wollen der Imagination hier etwas mehr Aufmerksamkeit widmen, weil sie bei der Symbolarbeit von hervorragender Bedeutung ist. Die in der Imagination verwendeten Techniken und Hilfsmittel finden auch in anderen Methoden der Symbolarbeit Anwendung, zum Beispiel im Sandspiel, im Psychodrama und beim Ritualisieren.

Imagination als eine bewusst eingesetzte Methode ist uralt. In den religiösen und hermetischen Systemen wurde sie verwendet, um sich für die religiöse Dimension zu öffnen, in »höhere Wirklichkeiten« einzutreten und transpersonale Erfahrungen zu machen. Sie diente der Bewusstseinserweiterung, um mit Dämonen und Gottheiten, jenseitigen Wesenheiten und Geistern in Verbindung zu treten, um Informationen über die Vergangenheit und die Zukunft zu erhalten oder das Weltgeschehen magisch zu beeinflussen. Schamanen erfuhren mit ihrer Hilfe heilsame Visionen, Mystiker »schauten« das Wesen der Seele und des Göttlichen, und Künstler gestalteten mit ihrer Hilfe ihre Werke.

Aktive Imagination

In der modernen Psychotherapie entwickelte sich die Imagination als Technik Ende des 19. Jahrhunderts aus der Hypnose.[41] C. G. Jung wies bereits 1916 auf die Möglichkeiten einer »Aktiven Imagination« als eines therapeutischen Hilfsmittels hin, stellte sie selber aber nicht systematisch dar.[42]

C. G. Jung war – noch unter dem Eindruck des Zerwürfnisses mit Freud – auf eine ganz natürliche, fast alltägliche Weise mit dieser Tätigkeit der menschlichen Seele vertraut geworden. Er stellte fest, dass er sich durch die Imagination bewusst mit seinem Unbewussten in Beziehung setzen und von diesem – ähnlich wie durch Träume – weit reichende Hinweise erhalten konnte. Er hielt die Aktive Imagination für einen wesentlichen Bestandteil einer analytischen Therapie, besonders in deren fortgeschrittenem Stadium. Durch sie könne der Patient lernen, sich eigenständig mit den tieferen Schichten seiner Seele auseinanderzusetzen und sich für das kreative Potenzial der Seele zu öffnen.

Der Imaginierende hat in der Aktiven Imagination die Aufgabe, die unbewussten Symbole aufzunehmen, keinesfalls, sie zu bewerten oder zu kommentieren. Es gestaltet die aus dem Unbewussten auftauchenden Bilder, Fantasien, Geräusche, Gerüche usw., gibt ihnen Form und Kontur, indem er mit ihnen in einen handelnden Dialog tritt. Dieses aktive Element unterscheidet die aktive von der nur passiven Imagination, die ein seelischer Elementarvorgang ist, in dem wir uns eigentlich immer befinden und der dann auch in unseren kreativen Äußerungen zutage tritt.

Ausgangspunkt einer solchen Aktiven Imagination kann ein realer Konflikt sein, eine plötzlich auftauchende schwer lösbare Frage, eine Fantasie, ein starkes Gefühl oder eine Stimmung. Häufig ist es ein Traumbild, das sozusagen stehen geblieben ist und Fragen aufgeworfen hat. Der Sinn der imaginativen Erschließung ist dann das wache Weiterträumen. Entscheidend für das Gelingen ist dabei die Haltung des Imaginierenden zu den aufsteigenden Inhalten. Er lässt sie kommen, nimmt sie an, empfängt sie ohne sie zu hinterfragen oder zu bewerten, gibt ihnen damit freien Entfaltungsraum. Dies ist in der Regel ungewohnt, weil wir eigentlich immer bewerten, beurteilen, verwerfen, bevorzugen und uns aus diesem aktiven Stellungnehmen nur sehr schwer entlassen können. Gerade deshalb ist diese offene Haltung auch eine grundlegende Übung in Selbstakzeptanz, im «Sich-sein-Lassen». Sie ist ein Mit-dem-Fluss-der-eigenen-Seele-Gehen, dorthin, wohin sie eben gerade will.

Eine zweite wichtige Haltung ist das Aufmerksamsein. Es erwartet die nächsten Geschehnisse wie im Kino, wenn sich alles auf den Film konzentriert und immer völlig unklar ist, was geschehen wird. Aus dieser Haltung heraus tritt der Imaginierende – im Unterschied zum Kino – mit seinen Imaginationen in einen Dialog. Er setzt sich mit dem Geschehen auseinander, reagiert, handelt ebenfalls, wiederum nicht aus einer wertenden Haltung heraus oder einer geplanten, sondern er folgt dabei dem spontanen Impuls.

Auf diese Weise entfaltet sich ein Geschehen, das seinen eigenen Verlauf nimmt und doch auch bewusst begleitet wird. Es zeigt sich, dass die Ausgangsbilder oder -situationen in Bewegung geraten, sich fortwährend verändern und dass hier von der Seele hier starke Impulse zur Gestaltung und Wandlung ausgehen. Dazu bedarf es oft der Geduld, und es ist notwendig, einfach abwarten zu können, was von selbst geschieht.

147

Auch Stockungen gehören zum Prozess und können oft aus den spezifischen Problemen des Imaginierenden heraus verstanden werden. Der Verlauf von Imaginationen sei hier noch einmal zusammengefasst:

- Der erste Schritt des Prozesses ist das Sicheinstellen auf die beschriebenen Grundhaltungen der offenen Aufmerksamkeit.
- Im zweiten Schritt geht es darum, sich in das Bild, die Situation, die Stimmung usw. hineinzuversetzen und sich darin aufzuhalten, darin zu sein.
- Im dritten Schritt lässt sich der Imaginierende in das Geschehen hineinziehen und handelt aktiv mit, den spontan auftauchenden Impulsen entsprechend. Es entsteht so oft eine ganze Geschichte, die dem Imaginierenden sozusagen widerfährt. Während dieses Prozesses ist es wichtig, zu berichten oder aufzuschreiben, was geschieht. Dies erscheint zunächst als störend, ist aber für die bewusste Verarbeitung von Bedeutung.
- Im vierten Schritt können Elemente der Imagination gestaltet, gemalt, getont, gesungen, getanzt werden; dabei ist wichtig, dass das für das jeweilige Element entsprechende Ausdrucksmedium gefunden wird.
- Im fünften Schritt wird der Verlauf gedeutet, emotional und intellektuell verstanden und mit dem Konflikt oder der Geschichte des Imaginierenden verknüpft. Dieser Prozess ist wichtig, um das Geschehene nicht isoliert stehen zu lassen, sondern in die Psyche einzubinden. Oft entwickelt sich eine Imagination daraufhin weiter, wird ergänzt durch Träume usw.

Unterstützende Anstöße eines Begleiters sind möglich, sollten jedoch sehr sparsam gegeben werden. Der autonome Fluss des Geschehens soll nicht zu sehr beeinflusst werden, das Selbst soll die Führung behalten. Ein Begleiter kann aber zum Beispiel auf ein Problem, eine Angst, eine Schwelle, eine Hilfsmöglichkeit hinweisen. Wenn der Imaginierende zum Beispiel lange vor einer geschlossenen Tür verharrt, kann er fragen, was ihn hindert, hineinzugehen. Wandelt er eine Situation unrealistisch um, etwa im Sinne einer Verniedlichung einer Gefahr, kann er ihn auf die Unmöglichkeit einer solchen Lösung hinweisen.

Es ist auch möglich, Imaginationen in anderen Medien als dem Bild und der Sprache Ausdruck zu verleihen. So eignen sich Körperhaltung und Bewegung besonders, auch der Ausdruck der Hände oder das erwähnte Malen, Tanzen, das Tonen usw. Auch hierbei ist die Haltung des Imaginierenden als einer empfangenden Instanz wichtig, die die Impulse aufnimmt und verarbeitet, aber nicht aktiv gestaltet.

Katathymes Bilderleben

Hanscarl Leuner hat ab 1954 die verschiedenen Methoden und Prinzipien zur Handhabung der Imagination systematisch zusammengestellt (Katathymes Bilderleben oder auch Symboldrama).[43] Meist unterscheidet man zwei verschiedene Ansätze der Imaginationsarbeit: die geführte Imagination und die freie Imagination.

Bei der geführten Imagination wird der Imaginierende – nach einer vorbereitenden Entspannung – in vorgegebene, zum Teil standardisierte Bilder hineingeführt. Der Imaginierende bewegt sich innerhalb dieser Motive und wird dabei mehr oder weniger stark stützend und steuernd von einem Begleiter assistiert. Diese Form der Imagination hat sich besonders als Einstieg in die Imaginationsverfahren bewährt. Sie bietet einen gewissen Schutz vor unerwarteten belastenden Bildinhalten und Impulsen. Auch können manche Menschen besser imaginieren, wenn sie in Beziehung zu einem anderen Menschen sind und ihm die Imaginationen mitteilen können.

Manche geführten Imaginationen werden auch mithilfe einer CD oder einer DVD durchgeführt. Das hat den Vorteil, dass man sich nicht selbst an die einzelnen Imaginationsmotive erinnern muss, aber den Nachteil, dass man die Imagination in Bezug auf die auftauchenden Inhalte und die dazu notwendige Zeit nicht flexibel genug handhaben kann. Am sinnvollsten ist der Einsatz eines solchen audiovisuellen Mediums, wenn man sich mit seiner Hilfe mit dem Imaginationsverlauf vertraut macht und dann selbstständig übt.

Bei der freien Imagination geht man nicht von einem vorgegebenen Standardmotiv aus. Jeder beliebige psychische Inhalt kann Ausgangspunkt sein: eine Stimmung, ein körperliches Befinden, ein Gefühl, ein Persönlichkeitsaspekt, ein Wunsch, eine Angst, ein Traumbild, vor allem dann, wenn es in einem ungelösten und bedrohlichen Zustand stehen geblieben ist. Man stellt sich in entspanntem Zustand auf das Erleben oder das Thema ein und wartet, welche entsprechenden symbolischen Bilder daraus entstehen und wie sie sich weiterentwickeln (vgl. die Ausführungen zur Aktiven Imagination).

Das freie Vorgehen stellt für den Übenden höhere Anforderungen an seine Fähigkeit zur Symbolisierung wie auch an seine Fähigkeit, mit spontanen Impulsen integrierend umzugehen. Der im geführten Vorgehen enthaltene Schutz vor unerwarteten negativen, belastenden Bildinhalten und Impulsen ist jetzt nicht mehr gegeben. Der Imaginierende muss also »ichstark« genug sein, um die jeweils andrängenden Inhalte, Bilder, Emotionen in ihrer Stärke zu dosieren, ein gewisses Maß an Spannung, Angst, Desorientierung, auch konfliktbeladene oder archaische Impulse auszuhalten, sich nötigenfalls von ihnen distanzieren zu können. Oft wird es aber so sein, dass die konflikthaften und ungelösten Ausgangsmotive, wie zum Beispiel ein bedrohliches Traumbild, belastender sind als die in der Imagination auftretenden Bilder, die in der Regel schon Wege und Lösungen andeuten.

Die wesentlichen therapeutischen Wirkfaktoren (Faktoren, die Veränderung oder Heilung fördern) sind bei der gelenkten wie bei der freien Imagination (wie bei allen anderen Formen der Arbeit mit dem Unbewussten) die Bewusstwerdung und Integration unbewusster Aspekte der Persönlichkeit – insbesondere Wünsche, Konflikte und Gefühle – und die Erfahrung der schöpferischen Autonomie des Selbst. Darüber hinaus erfährt der Imaginierende, dass er sich in einem gewissen Maße mit seinen unbewussten Inhalten auseinandersetzen kann, ohne sein Ichbewusstsein und seine Kontrollfähigkeit zu verlieren. Dies erhöht seine Fähigkeit, auf die unbewusste Selbstregulation zu vertrauen. Er kann sich auch in seinen tieferen Schichten annehmen und sich ganzheitlich identisch fühlen. Er kann in der Imagination ungelebte Bedürfnisse ausleben und neue Verhaltensalternativen erproben. Dadurch wird sein Gefühl von Selbstvertrauen, Kompetenz und Wirksamkeit erhöht, was bedeutet, dass er sich als jemand erlebt, der etwas bewirken und schöpferisch tätig sein kann.

Imaginationen können alleine, in Einzelsitzungen oder auch in Gruppen durchgeführt werden, Letzteres hat einige Vorteile, unter anderem wegen der vielfältigen Lernmöglichkeiten durch andere Teilnehmer. Im Katathymen Bilderleben hat sich ein spezielles Vorgehen in Gruppen herausgebildet, in dem die Teilnehmer gemeinsame Imaginationen und Fantasiereisen unternehmen, wobei in den verschiedenen Phasen der Arbeit auch unterschiedliche Haltungen eingenommen werden. Die Imagination findet beispielsweise im Liegen statt, die analytische Auswertung im Sitzen. [44]

Imaginationen werden meist mit einer Entspannung eingeleitet, die beispielsweise aus einer Kurzform des Autogenen Trainings besteht. Man nimmt eine bequeme, entspannte Haltung ein, geht mit seinem Bewusstsein durch den Körper hindurch (»body scan«), löst bewusst alle Spannungen, stellt sich auf einen ruhigen Atem ein, vielleicht indem man zunächst einige Male verstärkt ausatmet (»Seufzeratmung«). Dies begleitet man mit einigen Formeln wie »Ruhe, Schwere, Wärme«, »Atmung ruhig und regelmäßig«, »Ich lasse mich ganz los« oder »Ich sinke tiefer und tiefer«.

Auch können hier bereits geeignete Motive, die die Entspannung und die Imagination fördern, eingesetzt werden: Szene am Strand, Wasser,

Wellen, Boot oder vom Betreffenden selbst gefundene Entspannungs- und Ruhebilder.[45]

Fast jeder Mensch trägt in sich solche Bilder der Ruhe, seien es Wunschbilder oder real erlebte Orte der Ruhe, Geborgenheit und Sicherheit, Rückzugsräume, wie zum Beispiel eine einsame Kapelle, ein Baumhaus oder eine Insel.

Wenn sich ein imaginäres Bild eingestellt hat, wird die Imagination meist durch genaues Beschreiben der Qualitäten und Besonderheiten vertieft. Das Bild wird dabei mit allen Sinnen erfasst und die Beziehung zu ihm bestimmt, also beispielsweise:

- Stellen Sie sich bitte eine Blume vor ...
- Wie sieht sie aus? Welche Farbe, welche Form?
- Betrachten Sie sie bitte in Ruhe von allen Seiten ...
- Können Sie sie berühren, wie fühlt sie sich an?
- Können Sie sie riechen?
- Was fühlen Sie?
- Welche Beziehung spüren Sie gegenüber der Blume?

Standardsymbole zum Einstieg in die Imagination
Häufig eingesetzte Standardsymbole und -motive, die als Ausgangspunkt für weitere Imaginationen dienen, sind neben der Blume: Wiese, Weg, Baum, Haus, Berg, Bach und Meer, Wald und Waldrand. Viele dieser Bilder sind der Natur entnommen. Dies hat einige Vorteile: Naturbilder sind den meisten Menschen auf der Welt in ähnlicher Weise erlebnismäßig zugänglich, sie sind mit ganzheitlichen, sinnlichen Erfahrungen verbunden, sie können vom Elementaren zum Differenzierten, vom Körperlichen zum Geistigen und Transpersonalen reichen. Der symbolische Aufforderungscharakter einiger dieser Motive sei kurz skizziert.[46]

Die Blume
Die Blume ist ein einfaches, meist unproblematisches und eher mit positiven Assoziationen aufgeladenes Symbol, das sich als allererster Test der Imaginationsfähigkeit (Blumentest, nach Leuner) und als ermutigender Einstieg in die Welt der imaginativen und kreativen Gestaltung gut eignet. Blumen gehören in den »weiblichen« Symbolbereich. Sie sind verbunden mit Wachstum, dem Sichöffnen, der Entfaltung von latenter Fülle und Schönheit und mit dem weiten Bereich des Eros. Die Eigenart und Beschaffenheit der Blume weist auf unsere gefühlsmäßige Stimmung, auf unser erotisches Leben (hier im weiteren Sinne von Lebenslust, Lebensfreude, Lebensbezogenheit gemeint) und unsere Entfaltungstendenzen hin.

Die Wiese

Auch die Wiese eignet sich wegen ihrer überwiegend als angenehm empfundenen Qualitäten gut als Ausgangspunkt für die Imagination. Sie ruft in der Regel Assoziationen von positiven Naturbezügen und Naturverbundenheit hervor. Der Sommer, die Fruchtbarkeit, angenehme körperliche, sinnliche Empfindungen, Gerüche und Sonnenschein, heiteres Zusammensein mit anderen Menschen, das Erleben kindlicher Freiheit und die Unbekümmertheit des Paradieszustandes klingen an, wir erleben Entspannung, ein Mit-uns-Eins-Sein. Auf der Wiese kommen wir in engen Kontakt mit der Erde, der Materie, unserem Geerdetsein und unserem Bezug zur materiellen Basis unserer Existenz. Die imaginative Gestaltung der Wiese wie auch die Wetterlage lassen häufig Rückschlüsse auf die allgemeine Befindlichkeit und Stimmungslage des Imaginierenden zu, beispielsweise, ob es eine trockene oder eine sumpfige Wiese ist, ob die Sonne scheint oder dunkle Regenwolken aufziehen.

Der Weg

Der Lebensprozess symbolisiert sich oft im Bild des Unterwegsseins, der Reise, des Weges oder Pfades. Die Erfahrung der seelischen Wandlung und die Erfahrung des Wandelns und Wanderns sind sich sehr ähnlich. In vielen religiösen Traditionen sind der Weg und die Pilgerwanderung Symbol für die Suche nach dem Göttlichen und dem Selbst. Oder denken wir an das häufige Motiv der Heldenreise in den Märchen und Mythen.

Auf dem Wege durch das Leben und zu uns selbst sind wir Gefahren ausgesetzt, kommen wir an unbekannte Orte, erleben Abenteuer, müssen wir Hindernisse überwinden, uns bewähren. Wir erleben auch Irrwege und Umwege, geraten in Sackgassen, vor Abgründe, in den Sumpf, empfinden unser Leben als ein Labyrinth der Irrungen und Wirrungen, bis wir unser Ziel und unsere Mitte erreicht haben. So kann uns die symbolische Gestaltung »unseres Weges« in der Imagination vieles von dem vermitteln, wo und wie wir uns auf unserem Lebensweg bewegen.

Der Baum

Der Baum ist ein archetypisches Ursymbol des Lebens, des Wachsens und Sichentfaltens (Lebensbaum, Stammbaum) und der Erkenntnis. Er hat eine eigentümliche Zwischenstellung zwischen der unbelebten Natur, der Materie, dem Vegetativen, den Tieren und den Menschen. Bäume werden häufig als eigenständige Individuen erlebt, oft mit besonderem Charakter und mit naturhafter Weisheit verbunden. Manchmal haben sie mütterlichen, nährenden, tragenden, bergenden, schützenden, heilenden, tröstenden Charakter, manchmal eher eine väterlich-phallische Qualität, symbolisieren Stärke, Standfestigkeit und Zielstrebigkeit.

Der Baum verbindet Unten und Oben, das Erdhafte mit dem Geistigen. Sein Verwurzeltsein in der Erde, die Beschaffenheit des Stammes, seine Risse und Verletzungen, das Ausmaß seines Wuchses, die freie Entfaltung der Krone in den Luftraum, die Früchte: All dies kann zum Ausdruck unseres seelischen Wachstums, unserer Persönlichkeitsentwicklung und unseres Standes in der Welt werden.

Das Haus

Wie der Baum wird auch das Haus häufig als umfassendes Sinnbild der eigenen Person verstanden. Die Art des Hauses kann die Selbsteinschätzung, das Selbstwertgefühl, kann aber auch die Größenfantasien des Imaginierenden spiegeln. Welchen Eindruck macht das Haus zum Beispiel von außen, und was zeigt es uns darüber, wie wir nach außen erscheinen? Häufig drückt es den körperlichen und seelischen Gesamtzustand aus, in dem wir uns gerade befinden.

Die Innenräume sprechen über den inneren Lebensraum des Imaginierenden: Leben wir in unserem eigenen Haus, in unseren eigenen Werten, Vorstellungen und Wünschen? Haben wir unser Leben so eingerichtet, wie es für uns stimmt? Wagen wir es, alle Räume unserer Persönlichkeit zu bewohnen? Fühlen wir uns in uns selbst »behaust«?

Die Innenräume können auch auf die Einstellung des Imaginierenden zu den mit ihnen symbolisch verbundenen Themenkreisen hinweisen – die Küche etwa auf die Beziehung zum Essen, zum Oralen, zum Genießen, auch zum Mütterlichen; das Schlafzimmer auf die Beziehung zur Sexualität, Entspannung und Regression; das Wohnzimmer auf den Umgang mit freier Lebenszeit und Muße, auf die mehr oder weniger ausgeprägte Fähigkeit, uns sein zu lassen. Auf dem Boden und im Keller symbolisieren sich oft vergangene, vergessene, verdrängte Inhalte, die mal märchenhaften, mal eher bedrohlichen Charakter haben.

Der Berg

Das Motiv des Berges spricht zunächst unsere Sehnsucht nach dem Höheren, Größeren, Mächtigen und Erhabenen an, damit auch unsere Anspruchs-, Leistungs- und Erfolgsthematik.

In der Karriereleiter »aufzusteigen«, es eines Tages geschafft zu haben und ganz oben zu stehen ist ein häufiges »männliches« Lebensprojekt. Das Besteigen des Berges steht somit auch für Ehrgeiz und Zielstrebigkeit, für Ausdauer und Beharrlichkeit.

153

Immer damit verbunden ist auch die Gefahr, uns zu überfordern, unsere Möglichkeiten zu überschätzen und abzustürzen. Das Gefälle von oben und unten berührt Themen wie Macht und Ohnmacht, Kraft und Schwäche, Dominanz und Unterwerfung, Weitblick und geistige Beschränktheit.

Den Berg zu besteigen, ist auch ein altes Symbol für die Suche nach geistiger und transpersonaler Erfahrung, insofern wir auf dem Berg dem Himmel, dem Licht der Sonne und damit den Göttern nahe sind. In einer Oberstufenübung des Autogenen Trainings wird vorgeschlagen, sich eine Begegnung mit einem Eremiten auf dem Berg vorzustellen, der Züge des Archetyps des Alten Weisen trägt.

Das Oben-Sein und der dadurch mögliche Rund- und Weitblick können geistige Freiheit, Objektivität, Erkenntnis und Weisheit repräsentieren. Der Blick auf die Welt aus einem gewissen Abstand lässt viele Dinge relativ werden. Aber wir können uns bei solcher Distanz auch vom Menschen und von der Welt entfremden und vereinsamen. Der Abstieg vom Berg wird oft als schwierig empfunden, denn in unserer leistungsorientierten Gesellschaft wird es nicht honoriert, »abzusteigen« oder »herunterzukommen«. Dabei kann gerade das Loslassen von überhöhten Leistungs- und Idealvorstellungen zu einer großen Befreiung, zur Gelassenheit und Menschlichkeit führen.

Das Wasser

Das Wasser ist symbolisch mit dem Ursprung und der unendlichen Fülle des Lebens verbunden. Als fließendes Wasser, als Bach oder Fluss, kann es als »Lebensfluss« verstanden werden, als Ausdruck der emotionalen Entwicklung des Menschen, seiner Lebensdynamik, seiner Entfaltung im ganzen Lebensprozess.

Es kann imaginativ stromaufwärts zur Quelle hin als Rückkehr zum Ursprung begleitet werden oder stromab zur Mündung in das Meer, dem Erreichen des Lebensziels und Lebensendes, dem Aufgehen in Größerem, dem Unbewussten, dem Transpersonalen.

Der Imaginierende kann in dem Wasser baden, auf ihm sich treiben lassen, sich erfrischen, erneuern oder wandeln, sich in ihm taufen lassen, er kann aus der Quelle trinken, die ihn stärkt, mit Vitalität, Gesundheit, Lebendigkeit und mit neuem Lebensmut erfüllt (Wasser des Lebens).

Neben diesen Motiven werden im Katathymen Bilderleben noch weitere beschrieben, von denen aber einige, weil sie stark emotionales und archetypisches Material hervorbringen können, nur vorsichtig und mit therapeutischer Begleitung eingesetzt werden sollten, zum Beispiel: der Wald und der Waldrand, die Höhle und das Sumpfloch als Einstiegsöffnungen oder Eintrittspforten in tiefere Regionen des Unbewussten; der Löwe und der Vulkan als Ausdrucksformen der Aggression und der Urenergie.

Darüber hinaus lassen sich natürlich noch viele andere archetypische Symbole und Lebensereignisse als Ausgangsmotive für die Imagination verwenden, beispielsweise Symbolgestalten wie das Kind, der Alte Weise, die Alte Weise, der Held, die Geliebte, der Magier, Ganzheitssymbole wie das Mandala, das Yin-Yang-Symbol, die Sonne, das Licht, das Herz, die Erdkugel, der Diamant, prozesshafte Imaginationen wie das Lebenspanorama (sich das eigene Leben vor Augen führen) oder das Sterben (die letzten Tage und Stunden vor dem eigenen Tod imaginieren, Lebensbilanz ziehen, neue Lebensorientierung angesichts der eigenen Endlichkeit suchen).

Symbolische Hilfsmittel in der Imagination

Die Bilder, Abläufe und Handlungen in der Imagination und in anderen Formen der gestalterischen, inszenierenden Symbolarbeit können durch spezielle symbolische Hilfsmittel und Verhaltensweisen unterstützt und gefördert werden.[47]

Es sind zum Teil »magische« Methoden, wie wir sie aus Mythen, Märchen und okkulten Traditionen kennen, zum Teil elementare Verhaltensweisen, wie sie noch bei Naturvölkern im Umgang miteinander und mit Naturmächten gepflegt werden.

Der magische Kreis

Eine uralte Methode ist beispielsweise die Herstellung eines sicheren Ortes durch das Ziehen eines magischen Schutz- und Bannkreises. Man umgibt sich oder die symbolische Gestalt, mit der man sich beschäftigen will, mit einem oder mehreren imaginären Kreisen und fühlt sich dadurch vor möglichen negativen Einwirkungen oder »dämonischen« Übergriffen sicher. Die Kreisbewegung oder das Kreisziehen ist ein archetypischer Prozess der Abgrenzung, der Unterscheidung, des Schutzes, der Konzentration und der Zentrierung.

Der Kreis ist auch ein Symbol der in sich geschlossenen Ganzheit. Ob sich der Naturmensch in seinem Ritual tänzerisch im Kreis herumbewegt, um seine Konzentration und Kraft auf eine bevorstehende Aktion auszurichten, ob der Priester den Altar umschreitet, um einen heiligen Bezirk abzugrenzen, in dem sich das Göttliche zu offenbaren vermag, ob der Magier einen Schutzkreis um sich zieht, damit ihm die Dämonen nichts anhaben können, oder ob ein Mensch, der mit einem Problem beschäftigt ist, gedankenversunken im Kreis herumläuft, um damit sein Problem

Abb. 38: Faust im magischen Schutzkreis bei der Beschwörung des Mephisto

besser »umkreisen« zu können: In all diesen Verhaltensweisen offenbart sich das archetypische Wissen von der Wirksamkeit der Umkreisung als ein Mittel zum Schutz, zur Konzentration und zur Bewusstwerdung.

Der Zauberstab
Der Zauberstab ist ein universales symbolisches Hilfsmittel, das man in den Imaginationen zu verschiedenen Zwecken einsetzen kann. Seinen Ursprung hat er vermutlich im Phallussymbol (Fortpflanzung, schöpferische Potenz). Mit ihm kann man den magischen Schutzkreis ziehen, oder er kann sich verwandeln, zum Beispiel in ein Schwert, einen Laserstab, eine Pistole, eine Taschenlampe, einen Universalschlüssel. Zudem hat er die Fähigkeit, seine magische Energie auch auf andere Objekte zu übertragen, sie zu verwandeln, etwa zu verkleinern oder zu vergrößern, sie zu versteinern oder zum Leben zu erwecken.

Der Zauberhut – die magische Tasche
Der Zauberhut ist das »weibliche« Gegenstück zum Zauberstab. Es ist der geheimnisvolle dunkle Schoß, das Unbewusste, das die Kraft des

Zauberstabes empfängt und aus dem das Neue und Lebendige hervorkommt. Aus einem Zauberhut kann man mittels Zauberstab und magischer Kraftworte Dinge erscheinen lassen, die für den weiteren Fortgang der Imagination hilfreich sein könnten.

Der Zaubermantel

Der magische Umhang ist eine Schutz-, Verwandlungs- und Tarnkleidung. In ihm kann man sich unsichtbar machen oder in eine andere Gestalt verwandeln. Gleichzeitig lässt er sich als fliegender Teppich verwenden, mit dem man sich rasch an jeden beliebigen Ort bewegen kann.

Die magischen Flüssigkeiten

Leuner hat auf die erstaunliche Wirkung von »magischen Flüssigkeiten« hingewiesen, die in der Landschaft oder im Umgang mit Symbolgestalten auftreten können: Das Baden im Wasser, das Trinken aus einer Quelle, der Kontakt mit Regen und Tau können heilsame, erfrischende und belebende Wirkung haben.

Spezielle Wirkungen haben auch Kuh- und Muttermilch, Heil- und Rauschgetränke. In den magischen Traditionen werden darüber hinaus häufig Blut, Speichel, Urin, Sperma verwendet. Diese Körperflüssigkeiten werden als besondere Träger von Energien angesehen.

Strategien der imaginativen Symbolarbeit

Versöhnen, Nähren und Anreichern

Eine wesentliche und meist unerlässliche Art, eine Symbolgestalt zu integrieren, ist es, sich ihr wohl wollend durch vorsichtige Worte, Gesten, Berührungen und Zeigen von Zärtlichkeit anzunähern. Insbesondere bei noch unbekannten, bedrohlich oder feindselig erscheinenden Gestalten kann es hilfreich sein, dass man sie zuvor beruhigt und positiv stimmt. Man kann ihnen »narzisstische Zufuhr« zukommen lassen, indem man sie bestätigt, bewundert, sie wegen ihrer Fähigkeiten und Eigenschaften lobt, ihnen dankt.

Darüber hinaus kann man sie großzügig beschenken oder ihnen reichlich zu essen geben. Es handelt sich hier um ein urtümliches Muster der Vertrauensbildung, welches wir instinktiv im Umgang mit Tieren, aber auch im Umgang mit fremden Menschen anwenden (z. B. Gastgeschenke und Gastmahl). Auf diesem Wege können nicht nur Tiere und Menschen, sondern auch abstraktere Symbole günstig beeinflusst werden, indem ihnen gleichartiges oder sinnverwandtes Material hinzugefügt wird. Dadurch wird der im Symbol enthaltene Aufforderungscharakter befriedigt, eine latente Spannung aufgelöst, etwas einer sinnvollen Tätigkeit zugeführt, eine offene Gestalt sozusagen geschlossen oder abgeschlossen. Beispielsweise könnte ein offen daliegendes, scharfes Messer in eine Scheide gesteckt, oder es könnte ihm ein Brot zugesellt werden, »damit es etwas zu schneiden« hat.

Beziehung zu hilfreichen Gestalten aufnehmen

In vielen Imaginationen tauchen spontan hilfreiche Gestalten auf, denen man sich anvertrauen sollte.[47] Es kann sich dabei um freundliche Tiere handeln, einen freundlichen, helfenden Riesen oder Zwerg, Gestalten, die den Archetyp der Alten oder des Alten Weisen (helfende Hexe oder Fee, Eremit im Wald, Lehrmeister) verkörpern. Unter dem Gesichtspunkt der Analytischen Psychologie C. G. Jungs kann man sie verstehen als symbolische Aspekte des Selbst, der instinktiven und transpersonalen Weisheit des Organismus.

Umgang mit bedrohlichen Symbolgestalten

Natürlich tauchen in der Begegnung mit den unbewussten Dimensionen der Seele immer auch Bilder und Gestalten auf, die starke negative, ängstigende oder aggressive Affekte hervorrufen. Da es sich in der Regel um unbewusste, verdrängte beziehungsweise abgespaltene Schattenaspekte der eigenen Persönlichkeit handelt, die letztlich angenommen und integriert werden sollen, muss man mit ihnen sehr vorsichtig umgehen.

Der direkte imaginative Angriff, das Zerstören und Töten sollten nur in Ausnahmefällen oder in äußerster Not eingesetzt werden. Man sollte sich immer bewusst halten, dass solche abgespaltenen, archaischen oder gewalttätigen Inhalte eine hohe Eigendynamik entwickeln können und sich nicht wirklich töten lassen. Die zugrunde liegenden Komplexe und Persönlichkeitsanteile werden auf diese Weise nur vorübergehend abgewehrt. Versucht man sie dauerhaft zu unterdrücken oder zu zerstören, werden sie noch weiter abgespalten, dadurch noch unberechenbarer und können sich dann auch destruktiv gegen die eigene Person wenden. Deshalb sollte das Ziel der Annäherung und Integration immer im Auge behalten werden. Wenn Inhalte uns Angst machen, brauchen wir meist viel Zeit, mit ihnen angemessen umzugehen.

Wichtig ist, sie so lange, wie es uns möglich ist, auszuhalten und sie in ihrer Eigenart kennenzulernen. Manchmal sind Flucht, sich in Sicherheit bringen und Abstand halten durchaus weise Handlungen, manchmal lassen sich das Kämpfen und Töten nicht vermeiden. Das Töten in Träumen und Märchen steht ja auch häufig nicht für eine radikale Vernichtung, sondern für eine schmerzhafte Trennung, Transformation und Befreiung.

Konfrontation, Bannung und Selbstverteidigung

Hierbei wird die feindselige Gestalt aus sicherem Abstand genau beobachtet. Insbesondere geht es darum, ihr Gesicht, den Ausdruck der Augen und den Mund beziehungsweise das Maul genau wahrzunehmen, dem feindseligen Blick standzuhalten und die Gestalt mit entsprechender Körperhaltung und Mimik sowie dem eigenen, festen Blick zu bannen. Unterstützend und Halt gebend können dabei einige der vorher beschriebenen magischen Hilfsmittel verwendet werden, zum Beispiel der magische Schutzkreis oder der in ein Schwert verwandelte Zauberstab. Diese Hilfsmittel sollten aber erst dann zusätzlich benützt werden, wenn die Ich-Stärke nicht ganz ausreicht, um die Konfrontation »Aug' in Aug'« auszuhalten. Manchmal ist es notwendig, dass man der Gestalt in kräftigem, dominant aggressivem Ton Einhalt gebietet, sie in ihre Schranken weist und deutlich signalisiert, dass man zur Not auch bereit ist, bis zum Äußersten zu gehen, um sich zu verteidigen.

Für viele Angstinhalte ist es typisch, dass sie sich verringern und auf ein angemessenes Maß reduzieren, wenn man sich mit ihnen konfrontiert und ihnen standhält. Das kann sich auch in einer Verwandlung dieser Gestalten in der Imagination spiegeln. Dann können sie freundlicher, heller, weniger machtvoll und sogar kooperativ werden. Aber wir sollten bei allzu schnellen positiven Umwandlungen genau hinschauen, ob sie wirklich stimmen.

Erschöpfen und mindern

Hier geht es darum, die feindselige Symbolgestalt nicht direkt anzugreifen, sondern ihre Macht und ihren Einfluss allmählich zu mindern. Dies kann dadurch geschehen, dass die Gestalt bedroht und verfolgt oder gejagt wird, wodurch sie sich allmählich erschöpft, ihre Kräfte verliert und verendet. Denkbar wäre auch ein Binden und eine Annäherung an sie im gefangenen Zustand.

Opfer und Hingabe

Bei sehr machtvollen Erfahrungen gibt es die Möglichkeit des Opfers und der Hingabe. Man zeigt dieser Gestalt, dass man sie in ihrer Bedeutung und Macht anerkennt, dass man bereit ist, von ihr zu lernen, mit ihr zu kooperieren und sich ihr einige Zeit unterzuordnen.

Dies kann sich darin ausdrücken, dass man ihr persönliche Dinge, die einem wichtig sind, als Geschenk oder Opfer darbringt, ihr eine Zeit lang dient oder sich ganz ihrem Einfluss unterwirft. So kann man einer solchen Gestalt, in der sich vielleicht eine große Angst oder ein großer

Schmerz verbirgt, sagen: »Ich gebe mich dir hin. Mach mit mir, was du willst.«[49]

Auch hier kann man die erstaunliche und heilsame Erfahrung machen, dass die Hingabe an ein Angst einflößendes Geschehen gar nicht so schlimm ist, wie man befürchtet hat, ja im Gegenteil ganz unerwartet in angenehme, positive Aspekte umschlagen kann.

List und Humor

Schließlich sei auch noch an die befreiende und erlösende Wirkung des Humors gedacht. Viele Ängste und Konflikte können sich wie magisch auflösen, wenn es uns gelingt, darüber zu lachen. Lachen entspannt, relativiert, gibt Abstand und weckt positive, heilende Kräfte. Das Märchen vom tapferen Schneiderlein[50] demonstriert, wie es möglich ist, mit archaischen Riesenkräften listig und humorvoll umzugehen. Zwei Riesen überwindet das Schneiderlein, indem es sie gegeneinander aufbringt und sie sich so ereifern, dass sie sich gegenseitig totschlagen (Prinzip Erschöpfung). Ein aggressives Einhorn fängt es, indem es sich vor einen Baum stellt und dem blindwütig daherstürmenden Tier elegant ausweicht, sodass es mit seinem Horn im Baum stecken bleibt (Prinzip Flucht und Ausweichen).

Die Verwendung von List und Humor sollte allerdings der Situation angemessen sein und aus einer leidenschaftlichen Auseinandersetzung mit ihr erwachsen. Wir – und ebenso unsere Seele – haben ein starkes Bedürfnis nach Aufrichtigkeit und Echtheit. Wir wollen in unseren wirklichen Anliegen ernst genommen werden. Die gute Anwendung von List und Humor muss diesem Bedürfnis Rechnung tragen.

Die Visualisation und das mentale Training

Wie bereits erwähnt wurde, handelt es sich bei der Visualisation nicht primär um die Erfahrung und Auseinandersetzung mit symbolischen Aspekten der eigenen Persönlichkeit, sondern es geht mehr um ein zielorientiertes Projizieren, ein vorwegnehmendes Ausfantasieren, Ausgestalten und geistiges Einüben von realen zukünftigen Verhaltensweisen und Ereignissen.

Das Grundprinzip ist dabei recht einfach, weil es uns aus unserem Alltagsleben schon sehr vertraut ist. Wir stellen uns bestimmte zukünftige Situationen geistig vor, die wir besser bewältigen möchten. Wir visualisieren so genau und realistisch wie möglich, dass wir in einer bestimmten Situation die erwünschten Reaktionen und Verhaltensweisen zeigen. Sportler gehen auf diese Weise zum Beispiel vor dem Wettbewerb den Ablauf ihrer Handlungen genau durch (mentales Training).

Unterstützen kann man das Visualisieren durch bekräftigende, autosuggestive Formeln (Affirmationen). Damit Affirmationen gut behalten werden können und die Zielvorstellung unterstützen, sollten sie den Übenden ansprechen, sie sollten ihm prägnant, in eindrücklichem Rhythmus und positiv sagen, was er erreichen will. Auch ein Schuss Witz und Humor wie in manchen Werbespots kann manchmal förderlich sein. Es scheint sich auch bewährt zu haben, die Zielvorstellungen nicht als zukünftiges Ereignis auszudrücken, sondern als etwas, was sich jetzt bereits verwirklicht hat – nicht: »Ich werde ganz gelassen, ruhig und frei sein«, sondern: »Ich bin ganz gelassen, ruhig und frei.«

Natürlich muss man dabei in kleinen, bewältigbaren Schritten vorgehen, also sich in der Fantasie auch nur solche Situationen und Verhaltensweisen ausmalen, die realistisch sind und tatsächlich den eigenen Voraussetzungen entsprechen. Beim klassischen Desensibilisieren, einem Standardverfahren der Verhaltenstherapie, das insbesondere gegen Ängste eingesetzt wird, stellt man zuerst eine Angsthierarchie auf. Man stellt die wichtigsten Situationen zusammen, in denen die Angst auftritt, und ordnet sie dann in eine Rangreihe.

Die Situationen, die am wenigsten Angst bereiten, kommen an erster Stelle, die schwierigsten zuletzt. Dann beginnt man mit der ersten, einfachsten Situation. Man konfrontiert sich mit der Angst so lange, bis man sie bewältigt, das heißt, bis man der Situation einigermaßen entspannt entgegentreten und adäquate Verhaltensweisen zeigen kann. Dann geht man zur nächstschwierigen Situation. Dieses Vorgehen wird sowohl in der Fantasie als auch in der Realität durchgeführt.

Das Visualisieren lässt sich aber nicht nur für einzelne, fest umschriebene Verhaltensabläufe einsetzen, sondern auch für allgemeinere Entwicklungswünsche, für umfassendere Lebensentwürfe und für spirituelle Ziele. Hierbei kommen dann auch oft Symbole in Anwendung, Symbole, die das versinnbildlichen, was wir in der Zukunft erreichen möchten. So könnten wir uns visualisieren, wie unser Leben nach fünf Jahren aussehen soll, und für diesen gesamtheitlichen Zustand ein passendes symbolisches Bild einsetzen. Zum Beispiel könnten wir uns ein lachendes Herz vorstellen, das symbolisieren soll, dass wir in ein paar Jahren gerne ein liebevoller, herzlicher und gelassen-heiterer Mensch sein möchten.

Bei zahlreichen spirituellen Verfahren visualisiert der Übende ein religiöses Symbol (eine Gottheit, eine religiöse Leitgestalt, ein Mandala usw.), identifiziert sich mit ihm und erhofft sich dadurch, das Wesen und die Kraft dieses Symbols ganz in sich aufnehmen und verwirklichen zu können.

Mit der Visualisation werden in manchen esoterischen und psychologischen Richtungen überhöhte, fast magische Vorstellungen verbunden, so als könne man mit ihrer Hilfe mühelos und schnell Dinge erreichen, die sonst nur durch hohen persönlichen Einsatz zu realisieren sind. Man spricht von der Macht des Glaubens, des positiven Denkens, der selbsthypnotischen Beeinflussung, hofft darauf, das eigene Unbewusste so programmieren zu können, dass es das von alleine verwirklicht, was man sich wünscht. Dahinter steht meist ein magisches Wunschdenken, eine der beschriebenen Schattenseiten des symbolischen und religiösen Denkens.

Es wäre natürlich schön, wenn es einen so einfachen Weg zum Lebenserfolg gäbe. Aber das Leben hat seine eigenen, unerbittlichen Gesetzmäßigkeiten und Abläufe. Es erfordert neben den notwendigen Fähigkeiten und Begabungen einen realen, konkreten Einsatz, viel Beharrlichkeit, Geduld und viel Frustrationstoleranz.

Wenn man den Aussagen und Biografien der erfolgreichen und berühmtem Menschen glauben darf, dann sind es vor allem die Treue zu sich selbst und den eigenen Vorstellungen, die Bereitschaft, ein überdurchschnittliches Maß an Engagement und Arbeit aufzubringen, sowie ein großes Durchhaltevermögen, gerade auch bei Rückschlägen, die zu Erfolg führen. (»Glück hat auf Dauer nur der Tüchtige.«)

Das Psychodrama

Die Umsetzung eines symbolischen Inhalts in konkretes Handeln und Verhalten findet sich im Psychodrama. Symbolgestalten und imaginative Handlungen – aber auch alltägliche Problemsituationen – werden im Psychodrama von einzelnen Gruppenteilnehmern übernommen und gespielt. Zwar entfaltet sich das ganze Potenzial des Psychodramas erst in der Gruppe, einzelne psychodramatische Elemente lassen sich aber auch allein oder in der Zweierbeziehung verwenden.

Jakob Levy Moreno entwickelte das Psychodrama aus dem Stegreiftheater. Es entsprang seiner Freude am Theaterspielen. Situationen, Konflikte, Fantasien werden in dramatisches Spiel umgesetzt. Der ganze Mensch soll einbezogen werden, Fantasien, emotionales Erleben, rationale Einsicht, körperliche Aktion, Bewusstes und Unbewusstes verdichten sich zu einer intensiven ganzheitlichen Erfahrung.

Die therapeutische Wirkung solcher im dramatischen Spiel vollzogener Handlungen ist aus den rituellen Kultfeiern der Naturvölker und den antiken Mysterienspielen und Dramen wie auch aus der Liturgie bekannt. Schon Aristoteles hatte dargestellt, wie das Schauspiel die Zuschauer ergreift und auf sie kathartisch wirkt. Katharsis meint die befreiende, erleichternde, reinigende, läuternde Wirkung, die durch die Betrachtung, Darstellung und inszenierende Verarbeitung von konflikthaften seelischen Inhalten (z. B. Ängste, Schuldgefühle) zustande kommt.

Im Psychodrama erlebt der Mensch die therapeutische Wirkung nicht nur als Zuschauer, sondern auch direkt als Akteur. Als Akteur inszeniert er nicht nur seine individuelle Geschichte und Problematik, sondern bemüht sich auch, ohne sich vielleicht dessen bewusst zu sein, um die schöpferische Lösung allgemein-menschlicher Konflikte. Moreno sah den Kosmos in einer beständigen Entwicklung, in der auch der Mensch immer einbezogen ist.

Die Teilnahme an der schöpferischen Kraft des Kosmos war für ihn die eigentliche Bestimmung des Menschen. Im schöpferischen Akt begegnen und erfahren sich Gott, Mensch und Kosmos. Seelische Gesundheit drückte sich für Moreno darin aus, dass der Mensch zur mitmenschlichen Begegnung und zu spontanem, kreativem Handeln in seinem gegebenen, realen Umfeld in der Lage ist.

Im Psychodrama hat es inzwischen sehr viele Weiterentwicklungen und Modifikationen gegeben.[51] Wir wollen hier nur einige wesentliche Aspekte skizzieren.

Es gibt drei Formen des Psychodramas: das personenzentrierte Psychodrama, in dem ein Gruppenmitglied und dessen Thematik im Mittelpunkt steht; das themenzentrierte Psychodrama, in dem ein Thema oder ein symbolisches Ereignis dramatisch gestaltet und bearbeitet wird und das gruppenzentrierte Psychodrama, in welchem die ganze Gruppe selbst und Probleme, die sich aus dem Miteinander ergeben, zum Inhalt des Psychodramas werden.

Eine Psychodramagruppe setzt sich in der Regel aus acht bis zehn Teilnehmern zusammen, die im Halbkreis oder im Kreis den Spielraum umschließen.

In der Anfangsphase (des personenzentrierten Psychodramas) stimmen sich die handelnde Hauptperson (der Protagonist), die Gruppe und der Psychodramaleiter auf die geplante psychodramatische Problembearbeitung ein.

In der zweiten Phase werden die Themen inszeniert und psychodramatisch vertieft. Ein Teil der Gruppenmitglieder spielt die Personen und Symbolgestalten des Protagonisten (Hilfs-Iche). Ein anderer Teil bleibt aktiv zuschauend als Publikum. Dieses Publikum kann den Protagonisten wie ein Resonanzboden ermutigen oder auch kritisieren, es kann auch spontan mitagieren, zum Beispiel beim Doppeln.

Beim Doppeln kann ein Teilnehmer sich hinter den Protagonisten oder einen anderen Spieler stellen und dessen Gefühle und Emotionen

163

ausdrücken. Dieser »Doppelgänger« repräsentiert so etwas wie eine unbewusste andere Seite des Protagonisten.

Eine weitere wichtige Technik ist das Spiegeln. Dabei löst ein Gruppenmitglied den Protagonisten vorübergehend ab und wiederholt die letzte Szene noch einmal so genau wie möglich. Auf diese Weise sieht der Protagonist sich und sein Verhalten in einem anderen Spieler »gespiegelt« und kann die Wirkung seiner Wesens und Verhaltensart bewusster wahrnehmen.

Als letzte Haupttechnik sei noch der Rollentausch genannt. Der Psychodramaleiter veranlasst den Protagonisten, die Rolle mit einem Mit- beziehungsweise Gegenspieler zu tauschen und sich mit diesem zu identifizieren. Dadurch erlebt der Protagonist die Situation aus der Sicht des anderen. Er muss sich in das Welt- und Selbsterleben eines anderen Menschen einfühlen und sein eigenes Verhalten, ähnlich wie bei der Spiegelmethode, von außen erleben.

Psychodramatische Methoden werden auch beim Biblio- und Mythodrama verwendet. Hier werden anhand von Geschichten aus der Bibel, der Mythologie oder aus Märchen archetypische Motive nachgespielt, um deren Symbolgehalt zu erfahren und mit Leben aus der individuellen Geschichte zu füllen.

Das Puppenspiel

In der Therapie mit Kindern, gelegentlich aber auch mit Erwachsenen, auch älteren Menschen, werden häufig Puppen, zum Beispiel Kasperlefiguren, Stoffpuppen, Plüschtiere oder selbst gestaltete Figuren, als Projektionsträger und symbolische Repräsentanten eingesetzt. Oft fällt es leichter, über den Umweg einer Puppe auszudrücken, was man eigentlich sagen oder tun möchte. Puppen können auch in alltäglichen Situationen, etwa Konflikten in der Partnerschaft, als Helfer und Vermittler zur Hand genommen werden und stellvertretend sprechen. Die Puppe schafft Distanz und Freiraum, wodurch es leichter wird, geheime Gedanken und Gefühle zu enthüllen.[52]

Das Spiel mit Puppen ermöglicht es Erwachsenen, leichter an ihr Kindheits-Ich anzuschließen und regressive Bedürfnisse zu zeigen. Wie in der Kindheit auch, können Puppen zu wichtigen Übergangsobjekten und Begleitern werden. In der Wahl einer bestimmten Puppe für die eigene Person zeigt sich viel vom eigenen Selbstwert, von der eigenen Identität, auch von kompensierenden Wunsch- und Größenfantasien.

In der Auswahl anderer Puppen als Bezugspersonen drücken sich oft Beziehungskonflikte und Ängste aus. In der Regel reicht eine kleine

Abb. 39: Puppenspiel – Endlich mal die Sau rauslassen dürfen

Gruppe archetypischer Puppen aus, um sehr vielfältige Situationen dar-zustellen: ein Mann, eine Frau, einige Jungen und Mädchen, ein Baby, Großeltern, ein Teufel, eine Hexe, ein König und eine Königin, ein Polizist, ein Zauberer, eine Prinzessin, ein Prinz und Held, ein Kasperle, ein Räuber und einige Tiere, zum Beispiel Wolf und Krokodil, Hund und Katze. Es ist erstaunlich zu beobachten, wie Menschen mithilfe dieser Puppen äußerst lustvoll Seiten zum Ausdruck bringen, die sie sonst nie-mals zeigen würden, beispielsweise »schweinische« Fantasien, fressgie-rige Aggressionen (Wolf und Krokodil), eitle und hochmütige, stolze, machtgierige und herrschsüchtige Züge (König und Königin) oder auch hinterlistige und schadenfrohe, gemeine und böse (Teufel).

Mit den Puppen können kleine Szenen und Dialoge wie auch gan-ze Dramen gestaltet werden, die häufig in symbolischer Form auto-biografische Elemente enthalten. Beim Puppenspiel wie auch beim nachfolgend beschriebenen Sandspiel wird die Herkunft der gestalteri-schen Symbolarbeit aus dem kindlichen Spiel besonders deutlich. Die Psychotherapie hat die konfliktaufdeckende, kathartische und heilende Funktion des Spiels wieder entdeckt, sie hat ihre Wichtigkeit auch für den erwachsenen Menschen hervorgehoben und versucht in gewisser Weise, ihm das Spiel zurückzugeben.

165

Das Sandspiel

Das Sandspiel ist den meisten Erwachsenen aus ihrer Kindheit im Grunde vertraut und kann für die Symbolarbeit fruchtbar gemacht werden. Als C. G. Jung nach dem Zerwürfnis mit Freud in der Krise seines Lebens war, unter Depressionen litt und keinen Zugang mehr zu seinen schöpferischen Kräften hatte, blieb ihm nichts mehr anderes, als sich – unterstützt durch seine Träume – an seine Kindheit zu erinnern und am Ufer des Zürichsees mit Sand und Steinen zu spielen:

> » ›Aha‹, sagte ich mir, ›hier ist Leben! Der kleine Junge ist noch da und besitzt ein schöpferisches Leben, das mir fehlt. Aber wie kann ich dazu gelangen?‹ [...] Wollte ich aber den Kontakt mit jener Zeit wieder herstellen, so blieb mir nichts anderes übrig, als wieder dorthin zurückzukehren und das Kind mit seinen kindlichen Spielen auf gut Glück wieder aufzunehmen. Dieser Augenblick war ein Wendepunkt in meinem Schicksal, denn nach unendlichem Widerstreben ergab ich mich schließlich darein zu spielen [...] Dabei klärten sich meine Gedanken, und ich konnte die Fantasien fassen, die ich ahnungsweise in mir fühlte.«[53]

Aus der Erfahrung der heilsamen Wirkung des Spiels gab er Dora Kalff die Anregung, das Sandspiel als therapeutische Methode zu entwickeln.[54] Das Sandspiel vereinigt in sich sehr viele Möglichkeiten der Symbolarbeit in glücklicher Weise. Der gestalterische Umgang mit trockenem oder feuchtem Sand, mit Wasser und Matsch kann an frühe Erfahrungen der Kindheit, an die ersten kreativen Erlebnisse anschließen.

Sand lässt sich in vielfältiger Weise formen und verwandeln, und er kann, wie eine gute Mutter, als verfügbar, tragfähig und in gewisser Weise unzerstörbar erlebt werden. Er übersteht Kriege, Überschwemmungen und andere Katastrophen, wie sie sehr häufig von Kindern gespielt werden. Mit ihm kann man einen zärtlichen Körperkontakt herstellen, man kann ihn zwischen den Fingern und über die Haut rieseln, sich von ihm bedecken lassen, man kann ihn streicheln, tätscheln, fest anfassen, kneten, etwas vergraben, Abdrücke und Spuren hinterlassen oder sie verwischen. Er kann als tragende Basis Grundlage für dramatische Spiele sein und zu jeder beliebigen Landschaft gestaltet werden.

Im Sandspiel werden meist zwei Sandkästen mit wasserfester, blauer Einlage verwendet, einer mit trockenem, einer mit feuchtem Sand, ungefähr 70 cm lang, 45 cm breit und 10 cm tief, was in etwa dem normalen Blickfeld entspricht. Zusätzlich wird eine Vielzahl von Figuren, Gegenständen und Spielsachen verwendet, mit denen unterschiedlichste Szenen, Fantasien, Träume und Alltagsereignisse dargestellt werden kön-

Abb. 40: Vorsichtige Kontaktaufnahme mit dem Fluss der psychischen Energien

nen und die sich auch dazu eignen, besondere symbolische Bedeutung zu tragen.

Zu einer Sandspiel-Grundausstattung gehören etwa folgende Gegenstände: Fahrzeuge (Autos, Lastwagen, Schiffe, Motorräder, Züge, Panzer, Jeeps, Flugzeuge, Hubschrauber, Krankenwagen, Polizei- und Feuerwehrautos, Müllwagen); Tiere (Haustiere, Nutztiere, wilde Tiere, Zootiere, Dinosaurier, Vögel, Fische, Schlangen, Krokodile); Menschenfiguren unterschiedlichster Art, auch Cowboys, Soldaten, Indianer, Ritter; Märchen- und Fabelfiguren (wie Monster, Hexe, Zauberer, Nikclaus, Schneemann); Gegenstände, die sich als Kulisse oder zum Landschaftsaufbau eignen (Möbel, Häuser, Bäume, Bausteine, Zäune usw.); außerdem Naturmaterialien wie etwa Holz, Federn und Moos; weiterhin Schmuck, Edelsteine, Perlen, Glaskugeln, religiöse Symbole und Göttergestalten.

In obiger Abbildung eines Sandspiels sieht man einerseits eine starke Dynamik, die sich eher links abspielt, während sie rechts von geometrischen Strukturen begrenzt ist, die wie bearbeitete Felder aussehen, gerade so, als habe die Kultur in ein wildes, ungebändigtes Geschehen eingegriffen.

167

Genau in diesem inneren Konflikt stand der etwa 60-jährige Gestalter des Bildes. Während er nach außen sehr rational und kontrolliert wirkte und in seinem alltäglichen Leben nur sehr wenig emotionale Beteiligung zuließ, spürte man deutlich, dass vom Unbewussten her starke ungebändigte Gefühle an seine mühsam befestigten Schutzmauern brandeten, die ihn auch real fast aus der geregelten Bahn seines Lebens geworfen hätten.

Erahnbar wird in diesem Sandbild vielleicht auch, wie viel archaische Energie hier unter Kontrolle gehalten wird, die ihm noch ganz unbekannte Kräfte freisetzen könnte, aber bislang noch keinen geeigneten Zugang zu seinem Leben und keine für ihn lebbaren Bahnen gefunden hat.

Das Ritual, das Ritualisieren

Das Ritualisieren wird relativ selten angewendet. Das ist bedauerlich, da es eine sehr tief greifende und umfassende Möglichkeit der praktischen Symbolarbeit darstellt und viele der bereits beschriebenen Methoden in sich vereinigt. Die Riten und das aus ihnen zusammengesetzte Ritual (lat. rituale, ritualis: den religiösen Brauch betreffend, etymologisch verwandt mit »Reim«) sind regelmäßig stattfindende, weitgehend gleich ablaufende Handlungsfolgen, die meist symbolischen Gehalt besitzen und sich symbolischer Formen bedienen. Mit dem Begriff Ritus werden Teilbereiche eines gesamten Rituals oder einzelne rituelle Handlungen innerhalb eines Rituals bezeichnet.

Symbolisch gestaltete Rituale finden sich meist in feierlichen und religiösen Zusammenhängen. Dort bezeichnet das Ritual die Gesamtheit der festgelegten Bräuche und Zeremonien eines religiösen Kultes in Worten, Gesängen, Gesten und Handlungen. Sie haben die Funktion, auf das Transpersonale, Numinose und das Mysterium einzustimmen und hinzuführen.

Ritualisierte Verhaltensweisen vermitteln in der Komplexität und Unvorhersagbarkeit des Lebens Bezogenheit, Kohärenz, Ordnung und Orientierung, Sicherheit, Geborgenheit und Sinn. Oft stellen sie auch sinnhafte Beziehungen zu anderen Menschen, Erfahrungen und Dimensionen her oder halten diese aufrecht. Wenn ein solches alltäglich-vertrautes rituelles Element verändert oder unterbrochen wird, kann es das psychische Gleichgewicht, das auf ein gewisse Regelmäßigkeit, Gleichförmigkeit und Vorhersagbarkeit der Ereignisse angewiesen ist, mehr oder weniger tiefgreifend stören.

Vielen Eltern ist instinktiv bewusst, dass ihre Kinder diese Rituale brauchen, etwa beim abendlichen Zubettgehen. In der Liebe, insbesondere in der Phase des Verliebtseins kennen wir Elemente rituellen Handelns, die den inneren Bezug zum geliebten Menschen aufrechterhalten sollen, so legen wir z. B. Briefe unter das Kissen oder gehen bestimmte Wege noch mal, die wir mit ihm oder ihr gegangen sind.

Auch bei vielen althergebrachten Feierlichkeitsritualen, die wir mit unserem rationalen Denken belächeln, erleben wir dann doch überraschend Enttäuschung und Verlust, wenn sie ausbleiben oder manchmal auch, wenn sie auf eine uns zu neue Weise zelebriert werden. Natürlich können solche Rituale auch eingefahrene und beengende Absicherungsfunktion bekommen und die Spontaneität und Flexibilität des Lebens zugunsten der erhöhten Sicherheit und Angstreduktion beschneiden. Ein Leben, das sich ständig nur ändert, ohne die vertrauten rituellen Elemente zu haben, könnten wir aber nicht ertragen.

Während im Tierreich instinktive rituelle Verhaltensweisen offensichtlich sind – z. B. die vielen Balz- und Paarungsrituale – ist sich der moderne erwachsene Mensch seiner instinktiven Rituale meist gar nicht recht bewusst, etwa seiner Begrüßungs- und Beziehungsrituale. Verhaltensforscher haben z. B. herausgefunden, dass das Annäherungsverhalten zwischen Frau und Mann etwa nach folgenden Schritten verläuft:

Kurzer Blickkontakt; verlängerter Blickkontakt und kurzes Lächeln der Frau als Bereitschaftssignal für den Mann, dass er sich annähern kann; Annäherung des Mannes; verbaler Austausch; distanzierende oder weitergehende Signale wie z. B. zugewandte und synchronisierte Körperbewegungen; zunehmendes Werbeverhalten von Mann und Frau; Imponiergehabe und Hingabesignale; körperliche Annäherung (Hand halten, Arm um die Schulter der Frau legen, Küssen und weitergehende intime Berührungen). Den schönen »Rest« kann sich jeder selbst ausmalen. Wird diese rituelle Abfolge nicht eingehalten, kann das zu beträchtlichen Störungen oder zum schnellen Abbruch der Beziehung führen.

Neben den zahlreichen kleinen kennen wir im Lebensvollzug auch die großen rituellen Passagen, die sich von ersteren nicht durch ihren prinzipiellen Aufbau unterscheiden, wohl aber durch ihre Bedeutung. Die Feste des Jahres, der Eintritt ins Leben, die Aufnahme in eine Gemeinschaft, das Erwachsenwerden, das Verlassen des Elternhauses, die Hochzeit und die Gründung der eigenen Familie, der Übergang zum Alter, der Tod, all diese Ereignisse sind heute häufig noch rituell eingebettet, auch wenn sich die Formen entscheidend geändert haben. So sind z. B. im religiösen Raum Konfirmation, Kommunion und Firmung an die Stelle ursprünglicher Initiationsriten getreten. Im Ursprung sollen Riten und Rituale auch die Begegnung mit dem Überirdischen und Numinosen vermitteln, dem wir glauben, nicht unmittelbar begegnen zu können, ohne Schritte der Annäherung einzuhalten. Oft haben sie auch beschwörenden und die

Götter besänftigenden Charakter. Sie sind also Mittler zwischen dem Menschen und höheren Mächten.

Für viele Patienten hat auch die Psychotherapie einen rituellen und initiatorischen Charakter. Die regelmäßigen Stunden in der Woche, die Vorbereitung auf die Therapie, der innere Dialog mit dem Therapeuten, die Anfahrt, die Begrüßung, der Eintritt in den äußeren und inneren „Temenos" (griech. „Ausschnitt", heiliger Bezirk im griechischen Kult) des therapeutischen Raumes und der therapeutischen Begegnung, die zeitweilige regressive Veränderung des Bewusstseins, die Auseinandersetzung mit den unbewussten Inhalten des Selbst, den Träumen, Symbolen, Fantasien und Imaginationen, der Abschluss der Stunde, das Zurückkehren in die Alltagswelt: all dies macht die Therapie zu einem besonderen Ort und zu einer besonderen Zeit, in der sich „numinose" Erfahrungen ereignen können.

Das Ritualisieren als psychotherapeutische Methode ist nicht sehr bekannt, wird aber von manchen Patienten instinktiv genutzt. Die seelischen Themen und Inhalte werden hierbei in Form eines Rituals gestaltet und angeordnet. Das Ritualisieren vereinigt in sich eine Vielzahl psychotherapeutischer Methoden, z. B. kreative Gestaltung, Imagination, Meditation, Mythodrama, Psychodrama, Spiel und Tanz.

Die klassischen religiösen Rituale können uns Anregungen für die Entwicklung eigener symbolischer Rituale geben. Dort lassen sich folgende vier Phasen unterscheiden:

1. die Einstimmungs- und Vorbereitungsphase,
2. die Prozess- und Aktionsphase,
3. die Lösungsphase mit der Offenbarung einer neuen Einsicht, und
4. die Beendigung des Rituals und die Integration in das alltägliche Leben.

Diese Phasenfolge entspricht weitgehend auch der dynamischen Struktur der mythologischen Helden- und Nachtmeerfahrt, wie sie im psychologischen Bereich besonders von C. G. Jung[55] und Erich Neumann[56] beschrieben wurde, dem Ablauf von Initiationszeremonien bei Geheimgesellschaften und Naturvölkern (Vorbereitung, Tod, Neugeburt, Wiedereingliederung), dem Aufbau des klassischen Dramas (Ausgangssituation, Verwicklung, Höhepunkt, Lösung, Ausgestaltung der Lösung) und dem schöpferischen Prozess (Vorbereitung, Inkubation, Lösungsfindung, Realisierung).[57]

In Bezug auf die praktische Symbolarbeit könnte dieser Ablauf etwa so aussehen:

170

- In der Vorbereitungsphase werden die äußeren Rahmenbedingungen geschaffen. Wir sorgen dafür, dass wir uns für eine bestimmte Zeit ungestört in einen Raum zurückziehen können, wir gestalten den Raum vielleicht mit Kerzen, Blumen, Düften, Musik, legen uns Material zurecht, beispielsweise zum Malen, eventuell kleiden wir uns in einer bestimmten Weise. Wir stimmen uns innerlich und äußerlich auf den Prozess der Symbolarbeit ein und hoffen, dass nicht im falschen Moment der Briefträger klingelt.
- In der Prozess- und Aktionsphase nähern wir uns dem Symbol in einer der beschriebenen Weisen an. Wir aktualisieren, imaginieren, malen, spielen es oder gestalten es mit Sand oder Ton. Wir lassen es erwachen und lebendig werden.
- In der Lösungsphase treten wir aus dem Prozess zurück, betrachten das Ergebnis mit Abstand und schauen, was sich ereignet hat. Dazu gehört auch, die neue Erfahrung oder neue Erkenntnis zu würdigen, sie sozusagen dankbar als ein aus der eigenen Seele entsprungenes Werk anzunehmen.
- In der Realisierungsphase wird das Ritual sorgsam beendet, die Utensilien werden weggeräumt, der Raum wieder »geöffnet«. Jetzt oder zu einem späteren Zeitpunkt kann man sich auch Notizen und Gedanken zur Deutung des Symbols machen und sich überlegen, ob und wie die Erfahrung eine praktische Anwendung im eigenen Leben finden kann.

Das rituelle Element in unserem Leben kann darüber entscheiden, ob unser Alltag eine von uns als sinnhaft erlebte Gestalt bekommt oder uns als sinnlose Aneinanderreihung von beliebigen Aktionen erscheint.

D. Deuten: Das Symbol in seinen vielfältigen Dimensionen verstehen

In diesem Kapitel wollen wir etwas systematischer verschiedene Dimensionen der Symbolinterpretation und -deutung behandeln. Wir gehen dabei hauptsächlich von Traumsymbolen aus, weil das für die meisten Menschen in der Regel der einfachste und direkteste Weg ist, mit eigenen Symbolen in Berührung zu kommen. Die beschriebenen Orientierungshilfen für die Deutung lassen sich aber genauso gut auf Symbole anwenden, die aus anderen seelischen oder kreativen Prozessen entstanden sind.

Auch wenn wir immer wieder darauf hingewiesen haben, dass das lebendige Symbol seine heilsame Wirkung und schöpferische Kraft bereits durch ein rein intuitives, sinnliches und gefühlsmäßiges Erfassen und das schöpferische Gestalten entfalten kann, so ist es im Sinne einer ganzheitlichen Sichtweise unumgänglich, auch nach dem möglichen Sinn und der Bedeutung des Symbols zu fragen. Das Verstehen ermöglicht uns eine bessere Integration des Symbols in das Bewusstsein und eine konkretere Umsetzung in das alltägliche Leben.

Allerdings sind dem rationalen Verstehen eines Symbols Grenzen gesetzt. Es ist nicht möglich, ein lebendiges Symbol in seiner Bedeutung vollständig zu erfassen. Ein solcher Versuch wäre nicht nur ein sinnloses Unterfangen, sondern auch der Tod des schöpferischen Potenzials des Symbols. Es würde zu einem eindeutigen, stellvertretenden Zeichen reduziert werden. Wir hätten es dann für uns »abgehakt« und »ad acta« gelegt.

Angesichts der Komplexität des Lebens haben wir allerdings ein starkes Bedürfnis, eine solche definitive Antwort zu finden. Wir möchten gerne mithilfe der symbolischen Bilder verborgene Geheimnisse entschlüsseln und sichere Aussagen über unsere Vergangenheit und unsere zukünftigen Entwicklungen machen.

Wir hätten gerne eine eindeutige Orientierung für das, was wir tun sollen und was nicht. Und wenn wir diese klare Orientierung schon nicht in unserem Bewusstsein finden, so erhoffen wir sie uns wenigstens aus den geheimnisvollen Tiefen unseres Unbewussten. Aber ein wesentlicher Teil des Individuationsprozesses besteht gerade darin, uns mit unserer Begrenztheit, unserem Nichtwissen einerseits und der paradoxen, komplexen, schöpferischen Offenheit des Lebens andererseits vertraut zu machen. Es geht darum, dass wir uns als mitverantwortliche Gestalter unseres gegenwärtigen Lebens, das zu weiten Teilen eben auch »zu-fällig« und unbestimmt ist, verstehen lernen. Wir finden die für uns gültigen Antworten häufig auf unsere Fragen erst dann, wenn wir lange genug mit ihnen gerungen haben. Die Symbole unserer Fantasien und unserer Träume können uns in diesem schöpferischen Prozess anregen, inspirieren, ermutigen, aber sie bilden keine eindeutigen und endgültigen Wahrheiten ab, sondern sie »sind nur Anspielungen, sie deuten auf etwas hin, sie stammeln, und oft gehen sie in die Irre. Sie versuchen nur, in eine bestimmte Richtung zu weisen, nämlich zu jenen dunklen Horizonten, hinter denen das Geheimnis des Seins verborgen ist.« (C. G. Jung)[58]

Um die Möglichkeiten und Grenzen der Deutung eines Menschen und seiner Symbole zu verstehen, wollen wir uns kurz einige Aspekte vor Augen führen, die in den modernen Wissenschaften heute intensiv diskutiert werden: Komplexität, Ganzheit und psychischer Konstruktivismus.

Komplexität und Ganzheit

Immer wieder hat es Versuche gegeben, den Menschen, sein Erleben und Verhalten auf nur einige wenige Aspekte zu reduzieren. Daraus entwickelten sich einseitige Theorien und unfruchtbare Streitereien zwischen den Befürwortern und Gegnern der jeweiligen Theorien. Heute wird man sich glücklicherweise zunehmend einig darüber, dass der Mensch ein äußerst komplexes System ist, das nur aus seiner lebendigen Ganzheit heraus, die immer mehr ist als die Summe seiner Einzelaspekte, verstanden werden kann.

Dieses Ganzheitssystem, das wir sind, umfasst verschiedene Aspekte, unter anderem körperlich-biologische (z. B. die genetische Erbanlage, insbesondere das Geschlecht, die körperliche Konstitution, Vitalität und Triebausstattung, auch die aktuelle körperliche Befindlichkeit, den aktuellen Gesundheitszustand), psychische (z. B. prägende Lernerfahrungen, Begabungen, Traumatisierungen, Persönlichkeitseigenschaften, Intelligenz, Kreativität), systemische (Einfluss der Sprache und Kultur, des sozialen Umfeldes, der Partnerschaft, Familie, der Freunde und der Berufskollegen, der aktuellen Situation der Gesellschaft, der Zeitströmungen, der globalen Situation usw.) und ökologische (Einfluss der Umwelt, in der wir leben, Klima, Wetter usw.). Dazu sind und bleiben weite Bereich unseres Organismus unbewusst und steuern sich selbst nach Regulationsmechanismen, die wir weder genau kennen noch beeinflussen können.

Wir Menschen sind also von allem Anfang an und zu jedem Zeitpunkt unseres Lebens bio-psycho-sozio-ökologische Wesen. Wir sind eine

173

überaus komplexe Mischung und untrennbare Einheit all dieser Aspekte und besitzen darüber hinaus ein nicht zu erschließendes Wachstums- und Entwicklungspotenzial. Damit wird deutlich, wie schwer, ja eigentlich unmöglich es ist, zu erfassen, wie ein Mensch in seinem Erleben und Verhalten ist oder warum er so geworden ist. Die bestimmenden Einflussgrößen sind unüberschaubar, sie wirken aufeinander in nicht zu analysierender und vorhersagbarer Weise ein.

Die Wirklichkeit der Seele: Alles, was wir kennen, ist eine psychische Konstruktion

Eine weitere Schwierigkeit im Hinblick auf unser Selbstverständnis und die Deutung unserer Symbole ergibt sich daraus, dass es für uns keinen objektiven Standpunkt gibt, von dem aus wir uns und unser Leben betrachten können. Wir bleiben immer in unseren persönlichen, »subjektiven« Sichtweisen befangen. Wie wir unsere Welt und uns selbst sehen, ist abhängig von der Art und Weise unseres Wahrnehmungs- und Erkenntnissystems und von unseren Lernerfahrungen, die wir in einem langen, von vielen Fehlern, Irrtümern und Irrwegen durchzogenen Entwicklungsprozess machen. Dabei sind die sozialen Beziehungen, in die wir eingebettet sind, von großer, prägender Bedeutung. Aus der Begegnung und Auseinandersetzung mit unseren Mitmenschen, unserer Gesellschaft und Kultur entwickeln wir geistige Modelle, Vorstellungen, Bilder, »Landkarten« zu unserer Orientierung. [59]

Wir können also nicht aus unseren körperlichen und psychischen Dispositionen heraustreten, die uns selbst und die Welt in einer bestimmten Weise erscheinen lassen. Wir werden niemals erfahren, wie die Welt »wirklich« ist oder wer wir selbst »wirklich« sind. Der Hintergrund der körperlichen und seelischen Welt, der uns trägt, hervorbringt und gestaltet, wird uns immer verborgen bleiben.

Wir stehen vor der paradoxen Situation, dass wir uns selbst einerseits unendlich nah und vertraut, andererseits unendlich fern und unbekannt sind. Wir sind zwar in unserem Leben überall direkt und unmittelbar dabei, der konstruktive Charakter unseres Selbst-und Wirklichkeitserlebens und die beschriebene Komplexität unserer Existenz machen es uns aber unmöglich, uns selbst auch nur annähernd »richtig« oder »objektiv« zu verstehen.

Wir können uns nicht von außen sehen, wir können nicht wissen, wie andere Menschen uns wirklich erleben, wir können weder unsere Vergangenheit genau »rekonstruieren« noch unser zukünftiges Verhalten sicher vorherbestimmen. Auch andere Menschen können uns, unsere Wirklichkeit und unsere Symbole im Grunde nicht besser verstehen, denn sie haben keinen direkten »objektiven« Zugang zu unserem Wirklichkeitserleben und sind durch ihr eigenes befangen. Andere Menschen können uns aber durch ihre Dialogbereitschaft und mithilfe des Spiegels ihrer persönlichen Erfahrungen helfen, uns zu vergleichen und uns über unseren Standpunkt besser zu orientieren.

Diese Tatsachen mögen uns vielleicht erschrecken, und sie sind auch die Ursache für viele Irrtümer, Missverständnisse, Konflikte und Kommunikationsschwierigkeiten, die wir mit unserem Leben und unseren Beziehungen haben. Aber die prinzipielle Verborgenheit des Seins schenkt uns auch Raum für die Hoffnung, für die schöpferische Offenheit und für das transpersonale Mysterium des Lebens.

Was für die Situation des Menschen allgemein gilt, gilt auch für seine Symbole und Träume. Sie sind überaus komplex, sie können die verschiedensten Facetten unseres Daseins und unserer Persönlichkeit spiegeln. Sie dürfen deshalb nicht auf einzelne wenige Aspekte reduziert werden. Sie sind mehr als die Summe ihrer Teile. Bei unseren Symboldeutungen haben wir es also immer nur mit tastenden Deutungsversuchen, mit vorläufigen Hypothesen, mit Annäherungen und Umkreisungen des Symbols zu tun. Immer behält das Symbol einen Bedeutungsüberschuss, immer bleibt es ein Rätsel, immer wieder eröffnet es neue Aspekte und erschöpft sich darin nicht. Wenn wir den Eindruck haben, ein Symbol, das sich in uns spontan entwickelt, würde eigentlich nichts Neues bringen, dann handelt es sich bei uns meist um eine Voreingenommenheit, eine Bequemlichkeits- oder Abwehrhaltung.

> »... der Überfluß dieser Welt wird aus jenem Überfluß des ewigen Seins geschöpft, und da die übernatürliche Zeugungskraft nicht vermindert werden kann, mögen die herabströmenden Gaben noch so groß sein, bleibt dennoch Überfluß. Aber diese Vorstellung trifft in gewissem Sinn auf alle echten Symbole, auf alle mythischen Bilder zu. Auch ihnen ist diese wunderbare Unerschöpflichkeit eigen. Bei jedem aus ihnen geschöpften Trunk erschließt sich dem Gemüt durch unser imaginatives Verstehen eine Welt von Bedeutungen. Das ist gewiß Fülle; dennochbleibt immer noch Fülle.«

Heinrich Zimmer[60]

Berücksichtigung des Kontextes

Als grundsätzliche Konsequenz aus der Einsicht in den komplexen und konstrukthaften Charakter aller psychischen Vorgänge ergibt sich für die Symbolarbeit die Notwendigkeit, den jeweiligen persönlichen Kontext, in dem das Symbol für den betreffenden Menschen steht, zu berücksichtigen. Das Symbol ist meist in einem engen Zusammenhang zu der individuellen Eigenart und Lebenssituation desjenigen zu sehen, dem es erscheint.

Eine allgemeine Deutung eines Symbols (beispielsweise nach einem Traum- oder Symbollexikon) kann zwar eine erste Orientierung vermitteln, geht aber leicht an der spezifischen Bedeutung für diesen speziellen Menschen vorbei. Zu diesem persönlichen Kontext gehören assoziative Zusammenhänge aus der aktuellen Lebenssituation wie den vergangenen Lernerfahrungen.

Die aktuellen Auslöser und der aktuelle Lebensbezug

Orientierungsfragen:
- Was fällt mir spontan dazu ein?
- Habe ich mich gestern / in den letzten Tagen so ähnlich wie im Traum gefühlt?
- Was war gestern/vorgestern so ähnlich wie das Traumsymbol?
- Was habe ich während des vergangenen Tages erlebt
- Was hat mich besonders beschäftigt?
- Wie war meine körperliche Befindlichkeit?
- Habe ich eine Versuchungs- oder Versagungssituation erlebt, beispielsweise unerfüllte Wünsche und Bedürfnisse, Enttäuschungen, Kränkungen?
- Welche Fragen, Probleme, Konflikte sind offen geblieben?
- Habe ich aus der Zeitung oder dem Fernsehen etwas aufgenommen, was mich besonders beschäftigt hat? Könnten aktuelle gesellschaftliche oder umweltmäßige Faktoren einen Einfluss gehabt haben?

Äußerer Anlass für das Auftreten eines Symbols kann ein Ereignis in der unmittelbaren Vergangenheit, der Gegenwart oder nahen Zukunft sein, das uns vielleicht gar nicht so sehr bewusst beschäftigt und doch unbewusst von weit reichender Wirkung ist. Es mag sein, dass wir in einen uns schon vertrauten Konflikt geraten sind oder eine unangenehme Erfahrung gemacht haben. Vielleicht sind wir plötzlich einem ungestillten Bedürfnis begegnet, das wir am Tag weggeschoben haben (»geht ja doch nicht«), oder wir haben eine Kränkung erlebt, die doch tiefer »getroffen« hat, als wir wahrhaben wollten. Vielleicht haben wir uns selber in einer Alltagssituation so verhalten, wie es uns nicht entspricht, und sind dadurch uneins mit uns verblieben. Vielleicht schlagen wir uns gerade mit einem Plan, einer Absicht herum, wollen etwas im Leben verändern, und das beschäftigt uns.

176

Birgit, eine Teilnehmerin in einer Frauengruppe, hatte einen Traum, der ihr in der Nacht große Angst gemacht hat:

»Ich bin allein auf dunkler Straße. Es kommt ein sehr großer schwarzer Hund auf mich zugelaufen. Ich drehe mich weg, will wegrennen, der Hund aber kommt von hinten über mich, packt mit seinem Maul meinen Hals, hält mich an den Schultern mit seinen Pfoten fest und will sich mit mir sexuell vereinigen. Mit großer Angst beginne ich mich zu wehren, ich drehe mich mühsam um, dränge den Hund weg, drücke ihn mit aller Kraft auf den Boden, halte ihn dort unten fest. Zu meiner Verwunderung beginnt er auf einmal, meine Hand zu lecken, so als würde er mir gegenüber eine große Zuneigung haben. Ich wache mit Herzklopfen auf.«

In der Bearbeitung des Traumgeschehens fällt ihr der Zugang zunächst schwer. Sie kann sich weder real an einen solchen großen schwarzen Hund erinnern, mit dem sie es aktuell zu tun gehabt hatte, noch an eine vergleichbare triebhaft-aggressiv-sexuelle Bedrohung. Aber die Frage: »Was war gestern oder vorgestern so ähnlich? Wo haben Sie sich in irgendeiner Weise so bedrängt, bedroht, vergewaltigt gefühlt?« führt sie auf eine wichtige Spur. Ihr Chef hatte ihr eine neue, bessere Stelle angeboten, die einerseits mit einer näheren Zusammenarbeit mit ihm und andererseits mit einer Erhöhung ihrer Arbeitsbelastung verbunden war. Sie hatte sich von ihm stark unter Druck gesetzt gefühlt, diese Stelle anzunehmen, obwohl sie eigentlich nicht wollte. Sie quälte sich mit der Frage, ob sie das Angebot ihres Chefs ausschlagen dürfte und ob er dann von ihr enttäuscht sein würde. Der Traum hatte ihr diese Belastungs- und Drucksituation in diesem eindrücklichen Bild vor Augen geführt und sie auch ermutigt, sich dagegen zu wehren. Tatsächlich erwies sich dann die Ablehnung der Stelle als unproblematischer, als sie befürchtet hatte. Im Traum hatte der Hund ihr ja auch die Hand geleckt, nachdem sie sich entschieden gegen ihn gewehrt hatte.

Oft erscheinen uns die Tagesreste und auslösenden Ereignisse, die sich im Traumsymbol spiegeln, eher geringfügig, und wir wundern uns dann, dass ein Vorgang, den wir vielleicht als nebensächlich oder unbedeutend abtun, eine solche Wichtigkeit für uns hat, dass wir uns im Traum damit weiter beschäftigen. Das kann damit zusammenhängen, dass wir die Bedeutsamkeit des Ereignisses nicht wahrhaben wollten, versucht haben, irgendwie »darüber zu stehen«. Der Traum zeigt uns dann, dass dem doch nicht so ist, wenn auch manchmal mit einer zeitlich verzögerten Reaktion.

Wer regelmäßig seine Träume und die Tagesereignisse aufschreibt, begegnet dem Phänomen, dass Ereignisse und Probleme oft erst im Traumgeschehen späterer Nächte aufgegriffen werden, während in der

177

dem Ereignis unmittelbar nachfolgenden Nacht häufig ganz andere Themen bearbeitet werden.

Deshalb kann es notwendig sein, bei der Suche nach dem aktuellen Auslöser eines Traums mehrere Tage zu berücksichtigen. Manchmal kann man aber auch keinen befriedigenden Zusammenhang zwischen möglichen Alltagsereignissen und Traumgeschehen herstellen. Man hat dann den Eindruck, dass die Seele ihren eigenen dunklen, rätselhaften Pfaden folgt, die dem Bewusstsein nicht zugänglich sind.

Sehr häufig berühren »einfache« Tagesereignisse alte »wunde Punkte«, emotional aufgeladene Komplexe, verdrängte Ängste, Konflikte, unbefriedigte Sehnsüchte in uns. Diese werden durch das äußere Ereignis lediglich angestoßen und offenbaren sich jetzt im Traumgeschehen in ihrer ganzen Tragweite symbolisch.

In dem oben erwähnten Traum vom vergewaltigenden Hund kann man sich ja fragen, weshalb die Träumerin ihren Konflikt gerade so und nicht anders träumt. Das Ansinnen ihres Chefs und die Auseinandersetzung mit ihm hätten sich ja auch ganz anders symbolisieren können. Weshalb träumt sie den Druck, den sie von ihrem Chef empfindet, als vergewaltigenden Hund? Ein weiterer Schritt zur Kontextaufnahme ist also, nachzuspüren, in welchem persönlichen lebensgeschichtlichen Zusammenhang das Symbol steht.

Lebensgeschichtlicher Zusammenhang

Orientierungsfragen:
- Was fällt mir spontan dazu ein?
- Woher kenne ich dieses Gefühl, dieses Ereignis, diesen Konflikt, der sich im Symbol darstellt?
- Welche Erfahrungen habe ich mit dieser Symbolgestalt in meinem Leben gemacht?
- Was in meinem Leben ist oder war so ähnlich?
- Welche mir bekannte Stimmung aus einer früheren Phase meines Lebens entspricht dieser Szene?
- Welche Rolle spielt dieses Symbol in meiner Familie, in der Gesellschaft, in der ich lebe?

Wenn wir den Blick von unserer gegenwärtigen Situation erweitern auf unser gesamtes Leben hin, finden sich im Symbol oft Bezüge zur eigenen Geschichte bis in die frühe Kindheit hinein. So erinnerte sich die Träumerin des oben beschriebenen Hundetraumes an einige Situationen aus ihrem Leben, in denen sie sich ähnlich gefühlt hatte.

178

Sie erinnerte, wie sie in ihrer Kindheit vor einem auf sie losstürmenden Hund panikartig weggerannt war. Sie erinnerte sich auch an spielerische Balgereien mit einem Hund und dass sie dabei sah, wie er eine Erektion bekam, was sie irritierte, aber auch ihr Interesse weckte. Sie erinnerte, wie ihr einmal ein Junge auf dem Heimweg von der Schule längere Zeit hinterher gerannt war, wie er sie dann von hinten festgehalten hatte, wie beide atemlos keuchend eng umklammert dastanden, und wie sie diese Situation als Angst machend, aber auch ein wenig aufregend und erotisch aufgeladen empfunden hatte. Ihr fielen auch sexuelle Situationen ein, in denen sie das Verhalten ihrer Partner als triebhaft-übergriffig empfunden hatte.

Aus allen diesen Einfällen lässt sich vermuten, dass die Träumerin die aktuelle Situation, in der sie sich von ihrem Chef unter Druck gesetzt gefühlt hatte, irgendwie ähnlich empfunden haben musste wie diese Erinnerungen. Vielleicht gab es in der Beziehung zwischen ihr und ihrem Chef halb bewusste sexuelle Untertöne, erotische Beziehungsfantasien, und sie erlebte das Angebot des Chefs einerseits als Überforderung, andererseits aber auch als Anerkennung und als Annäherung, vielleicht auch als sexuellen Übergriff.

Die Frage nach dem Bezug zur persönlichen Lebensgeschichte ist eine kausale, eine Frage nach den möglichen Ursachen, nach dem, was aus der eigenen Geschichte an Begrenzung oder Entfaltung der eigenen Kräfte erwachsen ist. Wir haben das Bedürfnis zu wissen, wer wir sind, woher wir kommen und warum wir so geworden sind. Wir suchen nach Erklärungen, die uns helfen, unsere Eigenart zu akzeptieren, unsere Geschichte anzunehmen, Schuld- und Schamgefühle zu reduzieren.

Dabei hilft es uns, wenn wir unser Verhalten und Erleben aus der Vergangenheit erklären können. Auch ist es uns manchmal hilfreich, wenn wir uns auch als Opfer schwieriger Umstände erfahren können. Das entlastet uns, und es wird uns vielleicht erst dadurch möglich, neue Einstellungen und Erfahrungen zu wagen. Auch ist es oft wichtig, alte Konflikte wieder lebendig werden zu lassen, weil sie sonst im Unbewussten rumoren und unbemerkt an unserer Kraft zehren. Das Verdrängen von unerledigten Konflikten gleicht dem Versuch, während des Schwimmens fünf Luftballone gleichzeitig unter Wasser zu halten. Es ist leicht vorzustellen, wie viel Aufmerksamkeit und Kraft dies fordert und dass wir dann nur noch mühsam vorankommen.

Ein anderes Bild veranschaulicht noch einen anderen Aspekt: Oft sind schwierige Erlebnisse im Keller der Seele in Einzelteilen verpackt in Regalen gelagert, in einem Regal die sachlichen Ereignisse, in einem anderen die dazugehörigen Gefühle und Affekte. Sie auszupacken und wieder zusammenzuführen ist eine aufregende, manchmal explosive Angelegenheit. Es ist aber kein gutes Lebensgefühl, diese Pakete unberührt liegen zu lassen, denn sie enthalten ja eine Art Sprengstoff, und der liegt im eigenen Keller herum.

Aber wir dürfen bei der Erhellung des möglichen lebensgeschichtlichen Hintergrundes eines Symbols nicht stehen bleiben. Oft kommen wir über ihn zwar in das ungelöste Problem wieder hinein, aber noch nicht unbedingt heraus. Wir kommen zum Leid zurück, zur Kränkung, zum Schmerz, zum Trauma, zum Defekt und geraten in Gefahr, dort wieder in derselben Weise stecken zu bleiben wie damals. Denn unsere Entwicklungsgeschichte ist, wie wir bereits besprochen haben, für eine auch nur annähernd adäquate Analyse zu komplex.

Alle kausalen Erklärungen nach dem Muster: »Weil mir damals das und das passiert ist, bin ich heute so und so« greifen zu kurz. Es ist uns einfach nicht möglich, ein vollständiges Bild von uns, unseren eigenen unbewussten Motivationen und den Einflüssen, die auf uns eingewirkt haben und laufend einwirken, zu bekommen. Auch ist es fraglich, ob wir viel gewonnen hätten, wenn wir das könnten. Kausale Interpretationen bewirken nur wenig, wenn sie uns nicht dazu verhelfen, die gegenwärtige Situation besser zu verstehen und ähnliche Situationen in der Zukunft konstruktiver zu bewältigen. Die schöpferische Selbstregulation unserer Seele ist nicht an der Vergangenheit als solcher interessiert, sondern zielt auf eine Bewältigung des Gegenwärtigen und des vorweggenommenen Zukünftigen hin. Wenn in unseren Symbolen Ereignisse und Erinnerungen aus früheren Zeiten auftauchen, dann dienen diese zur Veranschaulichung, Klärung oder Bewältigung eines gegenwärtigen Zustandes.

Deshalb ist die wichtigste Frage, die wir bei der Deutung eines Symbols stellen müssen, die nach ihrem möglichen Sinn in Bezug auf unsere aktuelle Situation: »Was sagt mir das Symbol in Bezug auf meine gegenwärtige Situation?«

Die Grundfrage der Deutung

Wenn wir ein Symbol auf die eine oder andere Weise bearbeitet, betrachtet, gestaltet, umkreist, vertieft, mit persönlichen Erfahrungsbezügen verbunden haben, können wir uns also die Grundfrage aller Deutung stellen, die wir schon mehrfach gestreift haben: »Was ist in meinem gegenwärtigen Leben so ähnlich wie in diesem Symbol?« Wir konzentrieren uns dabei auf einen uns zentral erscheinenden Aspekt des Symbols, versuchen dessen möglichen Sinn »herauszuziehen«, zu abstrahieren, und übertragen diesen Sinn dann auf unsere gegenwärtige Situation.

Wenn uns beispielsweise im Traum vom vergewaltigenden Hund der Hund vor allem als bedrohlich, triebhaft-übergriffig erschiene, dann würden wir als Nächstes abstrahieren und sagen: »Der Hund symbolisiert offenbar etwas Animalisches, Bedrohliches, Triebhaftes, Übergriffiges.«

Als weiterer Schritt würden wir dann fragen: »Wo erlebe ich in meinem gegenwärtigen Leben etwas, das so ähnlich ist wie das im Symbol Dargestellte? Wo erlebe ich etwas, das mir animalisch, bedrohlich, triebhaft, übergriffig erscheint?«

Es handelt sich bei der Deutung in der Regel um folgende vier Schritte:

1. Wir treten mit dem Symbol auf einem der beschriebenen Wege in eine tiefere Gefühlsbeziehung.
2. Dann fassen wir das, was uns am Symbol wesentlich erscheint, mit einigen Begriffen zusammen, geben ihm also eine zusammenfassende rationale Bedeutung.
3. Wir übertragen diese Begriffe auf uns und unser Leben.
4. Wenn wir eine Ähnlichkeit oder Entsprechung mit unserem Leben gefunden haben, fragen wir noch einmal zurück, ob wir den Eindruck haben, dass sich das Symbol tatsächlich gut auf diesen Sachverhalt übertragen lässt. Häufig sagt uns ein Gefühl von Stimmigkeit, ob dies zutrifft oder nicht. Wenn nicht, müssen wir nach einem neuen vergleichbaren aktuellen Zusammenhang fragen.

Manchmal können wir aber keine direkte Ähnlichkeit des Symbols mit unserer aktuellen Lebenssituation finden. Dann kann es hilfreich sein, sich daran zu erinnern, dass die unbewusste psychische Tätigkeit im Traum nicht nur Wünsche, Konflikte und Komplexe darstellt, sondern auch nach Antworten und Lösungen für sie sucht.

C. G. Jung hat dafür den Begriff »Kompensation« (lat. compensare: ausgleichen) in die Psychologie und Psychotherapie eingeführt. Er war der Auffassung, dass die kompensatorische Funktion der Psyche versucht, alle wesentlichen Inhalte, Aspekte und Impulse, die zur Ganzheit des Menschen gehören, aber von ihm verdrängt werden, weil sie mit der alltäglichen Einstellung nicht vereinbar sind, doch noch an das Leben anzuschließen. Die kompensatorische Wirkung kann sich in Träumen und Fantasien zeigen, aber auch in Fehlleistungen, Symptomen und neurotische Entwicklungen. Je stärker ein Mensch unter seinen eigenen Lebens- und Entwicklungsmöglichkeiten bleibt oder je stärker seine Entzweiung und Konflikthaftigkeit mit sich selbst ist, desto stärker, lebendiger und gegensätzlicher können kompensatorische Impulse auftreten.

Die kompensatorische Funktion des Symbols

Orientierungsfragen:
- Welche (einseitigen) Einstellungen, Haltungen, Werte, Verhaltensweisen könnten durch das Symbol kompensiert, ausgeglichen, reguliert werden?
- Welche bestätigenden, ergänzenden, ausgleichenden oder warnenden Impulse vermittelt das Symbol?
- Auf welche Weise könnte das Symbol mein Bewusstsein erweitern?
- Was kann ich daraus lernen?
- Inwieweit zeigen sich im Symbol schöpferische, finale, das heißt auf ein Ziel hin orientierte Tendenzen?
- Zu welcher weiteren Entwicklung regt es mich an?
- Welche Hinweise zu einer notwendigen Verhaltensänderung ergeben sich?

Wir haben gesehen, dass der Mensch ein überaus komplexes System ist. Wenn wir alles, was zur Aufrechterhaltung unserer körperlichen und seelischen Vorgänge notwendig ist, bewusst steuern müssten, wären wir nicht lebensfähig. Allein die Atmung oder den Herzschlag bewusst aufrecht zu erhalten und sein Volumen und Tempo an die erforderlichen Verhältnisse anzupassen, würde uns hoffnungslos überfordern. Glücklicherweise wird uns aber diese Arbeit durch die unglaublich intelligente und effiziente Selbststeuerung und Selbstorganisation des Organismus abgenommen.

Unser Organismus befindet sich in einem ständigen Prozess der Anpassung an die inneren und äußeren Gegebenheiten. Er ist sowohl auf der körperlichen als auch auf der seelischen Ebene unentwegt, in millionenfachen, gleichzeitig ablaufenden und aufeinander abgestimmten Prozessen damit beschäftigt, seine Lebensfunktionen in einem wohl ausbalancierten Gleichgewicht zu halten. Unsere Körpertemperatur passt sich automatisch der Umwelttemperatur und der Tageszeit an, das Herz schlägt schneller oder langsamer, die Atmung geht tiefer oder oberflächlicher, unsere Gedanken beschäftigen sich mit diesem und jenem, je nachdem, was gerade erforderlich ist.

Solange wir körperlich und psychisch gesund sind und im Einklang mit uns selbst und unserer Umwelt leben, laufen unzählige solcher kompensatorischen Regulationen unbemerkt im Hintergrund ab. Wenn wir jedoch stärker aus dem Gleichgewicht geraten, werden auch die Kompensationsmechanismen deutlicher und spürbarer. Der Körper signalisiert uns seine Überforderung dann in Form von Missempfindungen, Gespanntheit, Nervosität, Gereiztheit, Stimmungsschwankungen, Vergesslichkeiten, zunehmenden Funktionsstörungen aller Art bis hin zu massiven Krisen und Krankheiten.

Lebendige Symbole, wo auch immer sie uns erscheinen, uns beschäftigen und bewegen, können wir auch als Ausdruck der schöpferischen Selbstregulation unseres Organismus verstehen. C. G. Jung wies darauf hin, dass in vielen seelischen Erkrankungen ein finaler, schöpferischer Sinn enthalten ist, den es zu entdecken und zu verwirklichen gilt. Es gehe oft nicht darum, den Menschen von seiner Neurose zu befreien, sondern darum, dass die Neurose den Menschen von seinen falschen Einstellungen und Werten heile.

Deshalb sollten seelische Störungen nicht gleich symptomatisch bekämpft werden, sondern man sollte sich erst darum bemühen, ihren möglichen tieferen Sinn zu verstehen. C. G. Jung glaubte an eine Kraft im Menschen, die nicht zufrieden ist, bevor die schlummernden Möglichkeiten der Seele entfaltet sind: »Damals verstand ich, dass in der Seele von Uranfang her eine Sehnsucht nach Licht wohnt und ein unabdingbarer Drang, aus ihrer uranfänglichen Dunkelheit herauszukommen.«[61]

Auch die Individuation, die Selbstverwirklichung des Menschen, folgt einem solchen inneren Drang, sich aus der Dunkelheit des Unbewussten ins Licht des. Bewusstseins zu entwickeln. Diesen Prozess der Selbstentfaltung der Seele kann man begleiten und unterstützen, ihn machen zu wollen wäre aber wie der Versuch, das Wachstum einer Pflanze zu beschleunigen, indem man an ihr zieht.

Die schöpferische Kompensation kann auf verschiedene und sehr individuelle Weisen durch das Traumsymbol wirksam werden. Manchmal wird uns unsere Situation, in der wir uns gerade befinden, drastisch vor Augen geführt, so, als sollten wir durch diese Darstellung unsere Lage bewusster erkennen. Manchmal werden wir mit Symbolen konfrontiert, die im Kontrast dazu stehen oder gar das Gegenteil dessen darstellen, was uns gerade bewusst ist, so als sollten wir mithilfe einer solchen Konfrontation daran erinnert werden, dass es noch andere Möglichkeiten gibt, das Leben zu sehen. Oft werden uns durch die schöpferische Kompensation neue Ideen und sogar Lösungen für unsere Probleme angeboten. Wir werden darüber weiter unten im Abschnitt »Kreatives Potenzial und finale Tendenz« noch näher eingehen.

Nachdem wir einige grundlegende Aspekte der Deutungsarbeit dargestellt haben, wollen wir im Folgenden drei verschiedene Perspektiven, unter denen ein Symbol verstanden werden kann, behandeln, die wir, der Ordnung des A–H-Modells entsprechend, in drei Hauptgruppen unterteilen:

E. Eigenaspekte (Subjektstufe): Was sagt das Symbol über mich selbst, meine individuelle Persönlichkeit?

F. Fremdaspekte (Objektstufe): Was sagt das Symbol über meine Mitmenschen, meine Umwelt und meine Beziehung zu ihnen? und

G. Globalaspekte: Was sagt das Symbol über ganzheitliche, allgemeinmenschliche Zusammenhänge?

Diese drei Gruppen lassen sich in Bezug auf die Symbolarbeit allerdings nur theoretisch voneinander unterscheiden, praktisch sind sie eng miteinander verwoben und bilden ein untrennbares Kontinuum. Innen und Außen, Subjektives und Objektives, Persönliches und Allgemein-Menschliches sind keine voneinander wirklich unterscheidbaren Größen, denn alles, was wir wahrnehmen und erleben, sei es innen oder außen, findet in uns statt und wird uns, wie wir gesehen haben, nur über die in uns ablaufende psychische Verarbeitung zugänglich. Ganz streng genommen könnte man von daher alles hauptsächlich subjektstufig sehen. Dennoch brauchen wir für unsere Orientierung eine möglichst deutliche Unterscheidung in Bezug auf unsere Innenwelt und unsere Mit- und Umwelt und selbstverständlich spielen Mit- und Umwelt intensiv in unser Leben hinein, sodass sie nicht zu vernachlässigen sind, auch wenn wir nicht genau sagen können, wo die Grenzlinien und Übergänge zwischen den verschiedenen Welten sind.

Um einer psychischen Überforderung entgegen zu wirken, die durch eine zu frühe Konfrontation mit eigenen psychischen Anteilen (insbesondere wenn es sich um sehr bedrohliche oder archaische Aspekte handelt) entstehen könnte, hat es sich in der psychotherapeutischen Praxis auch bewährt, gewissermaßen von »außen nach innen« vorzugehen, erst mit den »äußeren«, so genannten objektstufigen Aspekten, den auslösenden Tagesereignissen, zu beginnen und dann allmählich über die persönlichen Einfälle und Erinnerungen zu einer mehr subjektstufigen und globalen Sichtweise überzugehen.

In dem oben erwähnten Traumbeispiel von dem vergewaltigenden Hund war es zunächst sinnvoll, den Hund mehr objektstufig aufzufassen als ein Symbol für die angstvolle Drucksituation, in die sich die Träumerin durch ihren Chef gesetzt gefühlt hatte. Diese Deutung half ihr, ihre Situation besser zu verstehen und Mut zu fassen, sich dem Wunsch ihres Chefs zu widersetzen.

Eine mehr subjektstufige Betrachtungsweise hätte zu den Fragen geführt, wo die Träumerin sich denn selbst »vergewaltigt«, wo sie vielleicht eigene ehrgeizige Ansprüche hat, mit denen sie sich so unter Druck setzt, oder wo es denn sonst eigene unterdrückte aggressiv-sexuelle Triebimpulse gibt, die ihr zu schaffen machen.

Der objektstufige Deutungsansatz hilft klären, wie ich die Mitmenschen und die Umwelt erlebe und ob ich dort etwas Wichtiges übersehen habe, der subjektstufige Ansatz hilft klären, wer ich in mir selber bin. Er fördert die Wiederaneignung der Kräfte, die in der Projektion auf Mitmenschen und Umwelt verloren wurden.

E. Eigenaspekte (Subjektstufe)

Eigene Persönlichkeitsanteile

Orientierungsfragen:
- Was fällt mir spontan dazu ein?
- Auf welche Seiten und Aspekte der eigenen Persönlichkeit weist das Symbol hin?
- Welche Wünsche, Sehnsüchte, Ängste stellen sich auf welche Weise dar?
- Welcher Wesenszug von mir könnte das sein (z. B. das innere Tier, das innere Kind, Über-Ich-, Persona-, Schatten-, Anima/ Animus- und Selbstanteile)?
- Gibt es einen Bezug zu meinem Körpererleben, zu körperlichen Vorgängen?
- Was zeigt sich im Symbol über meinen Umgang mit dem Vital-, Instinkt- und Triebbereich?
- Wie spiegelt sich meine allgemeine Lebensenergie (Libido)?
- Welcher mir fremde Anteil will sich mir annähern?
- Was zeigt sich von meiner Aggressivität?
- Was zeigt sich von meiner Sexualität?
- Was zeigt sich von meinen Selbstbehauptungs- und Machttendenzen?
- Wie spiegelt sich mein Beziehungserleben und -verhalten?
- Was zeigt sich von meiner Spiritualität?

Unter dem Gesichtspunkt der Deutung auf der Subjektstufe geht es darum, herauszufinden, was das Symbol speziell mit uns, unserem persönlichen Welt- und Selbsterleben, mit eigenen Anteilen, mit unseren Konflikten, Sehnsüchten und Wünschen zu tun hat. Alle Aspekte des Symbols oder des Traumgeschehens werden als Ausdruck persönlicher Aspekte, als Eigenschaften, Überzeugungen, Werte, Wünsche, Triebe usw. gesehen, die sich aber wie in einem Schauspiel auf verschiedene handelnde Personen, auf Tiere, Gegenstände, Landschaften verteilen können.

Eigene Stimmungen können sich in einer bestimmten Farbgebung oder einer besonderen Wetterlage symbolisieren. Die Art und Weise unseres Instinkt-, Trieb- und Affektlebens verbildlicht sich oft in den beteiligten Tieren oder in energetischen Vorgängen wie Feuer, Blitz, Donner und Wasserfluten. Unsere inneren Kinder weisen meist darauf hin, wie wir mit unseren kindlichen Bedürfnissen, aber auch unseren kreativen

Seiten umgehen. Eltern, Lehrer, Polizei und andere Autoritätspersonen sind oft Symbole unseres Über-Ich.

Sie drücken manchmal eine zu große Anpassung an gesellschaftliche Zwänge aus, manchmal sind sie ein hilfreiches Regulativ, wenn wir nicht wissen, wie wir uns verhalten sollen. Die Konflikte, die wir mit den Symbolgestalten, und die, die die Symbolgestalten untereinander austragen, können als Ausdruck widerstrebender Tendenzen und widersprüchlicher Bedürfnisse in uns selbst gesehen werden.

Die konsequente Auseinandersetzung mit den eigenen Anteilen setzt ein hohes Maß an innerer Stärke und an Bereitschaft voraus, sich selbst offen und ehrlich zu begegnen. Wichtig ist bei der Deutung auf der Subjektstufe auch, sich immer daran zu erinnern, dass Traumsymbole die Tendenz haben, in sehr verstärkter, dramatisierender Weise zu erscheinen, und von daher oft viel schlimmer und bedrohlicher wirken können, als die zugrunde liegenden Konflikte in Wirklichkeit sind.

Paul, ein Mann um die fünfundvierzig, wirkt in der Gruppe in der Regel verbindlich, kontrolliert, korrekt, gleichzeitig aber auch gebremst, latent aggressiv. Die im Hintergrund spürbare Energie tritt jedoch fast nie nach außen, wohingegen er andere Gruppenmitglieder häufig aggressiv macht. Er ist körperlich imposant, athletisch, voller Kraft, zwängt diesen Körper oft in enge Kleider, die ihm zu klein zu sein scheinen. Verglichen mit dieser enormen Energie ist er im Verhalten überraschend höflich und zurückhaltend. Ein Gruppenmitglied nannte ihn treffend den »höflichen Vulkan«.

Er bringt einen seltsamen Traum:

»Ich bin in einem Haus. Innen ist es von interessanten Gestalten bevölkert, von Gnomen, Zwergen, einem alten Mann mit weißem Bart, einem Mädchen, das Violine spielt, eine betörende, unbekannte Musik, von indisch anmutenden Tänzerinnen und anderen schönen, leicht gekleideten Frauen, die sich natürlich und ungehemmt bewegen, auch spielenden und unbesorgten Kindern. Das Haus ist von der Innenarchitektur her mit natürlichen Materialien urwüchsig gestaltet. Die rohen Eichenbalken sind sichtbar und bewirken eine archaische Atmosphäre. Ich befinde mich zunächst selbst darin, in beobachtender Position, bin nicht am Geschehen beteiligt, während alle anderen Wesen ihre Aufgabe haben und dieser nachgehen, mich nicht beachten. Plötzlich sehe ich, dass eine Hauswand wegfällt und das Haus offen ist, man von außen her alles betrachten kann. Auch ich stehe dann draußen und schaue hinein.«

Paul hat einen Beruf, durch den er im Licht der Öffentlichkeit steht, und hat damit so seine Schwierigkeiten. Er kann viele seiner ureigensten Bedürfnisse, Wünsche und Gefühle nicht leben, fühlt sich oft wie in eine Zwangsjacke gesteckt, die demnächst platzt. Wenn wir den Traum ernst nehmen, dann sind es wohl nicht die schlechtesten seiner inneren Qualitäten, die hier plötzlich durch die weggefallene Hauswand sichtbar werden, während sie vorher versteckt waren. Er scheint mit seinem Ich dazu aber zunächst Distanz zu halten, die Szene fasziniert zu beobachten, ohne etwas damit zu tun zu haben.

In Pauls Traum treiben sich verschiedenste Wesen herum, die aus der Sagenwelt zu stammen scheinen, jedenfalls nur schwer in einen konkreten Bezug zu realen Personen seines Lebens zu bringen sind. Wie mögen sie sich in Pauls Seele geschlichen haben? Ihm jedenfalls sind sie völlig fremd. Der Traum erscheint ihm, als habe ein anderer ihn geträumt. Es fällt ihm zunächst schwer, in diesen Wesen eigene Züge zu erkennen. Durch die Frage, welche von diesen Gestalten ihn anziehen, welche eher nicht, kommt er in einen träumerischen Zustand, sein Gesicht entspannt sich, nach einiger Zeit rinnen ihm ein paar Tränen die Wangen hinunter. Entgegen seiner Gewohnheit lässt er sich mit der Antwort lange Zeit, ist offensichtlich so berührt von den Bildern des Traums, dass er seinen üblichen Druck ganz sein lassen kann.

Sehnsucht habe er nach ihnen. Er sei selber höchst erstaunt, aber er habe ganz eindeutig Sehnsucht nach ihnen. Es seien wohl Wesen, zu denen er in tieferer innerer Verbindung stehe, als er gedacht hätte. Er könne sich sehr gut vorstellen, in diesem Haus zu leben, dort sei ja alles versammelt, was ihn zutiefst berühre. Wie in der Kindheit sei das, als er noch Märchen gelesen habe, in der Zeit, »als das Wünschen noch geholfen hat«. Natürlich seien es zunächst die leicht bekleideten Frauen, die ihn anzögen, aber diese Anziehung sei nicht rein sexuell, sie sei erotisch auf eine leichte Art und Weise, sei wie ein Bann. In dieser Faszination zu bleiben und sich so erhoben zu fühlen wie dort, könne er nur wünschen.

Der alte Mann mit dem weißen Bart erscheine ihm gütig: »Der könnte ein guter Vater oder Großvater sein, einer, der so viel weiß vom Leben, dass er niemanden mehr belehren muss.« Die Gnome und Zwerge seien ein wenig anderer Natur, seien »ausgefuchst und trickreich, verfügten über Zauberkünste und die Geheimnisse der Erde«. Die Violinistin könne vielleicht eine Wunschgestalt sein, er habe immer Violine spielen wollen, habe sich aber nicht getraut, weil der Vater das weibisch gefunden habe. Und die Tänzerinnen? »Die Tänzerinnen schweben so leicht über die Erde, dass ich mir wie ein ungehobelter Klotz dagegen vorkomme. So leicht möchte ich sein wie die, so möchte ich mich auf dieser Welt bewegen können, nicht so erdenschwer, depressiv und resigniert, wie ich oft bin. Auch die Kinder sind so, sie haben viel weniger Angst, als ich früher hatte.«

Paul ist unversehens seinen Traumgestalten sehr nah gekommen. Er kann sie zunächst als Wünsche identifizieren. Es sind in ihm schlafende Gestalten, die einmal, vielleicht in früher Kindheit, vielleicht in der Jugend, wach waren, gelebt haben, leben wollten, inzwischen aber aufgegeben haben und nun vielleicht die Gunst der Stunde nützen, um ihn zu erinnern, dass sie einmal da waren. Wir haben es mit Kräften zu tun, die sich kausal nicht mehr erklären lassen, sondern offensichtlich darauf warten, ihren Weg weitergehen zu können, als seien sie – wie Dornröschen im Märchen – über lange Zeit festgehalten und fixiert gewesen in einem Schlaf. Jung nennt dies die finale Tendenz der Seele: »Alles, was im Unbewussten liegt, will Ereignis werden ...« (C. G. Jung)[62]

In den Begriffen der Analytischen Psychologie gedacht, begegnet Paul verschiedenen Animagestalten (eigenen weiblichen Seiten), dem inneren Kind, dem Alten Weisen und anderen psychischen Teilpersönlichkeiten (Personifikationen). Es gibt zahlreiche Varianten solcher Gestalten. Sie können aus der menschlichen, der dem Menschlichen noch nahen, der tierischen oder der vegetativen Welt kommen, ja selbst aus der stofflich-mineralischen und weisen dann je auf die Ebene der in ihnen lebendigen unbewussten Welt hin. Sie sind Verbildlichungen von grundlegenden Weisen des menschlichen Seins oder von universalen Mustern der Seele.

Solche Wesen erwachen in Pauls Traum und weisen ihn darauf hin, dass sie noch leben oder wieder lebendig werden wollen, dass sie seine eigenen Wesenszüge sind. In jeder dieser Gestalten steckt vielleicht ein alter träumerischer Entwurf, der im Lauf der Zeit zugunsten der Realität aufgegeben wurde. Es sind Teile seiner Persönlichkeit, in ihm schlummernde Kräfte und Potenziale, die sich hier regen. Sie wollen und können noch nicht verwertet werden, können noch nicht in eine Funktion hinein gepresst werden, sondern verlangen zunächst das reine Betrachten. Nur dieses Betrachten ohne Absicht, Plan, Verwertungsinteresse oder Nützlichkeitsüberlegung verhilft ihnen zur Wiedergeburt.

Die kompensatorische Bedeutung dieses Traums lässt sich leicht finden. Wir haben erwähnt, dass Paul beruflich im Lichte der Öffentlichkeit steht und sich bemüht, den hohen Leistungsforderungen, aber auch moralischen Erwartungen gerecht zu werden, die an ihn gestellt sind. Es ist sein vorrangiges bewusstes Streben, keine Angriffsfläche für irgendeine Kritik zu bieten, und er gerät schnell in Schuldgefühle, wenn dies doch einmal passiert. Er hatte diese Haltung schon von Kindheit an, und sie hat ihn auch zum verantwortlichen Beruf prädestiniert. Dies alles bedeutet aber, dass er sein ganzes Leben lang andere Kräfte und Strebungen.

ganz elementare Bedürfnisse nach Entfaltung, kontrolliert, einzugrenzen versucht oder auf Felder begrenzt hat, wo sie sich nicht störend ausgewirkt haben. Oft wirkt er in der Gruppe wie ein zur Sanftmut erzogener Baumfäller. Die Traumbilder bringen nun Seiten hervor, die überhaupt nicht in seine rational-funktionale Welt passen, sondern geradezu im Gegensatz zu ihr zu stehen scheinen. Er kann sich nicht vorstellen, sich mit diesen Gestalten zusammen öffentlich zu zeigen, man würde ihn dann nicht wieder erkennen und für verrückt halten. Er kann sich allerdings einen Mann vorstellen, zu dem sie passen würden. Auf die Frage, wie jener wohl beschaffen sei, antwortet er: »Das ist sicher ein kreativer, ein sensibler Mensch, einer, der voller Träume ist, vielleicht ein Maler oder Musiker. Er ist auch unkonventionell, hält sich wenig an Regeln, ist vielleicht etwas unzuverlässig und sprunghaft. Wenn ihm was einfällt, geht er dem nach, ob er nun Termine hat oder nicht. Er kann sich die Freiheiten des Künstlers erlauben.«

Beim Nachdenken über diese Beschreibung fällt Paul auf, dass er gerade das Gegenteil von sich selber gezeichnet hat. Dies erstaunt ihn und führt ihn zu der Frage, ob da wohl jemand in ihm wohnt, der ein ganz anderer sein will, als er es heute ist. Man könnte in der Terminologie der Analytischen Psychologie sagen, Paul habe bisher hauptsächlich seine Persona (»Maske, Rollenidentität«) gelebt und seinen Schatten vernachlässigt, und diese Einseitigkeit mache ihm nun Schwierigkeiten. Mithilfe der Persona bewegen wir uns im Alltag, in unseren Rollen, in den verschiedenen Situationen der Anpassung an äußere Bedingungen. Sie beschreibt die soziale Rolle oder Maske und ist für das soziale Leben von zentraler Bedeutung. Die Identifikation mit Personaelementen kann jedoch ein Problem werden, wenn sie zur Vernachlässigung anderer Seiten unseres Wesens zwingt und diese ins Reich der Schatten verweist.

Aber nicht nur die spezielle Eigenart der Symbolgestalten spielt eine Rolle, sondern auch, wie sie erscheinen und wie sie zueinander in Beziehung stehen. Hierin spiegeln sich unsere Konflikte, die wir mit diesen Anteilen haben.

Innere Konflikte

Orientierungsfragen:
- Wie werden diese symbolischen Aspekte gelebt und wie gehe ich bzw. die Symbolgestalten damit um?
- Welche Konflikte zeigen sich?
- Haben die Symbolbilder eine Ähnlichkeit mit Problemen und Situationen, mit denen ich mich zur Zeit besonders konfrontiert fühle?

- Sind es typische Konfliktsituationen, in die ich immer wieder hineingerate?
- Wie werden diese symbolischen Aspekte gelebt, und wie gehe ich beziehungsweise die Symbolgestalten damit um?
- Deutet sich im Symbolgeschehen eine Lösung an?

Wie bereits erwähnt wurde, ist die schöpferische Selbstregulation unseres Organismus unentwegt damit beschäftigt, die verschiedenen Seiten unseres Wesens in einem gesunden Gleichgewicht zu halten. Dementsprechend konzentriert sie sich natürlich besonders auf jene Aspekte unseres Lebens, in denen etwas aus dem Gleichgewicht zu geraten droht oder schon geraten ist. Das ist der Grund, weshalb wir uns sowohl in unseren Tagträumen als auch in den Träumen der Nacht überwiegend mit konflikthaften, unerledigten, ungelösten Themen beschäftigen.

Als Menschen, deren Natur und Wesen polar, das heißt gegensätzlich ist, sind wir immer wieder verschiedensten typischen Konflikten ausgesetzt, die sich in unseren Fantasien und Träumen häufig zeigen, zum Beispiel Konflikten zwischen Wünschen und Ängsten, zwischen Bindung und Autonomie, zwischen materiellen und ideellen Werten, zwischen intuitiver Fantasie und konkreter äußerer Realität. Viele dieser Konflikte, mit denen wir uns herumplagen, sind allgemein-menschlich, sie sind unserer Natur inhärent. Sie sind uns existenziell aufgegeben. Sie müssen bewusst gesehen, erlebt und oft auch durchlitten werden. Sie bilden den unverzichtbaren Motor und Treibstoff für unser Leben. Sie fordern uns immer wieder zu neuen Erfahrungen, Reifungsschritten und Wandlungsprozessen heraus. Sie werden erst dann wirklich problematisch und krank machend, wenn einzelne Pole der Konfliktpaare vom Leben ausgeschlossen, verdrängt, abgespalten, unterdrückt werden, wenn die in ihnen vorhandene Spannung keinen schöpferischen Ausdruck findet und dadurch die natürliche Lebensbewegung blockiert ist.

Entgegen unserer vielleicht vorhandenen Wunschvorstellung, das Ziel der Individuation sei ein harmonischer Dauerzustand, in dem die Konflikte des Lebens verschwunden sind, zielt die gesunde Entwicklung auf eine immer flexibler werdende Konfliktfähigkeit hin. Die Konflikte des Lebens können nicht grundsätzlich aufgelöst oder überwunden werden, sondern wir können nur lernen, mit ihnen immer besser, angemessener und konstruktiver umzugehen, wir können sie bestenfalls »überwachsen«.

So kann bei jedem auftretenden Symbol nach dem in ihm zum Ausdruck kommenden Konflikt gefragt werden. Wir können beispielsweise fragen, welches Problem diesen Menschen zurzeit vorrangig belastet, in welchem Spannungsfeld er steht, welche Komplexe akut aktiviert sind und durch welche auslösenden Momente diese Komplexe angesprochen werden. Die aktuellen Komplexe und Konflikte lassen sich in den Träumen leicht erkennen, wenn wir dem Handlungsverlauf folgen und darauf achten, an welcher Stelle und in welchem Zusammenhang es zu Störungen, zu Hemmungen, zu Auseinandersetzungen, zu Ängsten, Schuld- und Schamgefühlen, zu Abbrüchen des natürlichen Handlungsflusses kommt.

An diesen Punkten können wir vermuten, dass sich aktuelle oder auch überdauernde Konflikte darstellen. Bei längeren Träumen und sonstigen symbolischen Ereignissen, die wir im Ganzen nicht bearbeiten können, ist es hilfreich, sich auf den zentralen Konflikt zu konzentrieren, der sich eben dort zeigt, wo gegensätzliche Kräfte aufeinanderprallen und es nicht mehr recht weitergeht. Der Hauptkonflikt lässt sich auch dadurch leicht ermitteln, dass wir uns fragen:»Was ist mir ganz besonders aufgefallen? Was finde ich besonders merkwürdig? Welche knappe Überschrift würde ich dem symbolischen Geschehen geben?« Die an diesem konflikthaften Knotenpunkt beteiligten Symbolgestaltungen können dann widerstreitende Seiten von uns selbst darstellen.

Peter, Mitglied einer therapeutischen Gruppe, drückte seine lebenslange seelische Konfliktlage in einem symbolischen Bild sehr eindrücklich aus:

»Ich sehe mich in einem Quadrat knien – wie in einer Art Laufstall. Nach allen Seiten bin ich angebunden und bekomme dadurch einen guten und festen Halt. Ich spüre aber auch, wie schmerzhaft die Stricke ins Fleisch schneiden. Mein ganzes bisheriges Leben lang habe ich diese Haltestricke gar nicht bemerkt, nun spüre ich sie. Gleichzeitig fühle ich mich eingeengt, habe keinen Spielraum, kann mich nicht mehr vom Fleck bewegen und muss in einer ganz eingeschränkten, verkrampften Haltung verharren.«

Die in der Gruppe fantasierte Reaktion, alle diese Stricke abzuschneiden oder abgeschnitten zu bekommen, löste bei ihm sowohl Befreiungsfantasien als auch Panik aus. Er spürte bei dieser Fantasie, dass er wohl zunächst auf der Erde liegen würde, ohne Möglichkeit, ohne die Kraft, sich zu erheben:»Ich wäre dann vielleicht auf dem Grund meiner Seele, müsste aber wieder ganz vorne beginnen.«

Es ist eindrucksvoll, mit welcher Klarheit hier seine komplexe, ambivalente Situation Ausdruck findet. Die Haltestricke fesseln ihn nicht nur, sondern sie stabilisieren ihn auch, er hat sich durch sie im Leben bisher so recht und schlecht zurechtgefunden und aufrecht erhalten. Was sich objektstufig gesehen als einschränkende, hemmende Umwelteinflüsse betrachten ließe, erweist sich subjektstufig als etwas, was er selbst aktiv aufrecht erhält, um sich vielleicht nicht auf die eigenen, wackeligen Beine stellen zu müssen, um die Freiheit, die auch Angst und Einsamkeit bedeutet, nicht erfahren zu müssen.

Hier scheint ein komprimiertes Bild für die neurotische Lebensweise überhaupt gefunden zu sein. Sie ist der Zustand des Eingebundenseins in solche Stricke, aber ohne dass der Betroffene dies so wahrnimmt. Er bietet das Bild eines in seine eigenen Hilfsmechanismen verstrickten Blinden, der vielleicht kämpft wie ein Löwe oder auch wie Laokoon gegen die erwürgenden Schlangen, aber an einer Stelle, an der es nichts zu kämpfen gibt. Er klagt vielleicht an, schreit seine Not hinaus, aber er sieht nicht, dass er sich die Stricke aus Angst vor der Eigenständigkeit immer wieder selbst anlegt. Der Mensch in diesem Symbol ist einer, der noch nicht begonnen hat, das eigene Leben zu leben, sondern den passiven oder aktiven Widerstand gegen die Verhältnisse zum Beispiel in Form der Elternfiguren lebt.

Peter ist zu dem Punkt gelangt, an dem er entweder seine beengte Lage deutlicher erkennen muss oder sich – trotz der Stricke – nicht mehr halten kann. In dem Moment aber, wo er die Begrenzung und seine schmerzhafte Situation erkennt, entsteht auch die Fantasie der Befreiung. Dieser Prozess des Erkennens, der mithilfe der Therapie oder in der Selbsterfahrung vertieft wird, hilft, diese Stricke langsam zu lösen. Sie lösen sich dadurch, dass sie für ihn selber sichtbar werden, er seine abhängige Gebundenheit, seine Angst vor Freiheit und Selbstverantwortung erkennen kann.

Zustand der Persönlichkeitsstruktur

Für die analytische Psychotherapie, aber auch in allen Prozessen der Selbsterfahrung, ist es im Zusammenhang mit der Symbolarbeit sehr wichtig, dass der Therapeut oder Leiter immer auch seine Aufmerksamkeit auf die Beschaffenheit der Persönlichkeitsstruktur seiner Klienten richtet und zu einer Einschätzung kommt, ob diese ausreichend stabil und flexibel ist, um bestimmte Konflikte adäquat verarbeiten oder sich mit bedrohlichen unbewussten Inhalten auseinandersetzen zu können. Entsprechend der Festigkeit und Stärke der Persönlichkeit, die sich unter anderem gerade dadurch auszeichnet, dass sie sich selbst relativieren und in Frage stellen kann, müssen die Interventionen dann angepasst werden.

Im einen Fall sind vielleicht mehr stützende, verstehende, »nährende«, im anderen Fall vielleicht mehr anregende, ermutigende und in einem noch anderen Fall mehr kritisch-konfrontierende, herausfordernde Interventionen angebracht. Meistens ergibt sich die Art der therapeutischen Intervention direkt aus der konkreten Beziehungssituation heraus. Manchmal vermitteln aber auch die Träume wertvolle Hinweise, insbesondere dann, wenn man darauf achtet, in welcher Weise sich die Traum-Persönlichkeit den Symbolgestalten gegenüber verhält.

Beispielsweise könnte man anhand der Traumvorgänge folgende Fragen abklären:

- Was zeigt sich in den Symbolen selbst über die Persönlichkeit, über die Hemmungen und das Entwicklungspotenzial eines Menschen?

Viele Symbole können unsere Persönlichkeit unmittelbar ausdrücken, zum Beispiel das Haus, der Baum, das Auto. Von welcher Beschaffenheit ist das Haus? Neu, alt, renovierungsbedürftig? Gibt es darin genug »Lebensräume«? Oder sind bestimmte Bereiche des Hauses unzugänglich, »tabuisiert«? Wie sind die Fenster und die Türen? Ist Offenheit und Zugänglichkeit nach innen und nach außen vorhanden?

Beim Baum kann die Art und Beschaffenheit der Wurzeln auf unser Geerdet- und Verwurzeltsein im Körper- und Vitalbereich, unsere Beziehung zum Unbewussten, zum familiären und kollektiven Grund hinweisen, der Stamm auf unsere Festigkeit, Flexibilität und Belastungsfähigkeit, die Krone auf unser geistiges und kreatives Entfaltungspotenzial.

Im Symbolbild des Autos kann es beispielsweise bedeutsam sein, in welchem Zustand unser Auto ist (neu und ganz oder kaputt und reparaturanfällig, ohne Benzin, mit versagenden Bremsen), wie wir in dem Auto fahren, ob wir das Auto selber lenken oder jemand anders, ob wir vorne oder hinten sitzen, ob wir die Fahrbahn sehen oder nicht usw. und ob wir unser Fahrziel erreichen oder nicht.

Auch der formale Zustand eines Symbols kann Hinweise geben (z. B. geordnete, klare, realistische Formen versus chaotische, ineinanderfließende, unabgegrenzte Elemente).

- Wie bewusst, wie vertraut und bezogen oder wie fremdartig beziehungsweise unbezogen und bedrohlich sind die Symbolgestalten?

Das Ausmaß der Fremdartigkeit und Bedrohlichkeit der Symbolgestalten zeigt oft an, wie unbewusst oder abgespalten die betreffenden Inhalte noch sind. Bei sehr archaischen Figuren, insbesondere verfolgenden und verschlingenden Wesen, bei archaisch und abartig erscheinenden Formen der Sexualität und Aggressivität, wie zum Beispiel Mord, Folter, Sadismus-Masochismus, bei diffusen Bedrohungen, Katastrophen, Überschwemmungen, Auflösungen und Fragmentierungen, schweren Erkrankungen, Körper- und Leichenteilen ist immer besondere Vorsicht angeraten. Treten solche

Symbole wiederholt auf, drücken sich darin möglicherweise eine längere seelische Krise und eine labile Persönlichkeitsstruktur aus, die einer sehr behutsamen therapeutischen Unterstützung bedürfen.

- Wie verhält sich das Traum-Persönlichkeit in der Auseinandersetzung mit dem symbolischen Ereignis? Welche Abwehr- und Bewältigungsstrategien setzt sie ein? Kann sie Angst und Spannung aushalten? Setzt sie sich aktiv auseinander, bleibt sie passiv, flieht sie? Kann sie Verantwortung für sich selbst übernehmen? Verfügt sie über Frustrationstoleranz? Welche Ausprägung haben Größenfantasien und Minderwertigkeitserleben? Stehen ihr kreative Einfälle zur Verfügung? Ist sie in der Lage, sich zu lieben, oder muss es diese Liebe besonders betonen oder gar verstecken? Wie ist das Verhältnis zwischen Realitätsprinzip und Lustprinzip einzuschätzen?
- Wie geht die Traum-Persönlichkeit mit oralen, aggressiven oder sexuellen Triebwünschen um, kann sie sie partiell ausleben, wie verhält sie sich dabei kontrollierenden und moralisierenden Über-Ich-Instanzen gegenüber (beispielsweise im Symbol von Polizei, Lehrern, Autoritätspersonen, Eltern)? Kann sie Schuld- und Schamgefühle erleben und aushalten?
- Wie benützt sie ihre Orientierungsfunktionen, das Denken, Fühlen, Intuieren und Empfinden; orientiert es sich eher nach innen oder nach außen (Introversion, Extraversion)?
- Welche typischen Persönlichkeitseigenschaften zeigen sich?

Denken wir noch einmal an das Bild zurück, das Peter gebraucht, um seine Lebenssituation auszudrücken: Er sah sich gehalten und gebunden von Stricken. Seine Entfaltungsenergien sind äußerst eingeschränkt, gefesselt, er kann sich nicht bewegen, nicht einmal auf eigenen Füßen stehen. Würde man ihm die Stricke nehmen, würde er erst einmal hilflos wie ein kleines Kind sein und müsste ganz von vorne anfangen. Peter wird für seine Entwicklung viel Zeit und Geduld brauchen, um alles das nachzuholen, was er als Kind nicht recht lernen konnte. So stark seine Persönlichkeit nach außen anderen Menschen vielleicht erscheinen mag, so unfrei und unflexibel ist sie doch.

Peter kann seine Fähigkeit zu denken nicht als Instrument der Freiheit verwenden, sondern lediglich als Mittel der Kontrolle nutzen. Er kann sich nicht »regressiv« fallen lassen, kann sich nicht in die eigene Gefühlswelt versenken, sondern muss sich krampfhaft und schmerzhaft oben halten. Peters Fragen in der Gruppe lauteten in der Anfangsphase fast immer ein wenig gereizt und stereotyp: »Und was mache ich jetzt damit?« oder »Und wie ändere ich das?«. Er wollte handeln, die unsichere Situation schnell überspringen, statt erst einmal innerlich genau nachzufühlen. Er stellte Pseudofragen, Fragen, an deren Beantwortung er gar nicht wirklich interessiert war, weil er nicht wagte, seinen eigenen Lebensimpulsen zu trauen.

Vor dem Zeitpunkt, als das Fantasiebild vom Gefesseltsein bei Peter auftauchte, erschien ihm seine Lage hoffnungslos. Das Bild schien die Hoffnungslosigkeit zunächst sogar noch zu verstärken. Es setzte aber dann einen Prozess in Gang, der ihn langsam aus der Tiefe herausführte. Peter erkannte bald, dass die symbolische Szene des Gefesseltseins paradoxerweise schon konkrete Möglichkeiten aufzeigte, sich seinem Grundproblem langsam zu nähern, indem er nämlich nicht alle Stricke auf einmal, sondern einen nach dem anderen löst. Diese Vorstellung war dann eine gute Beschreibung für den folgenden Prozess der Selbstbefreiung. Er spürte immer mehr Wut, deren Quelle und Grund er nicht verstehen konnte. Er ahnte jedoch, dass sie sich gegen Einschränkungen, Beschränkungen, Korsetts und Verbote richtete.

Zunächst identifizierte er die Wut als gegen äußere Widerstände gerichtet, die ihm im Beruf und im privaten Leben entgegengesetzt wurden, also kämpfte er gegen Beschränkungen durch Familienmitglieder, Kollegen, Institutionen und alle möglichen äußeren Bedingungen. Immer mehr spürte er dann, dass die Wut sich gegen Enge und Bindung überhaupt richtete, auch gegen die Enge in der eigenen Brust, die seinem eigenen moralischen Gerüst und seinen Prinzipien entsprang. Anpassungsleistung und Wut waren aber so ineinander verschlungen, dass sie ihm kaum mehr entwirrbar zu sein schienen.

Oft kam es vor, dass er tagelang hervorragend funktionierte und dabei freundlich, zuvorkommend und höflich blieb, gleichzeitig aber spürte, wie die Wut unbezwingbar in ihm anwuchs, sich dann plötzlich an ganz unerwarteten Stellen Luft verschaffte und vor allem näher stehende Menschen traf. Oder es gelang ihm nicht, ein Ventil zu finden, und er rutschte stattdessen in tiefe Resignation, eine hoffnungslose Mischung aus Wut und Verzweiflung.

Ganz diffus noch meldete sich hier eine archaisch-aggressive Kraft, deren Ziel zunächst undifferenziert irgendeine Art der Befreiung war: Wenn doch von irgendwoher ein Schwert käme, um jene imaginären Fesseln zu sprengen! Damit tauchte urplötzlich eine befreiende, heroische Symbolik auf.

Das Schwert ist ja eines der Zentralsymbole des »Heros-Prinzips«. Es brachte zunehmend die Lust mit sich, gesellschaftliche Regeln und Konventionen zu durchbrechen. In seinen Träumen stellte er immer häufiger etwas etwas an oder war mit seinem Sohn unterwegs, der etwas anstellte. Er rügte ihn dann zwar im Traum, freute sich aber insgeheim darüber, vor allem, wenn sie nicht erwischt wurden. Dabei überschritt er im Traum gern die Grenzen des Erlaubten, überstieg Zäune, missachtete Verbote.

Es folgte dann auch im bewussten Leben die Lust, verbotene Früchte zu pflücken, vor allem in den Paradiesgärten der Erotik. Er schuf sich Lebensräume, in denen er sich austoben konnte, z. B. beim Trekking, wo er auch seinen Mut üben und kleine Bewährungsproben im Kampf mit den Elementen bestehen konnte. Auch im Humor fand er überraschenden Entfaltungsraum, sein Witz konnte überschäumend sein und ihn ganz verändert und unkontrolliert erscheinen lassen.

Kreatives Potenzial und finale Tendenz

Orientierungsfragen:
- Was könnte das Ziel des Symbols sein?
- Wie zeigen sich schöpferische Möglichkeiten?
- Worin spiegelt sich mein ungelebtes Potenzial?
- Welche Lösungen bietet das Symbol zu meinem aktuellen Problem an?
- Enthält das Symbol Hinweise, wie es konkrete und lebendige Gestalt annehmen könnte?

Die schöpferische Selbstregulation der Psyche ist ja hauptsächlich zielgerichtet. Sie ist an einer zunehmend freieren Entfaltung des ganzen Potenzials der Persönlichkeit und einer immer besser werdenden Anpassung an die Umwelt interessiert. Sie bietet deshalb auch oft neue, kreative Ideen und Lösungsversuche für unsere Konflikte an. C. G. Jung nannte dies die prospektiv-finale Funktion der Psyche.

Allerdings müssen wir uns für die Wahrnehmung der kreativen Impulse häufig erst sensibilisieren. Unser Alltagsbewusstsein denkt meist in den üblichen festgefahrenen Bahnen und vermeidet das Neue und Ungewohnte. Dementsprechend wehren wir oft auch kreative neue Impulse in unseren Fantasien und Träumen ab, zumal wenn diese in archaischer oder »primitiver« Form erscheinen. Wenn wir den Eindruck haben, dass ein Traum uns nichts Neues sagt, dann handelt es sich meistens um einen Widerstand. Wir wollten das Neue und Andere nur nicht wahrnehmen.

Sehr wahrscheinlich hat uns auch unser Über-Ich dazwischen gefunkt und uns vermittelt, dass das, was wir geträumt haben, nicht »hilfreich, edel und gut« war, sodass wir den Traum am besten gleich wieder vergessen sollten. Das Lebendige, das kreative Potenzial zeigt sich in unseren Träumen aber gerade in jenen schattenhaften Aspekten, mit denen wir uns lieber nicht beschäftigen möchten. In vielen Therapien ist es deshalb ein zentrales Thema, unser ewig kritisierendes, zensierendes, verbietendes, kontrollierendes, abwertendes, bestrafendes, Schuld- und Schamgefühle erregendes Über-Ich in seiner Strenge und Schärfe zu mildern.

Das Über-Ich, das sich häufig in Gestalten symbolisiert, vor denen wir besonderen Respekt haben (z. B. Polizei, Richter, Lehrer, Eltern, Feinde, Nachbarn, »die Leute«, »der liebe Gott«), meint es zwar in gewisser Hinsicht gut mit uns, denn es warnt vor Fehlern, die uns in Schwierigkeiten bringen könnten. Aber bei vielen Menschen ist es einfach zu konventionell, zu angepasst, und blockiert mit seinen negativen Kommentaren eine gesunde Entwicklung des Selbstwertgefühls und der Kreativität. Sehr oft muss deshalb dem Über-Ich mit Entschiedenheit und sogar mit einem hohen Maß an Aggressivität entgegengetreten werden, bis es bereit wird, besser mit uns zu kooperieren.

Um uns das schöpferische Potenzial eines Symbols zu erschließen, müssen wir ihm zunächst mit wohl wollender Achtsamkeit gegenübertreten und ihm behutsam Raum und Zeit geben, damit es sich in der ihm gemäßen Art und Weise zu äußern vermag. Wichtig ist, dass wir vorschnelle Abwertungen (»Damit kann ich nichts anfangen«, »Das hat nichts Besonderes zu bedeuten«) und Abwehrdeutungen (»Das heißt nichts anderes als ...«) vermeiden und uns so unbefangen wie möglich auf das Symbol einlassen.

Es ist erstaunlich, wie oft Symbole, die uns Angst machen und unseren Widerstand erregen, überraschend positive und frische Aspekte offenbaren können, wenn wir uns längere Zeit auf sie eingelassen haben. Das gilt ganz besonders für unsere Schattenseiten.

Wenn C. G. Jung einmal sagte, dass der Schatten zu 90 Prozent aus reinem Gold bestünde, dann meinte er zum einen damit, dass wir mit der dauernden Abwehr unseres Schattens einen Großteil unserer seelischen Energie verbrauchen, die wir für unsere Kreativität und Lebendigkeit viel besser verwenden könnten, und zum anderen, dass wir auch sehr viele Seiten in den Schattenbereich verdrängt haben, die kostbar und positiv sind, die aber in unserer Kindheit als schlecht, ungehörig, unverschämt und sündig dargestellt und mit negativen Aussagen verbunden wurden.

Dazu gehören beispielsweise Lebensfreude (»Den Vogel, der morgens singt, holt abends die Katz!«), Neugier und Kreativität (»Sei doch nicht so neugierig!«, »Du mit deinen verrückten Einfällen!«), Eigenständigkeit (»Du Dickkopf!«), Selbstbehauptung (»Sei doch nicht so egoistisch!«), Spontanität (»Kannst du dich nicht beherrschen?«), Fantasie (»Sei doch nicht so ein Träumer!«) oder Sexualität (»Warum hast du immer so einen Schweinekram im Kopf!« oder »Du verhältst dich ja wie eine Nutte!«). Das »Böse in uns« ist oft gar nicht das, was wir an negativen Seiten verteufeln, sondern es ist die Gewalttätigkeit, mit der wir uns selbst demütigen, quälen und verletzen, indem wir diese Seiten in uns abwerten und uns für sie verachten und bestrafen.

Stefan, ein Mann um die Fünfzig, leidet an Gefühlen der Sinnlosigkeit und Depression. Wie um dem nicht begegnen zu müssen, versucht er zwanghaft, alles in seinem Leben, auch und gerade was er in seiner Selbsterfahrungsgruppe erlebt, theoretisch und logisch einzuordnen und damit unwirksam zu machen. Jahrelang hat er sich ein breites Wissen an historischen und philosophischen Zusammenhängen angeeignet, das er auf alles mögliche anwendet. Er klagt andererseits aber über Müdigkeit, Resignation, Langeweile und ähnliche Gefühlszustände, die sich interessanterweise bei den anderen Mitgliedern der Gruppe immer dann einstellen, wenn er ausführlich referiert und reflektiert.

Seine Träume konfrontierten ihn oft mit Symbolen, mit denen er eigentlich gar nichts anfangen konnte. Er begegnete Wildschweinen und Schlangen, fand sich grabend in Höhlen vor, hatte mit Schlamm und Dreck zu tun. Sein Leben erschien ihm bedeutungslos, er konnte sich kaum zu etwas aufraffen, im Traum aber erlebte er eine animalische, erdhafte Lebendigkeit, die ihn eigentümlich fremd und zugleich faszinierend berührte.

Eines Tages taucht in einem seiner Träume ein kleiner Junge auf. Er steht einfach am Zaun, schaut sehnsüchtig zu Stefan hin und tut sonst gar nichts. Dieses Dastehen irritiert Stefan, und er entwickelt viele Theorien darüber, was das sagen könnte. Der Traum kehrt in ähnlicher Form wieder, wieder steht der Junge da. Dies wiederholt sich so lange, bis Stefan zwar den Traum noch erzählt, aber aufhört zu theoretisieren, sondern anfängt, den Jungen selbst schweigend zu betrachten und einmal richtig in sich aufzunehmen.

Hier kommen ihm plötzlich Erinnerungen, wie er als Junge gewesen ist, was er gesagt, erlebt, getan hat, welche Wünsche und Träume er hatte, wie sie gestorben sind. Stefan wird traurig und sagt plötzlich: »Ich möchte lieber wieder ein Kind sein.« Andere Mitglieder der Gruppe fangen an zu weinen, spüren etwas Wesentliches von Stefan, was er wohl unterwegs im Leben verloren hat. Plötzlich weicht die Langeweile einer realen lebendigen Beziehung zu seinem inneren Kind.

Zunächst scheint Stefan dieses Kind mit Theorien abspeisen, das heißt, es loswerden zu wollen. Zum Glück gelingt es ihm nicht. Das Kind steht nach ein paar Nächten wieder da und will keine Theorien, sondern herein gelassen werden, dableiben dürfen. Es will mit Stefan mitgehen, und erst dadurch wird er vollständiger. Man kann als erwachsener Mensch mit seinem »inneren Kind«[63] spazieren gehen, zusammenleben, seine stetige Anwesenheit spüren und wahrnehmen, es gastlich aufnehmen und mit den Wünschen, Erlebnisweisen, Gefühlen dieses Kindes in einem lebendigen Dialog stehen. Autonomie leben heißt nicht, dieses Kind zu verleugnen, zu vergessen, abzutreiben, sondern mit den Gefühlen des Kindes im Kontakt zu stehen und sie auszuhalten.

Einige Monate später beginnen sich neue Interessen in Stefan zu melden. Er beginnt zu malen und zu basteln. Viele lange Abende verbringt er damit, sorgfältig Bilderbögen auszuschneiden, Figuren zusammenzukleben, liest Märchen, singt Kinderlieder, versammelt Plüschtiere, insbesondere verschiedene Schweine, um sich. Bei diesen einfachen Tätigkeiten erlebt er Zustände tiefer Versunkenheit, Entspannung und großen Glücks, wie noch nie in seinem Leben. Er kann es nicht fassen, dass er als erwachsener Mann solche kindischen Sachen macht und dazu noch so genießt. Er hat jetzt nicht theoretisch, sondern real Beziehung zu seinem inneren Kind aufgenommen, geht ganz darin auf und holt vieles nach, was er in seiner Kindheit und Jugend nicht genügend gelebt und erfahren hat.

> »Ja, ein göttlich Wesen ist das Kind, solang es nicht in die Chamäleonsfarbe der Menschen getaucht ist. Es ist ganz, was es ist, und darum ist es so schön. Der Zwang des Gesetzes und des Schicksals belastet es nicht; im Kind ist Freiheit allein. In ihm ist Frieden; es ist noch mit sich selber nicht zerfallen. Reichtum ist in ihm; es kennt sein Herz, die Dürftigkeit des Lebens nicht. Es ist unsterblich, denn es weiß vom Tode nichts.«
>
> Friedrich Hölderlin[64]

Viele erwachsene Menschen sind – auch in unserer »Wohlstands«-Gesellschaft – latent depressiv, was vermutlich u. a. mit dem hohen Leistungs- und Zeitdruck und der damit verbundenen psychischen Überforderung zusammenhängt. Diese mehr oder weniger latente Depressivität führt dazu, dass wir schöne und freudvolle Momente des Lebens nicht nur nicht genießen können, sondern auch dazu neigen, sie insgesamt herabzuwürdigen. Das Leben »an sich« erscheint uns dann nicht besonders lebenswert, sondern überwiegend leidvoll, grausam, illusionär, leer und sinnlos.

Dass es auf einer solchen Basis schwer ist, ein erfülltes Leben zu führen und sich engagiert für das Leben einzusetzen, ist offensichtlich. Wir müssen dann – meist sehr mühsam – wieder lernen, das Leben nicht nur aus der Perspektive der Sinnlosigkeit und des Todes, sondern auch aus der Perspektive des Sinns und des schöpferischen Lebens zu sehen.

Lebens- und Wachstumstendenzen

Um das kreative Potenzial in unserem Alltag und in unseren Fantasien, Träumen und Symbolen wahrzunehmen, können wir systematisch auf Lebens- und Wachstumstendenzen achten. Wachstumstendenzen zeigen sich in allem, was neu, lebendig, sich vorwärts bewegend ist, in überraschenden, merkwürdigen, fremdartigen, manchmal fantastischen Elementen, in vitalen, dynamischen, natürlichen Lebensformen (Farben, Pflanzen, Tieren, Kindern, Sexualität, Gemeinschaft mit Menschen), in größerer Autonomie und Kontrolle (z. B. der Traum-Persönlichkeit), an wachsender Direktheit des Gefühls- und Bedürfnisausdrucks. Darüber hinaus können wir uns immer wieder fragen, wo sich in einer Situation oder in einem Symbol folgende Aspekte zeigen:

- Wie und wo zeigen sich Lebendigkeit, Natur und Natürlichkeit, Gesundheit, Sinnlichkeit, Wachstum? (vgl. Bios-Prinzip)
- Wie und wo zeigen sich Schönheit, Liebe, Freundschaft, Harmonie, Glück, Humor, Freude, Ekstase? (vgl. Eros-Prinzip)
- Wie und wo zeigen sich Selbstvertrauen, Energie, Mut, Entschlossenheit, Tatkraft, Verantwortung, Erfolg? (vgl. Heros-Prinzip)
- Wie und wo zeigen sich Weisheit, Wissen, Einsicht, Erkenntnis, Klarheit, Freiheit, Toleranz, Gerechtigkeit? (vgl. Logos-Prinzip)
- Wie und wo zeigen sich Ganzheitliches, Transpersonales, Schöpferisches, Grenzenüberschreitendes, Überraschendes, Sich-Wandelndes, Humorvolles, Spielerisches, Verrücktes, Befreiendes? (vgl. Mystos-Selbst-Prinzip)

F. Fremdaspekte (Objektstufe)

Orientierungsfragen:

- Was hat das Symbol mit meinem aktuellen äußeren Leben zu tun?
- Zeigt mir das Symbol etwas über meine Umwelt – im engeren oder weiteren Sinne – oder meine Mitmenschen, was ich vielleicht nicht oder nicht richtig wahrgenommen und eingeschätzt habe?
- Was zeigt mir das Symbol über meine Beziehungen, über meine Liebes- und Beziehungsfähigkeit, meinen Umgang mit anderen Menschen?
- Wie erlebe ich andere Menschen?
- Gibt es typische Beziehungskonflikte, die sich im Symbol spiegeln?
- Zeigen sich Beziehungsängste?

Der gute Austausch mit unseren Mitmenschen, unseren größeren sozialen Beziehungsnetzen und unserer Umwelt ist für uns lebensnotwendig. Die schöpferische Selbstregulation der Seele ist deshalb auch immer damit beschäftigt, uns in einem gesunden und angemessenen Beziehungsverhältnis zur Um- und Mitwelt zu halten. Ebenso wie wir uns während des Tages häufig mit anderen Menschen auseinandersetzen – wie wir zu ihnen stehen, welchen Eindruck wir auf sie machen oder gerne machen würden, was sie von uns denken, welche Schwierigkeiten wir mit ihnen haben –, beschäftigen wir uns auch in der Nacht und in unseren Träumen weiter mit ihnen.

Da wir als individuelle Wesen ohne Beziehung zu anderen Lebewesen, zu den Mitmenschen und zur Umwelt gar nicht existieren könnten, ist in allen unseren Lebensäußerungen – und damit auch in allen unseren Symbolen – immer schon latent der Beziehungsaspekt vorhanden. Mit allem, was wir tun oder nicht tun, treten wir in ein Wechselverhältnis zur Umwelt. Insofern können wir jedes Symbol nicht nur im Hinblick auf uns selbst, auf »eigene« Aspekte, sondern auch auf »fremde«, äußere Aspekte hin untersuchen. Innerhalb dieser Sichtweise lassen sich noch zwei Facetten unterscheiden. Die eine ließe sich als »Objektstufe« im eigentlichen Sinne, die andere als »Beziehungsstufe« bezeichnen.

Objektstufige Betrachtungsweise

Bei der Deutung eines Traumsymbols auf der Objektstufe überprüfen wir, ob das Symbol wichtige und realistische Informationen über äußere Ereignisse erhält, die wir vielleicht während des Tages übersehen haben, vielleicht, weil wir mit anderen Problemen zu stark beschäftigt waren, vielleicht, weil wir diese Informationen nicht wahrhaben wollten.

Unser Organismus nimmt viel mehr Informationen aus der Umwelt auf, als uns bewusst wird. Millionenfache Reize werden in jedem Augenblick aufgenommen, an verschiedene Schaltzentralen weitergeleitet, bewertet, eingeordnet, selektiert, ohne dass wir davon irgendetwas merken. Wir kommunizieren ständig miteinander, zum Beispiel auch nonverbal und unbewusst über die Körpersprache, unsere Mimik und Gestik. Diese vielfältigen Informationen werden von uns zwar verarbeitet, gelangen aber oft gar nicht in unser Bewusstsein, weil wir dort gerade mit anderen Inhalten beschäftigt sind, die vordringlicher sind.

Mit unserem Bewusstsein können wir nur wenige Ereignisse gleichzeitig verarbeiten. Es gleicht einem Scheinwerfer, in dessen begrenztem und engem Kegel die hervorgehobenen Dinge zwar heller und klarer gesehen, andere Dinge aber ausgeblendet werden. Unser bewusstes, konkretes Handeln im Wachbewusstseinszustand braucht meist sehr viel Aufmerksamkeit und Konzentration, sodass nicht mehr viel freie Kapazität zur bewussten Wahrnehmung feinerer, subtilerer und komplexerer Ereignisse zur Verfügung steht.

In der Nacht, wenn wir nicht mehr so stark mit der unmittelbaren, konkreten Realitätsbewältigung beschäftigt sind, scheint der Organismus die Ereignisse des Tages weiter zu bearbeiten, und er kann dabei offenbar auch jene Informationen mit einbeziehen, die während des Tages nur unterschwellig aufgenommen wurden. Gleichzeitig stehen ihm dabei auch in höherem Maße kreative Potenziale zur Verfügung. Er kann freier, assoziativer und »chaotischer« mit den psychischen Elementen umgehen, weil die unmittelbare Realitätskontrolle abgeschwächt ist. Wie im klassischen »Brainstorming« kann er dann neue Ideen finden.

Deshalb ist es sehr hilfreich, wenn man wichtige Entscheidungen erst einmal »überschläft« und auch darauf achtet, »was die Träume dazu sagen«. Wir alle haben die Erfahrung gemacht, dass Dinge am nächsten Tag ganz anders aussehen können, dass wir über Nacht einen neuen Standpunkt oder gar eine Lösung für eine Sache gefunden haben. Eine solche bessere, realistischere Bewertung einer Situation oder eines anderen Menschen kann sich auch im Traumsymbol darstellen.

Stellen wir uns vor, ein Mann möchte eine Therapie machen und träumt in der Nacht nach dem therapeutischen Erstgespräch:

»Ich bin auf dem Weg zur Therapiestunde. Aber es scheint sich alles gegen mich verschworen zu haben: Erst habe ich den Termin fast vergessen, dann verpasse ich den Anschluss an die Straßenbahn, irre durch fremde Straßen und komme viel zu spät bei der Praxis des Therapeuten an. Ich klingele, aber er öffnet nicht. Er scheint schon nach Hause gegangen zu sein.«

Dieser Traum ließe sich natürlich subjektstufig als »Widerstand«, als Ausdruck allgemeiner Ängste und Befürchtungen des Mannes, sich auf eine Therapie einzulassen, interpretieren. Eine solche Angst vor dem, was da alles zum Vorschein kommen könnte, wenn man in seine eigenen Tiefen und Untiefen hinuntersteigt, kennen viele Menschen.

Der Traum könnte aber auch auf berechtigte Zweifel hinweisen, die er ernst nehmen und überprüfen sollte. Das tragende Element jeder Psychotherapie ist die Qualität der Beziehung zwischen beiden Beteiligten. Es muss sich ein gutes Vertrauensverhältnis zwischen beiden entwickeln können. Das ist aber nicht in jeder Beziehung möglich. Manche Menschen passen einfach nicht zusammen, sei es aufgrund zu unterschiedlicher Persönlichkeitsstrukturen, sei es aufgrund zu unterschiedlicher Lebenshintergründe und Lebenserfahrungen.

Die Hemmungen und Hindernisse, die der Mann im Traum erlebt, könnten ihm deshalb ein Hinweis oder eine Warnung sein, dass er zu diesem Therapeuten (oder umgekehrt, der Therapeut zu ihm) keinen rechten Anschluss, keinen Kontakt, keinen Zugang bekommen hat. Vielleicht sind ihm der Therapeut und seine Methode fremd geblieben, vielleicht hat er unterschwellig wahrgenommen, dass der Therapeut gar nicht richtig an ihm interessiert oder gar nicht richtig anwesend war (er war im Traum ja schon nach Hause gegangen).

Traumsymbole können also Hinweise, Ergänzungen, Kommentare, Antworten, Lösungen, Warnungen und Ahnungen auch in Bezug auf äußere Ereignisse sein. Diese Tatsache wird von manchen psychologischen Richtungen, die die subjektstufige Betrachtungsweise überbetonen, zu Unrecht vernachlässigt. Träume können dazu beitragen, das Realitätsbewusstsein und die Handlungsfähigkeit im äußeren Leben zu verbessern. Aus diesem Grunde stehen in der praktischen Deutungsarbeit die Herstellung des aktuellen Kontextes, in dem das Traumsymbol zu sehen ist, und die Frage, inwieweit das Symbol etwas über aktuelle äußere Ereignisse aussagt, meist an erster Stelle.

Aufgrund des ganzheitlichen und damit vieldeutigen Charakters unseres Seelenlebens ist es naturgemäß oft nicht einfach, zu entscheiden, wann ein Symbol eher subjektstufig, wann eher objektstufig verstanden werden sollte, zumal die Übergänge fließend sind.

Als einfache Orientierungshilfe lässt sich sagen, dass Traumsymbole sich mehr auf äußere Ereignisse und Beziehungen übertragen lassen, wenn sie in einem engen (z. B. zeitlichen) Zusammenhang mit aktuellen äußeren Ereignissen stehen und wenn sie mit diesen realen Ereignissen und Personen zu tun haben. Je »realistischer« Traumsymbole in Bezug auf die Außenwelt auftreten, je mehr sie mit der konkreten Alltagswirklichkeit und unseren konkreten Alltagsbeziehungen zu tun haben, desto wahrscheinlicher beziehen sie sich auch auf diese.

Aber leider gibt es im Leben und in der Seele keine regelhaften Sicherheiten. Die konkrete »äußere Wirklichkeit« kann sich eben auch sehr symbolisch darstellen. Denken wir noch einmal an den Traum von der Frau, die sich von einem großen Hund sexuell bedrängt fühlte. Wir haben gesehen, dass dieser Traum im Zusammenhang mit der Belastungssituation stand, die sie empfand, als ihr Chef sie bat, eine neue Position anzunehmen, von der sie sich überfordert fühlte. Das Bild vom vergewaltigenden Hund machte der Träumerin deutlich, dass sie sich durch dieses Angebot geängstigt, belästigt und angegriffen fühlte.

Aber warum träumte sie nicht konkret von ihrem Chef, sondern von einem großen schwarzen Hund? Vermutlich, weil durch dieses Bild ergänzende Informationen über die ganze Situation zugänglich wurden. Vielleicht machte der Traum sie auf triebhafte Schattenseiten ihres Chefs aufmerksam? Vielleicht warnte er sie vor schwierigen sexuellen Komplikationen, die eintreten könnten, wenn sie mit ihrem Chef enger zusammenarbeiten würde? Eine möglicherweise realistische unbewusste Wahrnehmung der Träumerin, die sich auf ihren konkreten Chef bezieht, wird hier symbolisch dargestellt. Es wird also deutlich, dass Regeln im Bereich des symbolischen Verstehens nur sehr vorsichtig angewendet werden können.

In dem Beispiel kommt hinzu, dass sich bei der Träumerin im Symbolbild des Hundes »objektive« und »subjektive« Anteile mischen. »Objektiv« gesehen, könnte der Hund zum Beispiel triebhafte Aspekte des Chefs darstellen. »Subjektiv« gesehen, könnte der Traum sie darauf hinweisen, dass ihr eigenes Triebleben in letzter Zeit, vielleicht durch zu viel berufliche Überlastung, zu kurz gekommen ist und dass sie mit ihren Triebwünschen liebevoller umgehen sollte, dass sie vor solchen Wünschen vielleicht Angst hat oder dass sie in irgendeiner Weise dazu neigt, sich »autoaggressiv« selbst zu vergewaltigen.

Schließlich gibt es noch eine dritte Betrachtungsweise: die Beziehungsebene.

Beziehungsstufige Betrachtungsweise

»Beziehungsstufig« betrachtet, könnte der Hund ein Symbol dafür sein, wie die Träumerin die Beziehungssituation zwischen sich und ihrem Chef erlebte. Vielleicht empfand sie ihren Chef irgendwie »hündisch«, vielleicht gar als einen »Schweinehund«? In einem solchen Beziehungserleben mischen sich die eigenen und die fremden Anteile in schwer zu unterscheidender Weise. Vielleicht hatte der Chef etwas von diesem Hund an sich und in sich, vielleicht projizierte die Träumerin aber auch etwas von ihrem eigenen »inneren Hund« auf ihn und die Situation. In vielen Partnerschaften, Familien und Gruppen spielen die einzelnen Beteiligten unbewusst miteinander immer das gleiche »Spiel«, auch wenn die Rollen unterschiedlich verteilt sind. Dann ist der eine der »aktive Täter«, der andere »das passive Opfer«, der eine »der Gute«, der andere »der Böse«, der eine »der Streitsüchtige«, der andere »der Friedfertige«. Aber alle Beteiligten sind in der einen oder anderen Weise daran interessiert, dass ein derartiges »Spiel« mit diesen Rollenverteilungen weiter geht. Der gemeinsame Gewinn an einem solchen geheimen Zusammenspiel zeigt sich meist erst dann, wenn das Beziehungssystem verändert werden muss, weil Einer nicht weiter »mitspielen« will. Die »Guten« stellen dann einer Veränderung häufig ebenso viel Widerstand entgegen wie die »Bösen«.

Schauen wir uns die beziehungsstufige Betrachtungsweise am Traumbeispiel Johannas, einer 44-jährigen verheirateten Frau, an. Sie träumt von einem Haus, in dem alle Zimmer bewohnt sind, ja oft mehrere Menschen in einem Raum leben und die Träumerin keinen Ort findet, wo sie ungestört sein und sich zurückziehen kann. Johanna erlebt ihre Beziehungen ganz real als erdrückend und überfordernd. Sie sehnt sich nach nichts mehr als nach dem eigenen Ort, einem Ort der Ruhe, wo keiner ungebeten Zugang erhält.

Objektstufig betrachtet könnte man anhand eines solchen Traumes überprüfen, ob die Träumerin ganz real in zu engen räumlichen Verhältnissen lebt und ob ihre Familienangehörigen ihr tatsächlich nicht genügend Freiraum lassen, weil sie egoistisch und rücksichtslos immer nur ihren eigenen Raum beanspruchen. Letzteres trifft zwar bei Johanna in einem gewissen Umfange zu, aber eigentlich auch nicht mehr als in anderen Familien. Johanna erlebt die Einengung aufgrund persönlicher Faktoren stärker als andere Menschen.

Wie kommt das? Aufgrund eigener, ausgeprägt passiver, aufopferungsbereiter und anpassungsfähiger Seiten glaubt sie, sie müsse, wenn sie mit anderen Menschen zusammen ist, sofort deren Bedürfnisse erkunden und erfüllen. Sie lebt das klassische depressive Muster einer endlosen Schuld, die abgetragen werden muss, sich aber immer von neuem vor ihr auftürmt. Zudem hat sie eigene Wünsche nach Umsorgung einerseits und Autonomie andererseits weitgehend verdrängt, sie hat Angst vor möglichen Konflikten und Aggressionen. Sie erlebt ihre eigenen Wünsche, die sie sich nicht zugestehen kann, projektiv als von außen kommend: Die anderen erwarten ja so viel von mir! Sie sind so rücksichtslos! Durch die Unbewusstheit ihrer eigenen Ansprüche trägt sie dazu bei, dass die anderen sich so verhalten, wie sie es projektiv sieht. In einem gewissen Sinne »braucht« sie den Egoismus der anderen, um ihren eigenen »schlechten« Egoismus nicht spüren zu müssen. Das führt dann zu dem bereits beschriebenen Zusammenspiel von Opfer und Täter.

Die einzige Lösung, die sich Johanna in ihrer schwierigen Situation denken kann, ist die Flucht ins Alleinsein, wo sie sich hinter dicken Mauern verstecken kann. Das ist aber auch keine wirklich befriedigende Lösung für sie, weil sie ja gerne mit anderen Menschen zusammen ist. So kommt sie nicht an ihr eigentliches Wunschziel, sich im Zusammensein mit vertrauten Menschen wohl zu fühlen und sich dabei ihren eigenen Freiraum zu wahren. Sie steht entweder unter dem Druck der Anpassung oder ist allein.

Wie könnte eine sinnvolle Lösung anhand des Traumbildes gefunden werden? In der praktischen Psychotherapie hat es sich aus verschiedenen Gründen bewährt, von »außen nach innen«, also von der Objektstufe über die Beziehungsstufe zur Subjektstufe vorzugehen (und darüber hinaus von der »Oberfläche in die Tiefe«, vom Persönlichen zum Transpersonalen). Bei Johanna könnte man also zunächst von ihren realen Wohnverhältnissen ausgehen, wo diese real zu eng, zu überfüllt sind. Man könnte sich mit ihren Familienmitgliedern beschäftigen, wo diese zu rücksichtslos und zu raumfordernd sind.

Auf dieser Deutungsebene würde sich Johanna wahrscheinlich relativ sicher und verstanden fühlen. Sie würde vielleicht auch ermutigt sein, sich gegen räumliche Übergriffe zu wehren und auch etwas mehr für eigenen Freiraum zu kämpfen. Die damit erforderlichen aggressiven Auseinandersetzungen würden ihr Selbstwertgefühl und ihr Selbstvertrauen wahrscheinlich aufbauen und stärken. Dadurch bräuchte sie ihre eigenen Wünsche auch nicht mehr so stark abzuwehren und könnte dann, im nächsten Schritt, deutlicher sehen, wie sie selbst dazu beigetragen hat, dass sich die häuslichen Verhältnisse bei ihr so entwickeln konnten. Sie könnte dann – beziehungsstufig gesehen – erkennen, dass sie die Verhältnisse zu Hause so erlebt, weil sie selbst in der einen oder anderen Weise dazu beigetragen hat. Der Traum hätte also auf der Beziehungsebene zwar von ihren häuslichen Verhältnissen gesprochen, aber eben so, wie Johanna sie sie durch eigene subjektive Beimischungen erlebt.

Auf der »reinen« Subjektstufe hingegen würde es nicht mehr um die äußere häusliche Situation gehen, sondern alle Traumteile, das Haus, die besetzten Räume und die Menschen, würden als Eigenaspekte der Träumerin verstanden werden. Sie könnte sich dann beispielsweise fragen, welche Eigenschaften von ihr diese Menschen repräsentieren und wo sie diesen Eigenschaften so viel Raum lässt. Sie könnte sich fragen, wie es kommt, dass sie sich in ihrem »Seelenhaus« so »unbehaust« fühlt, und was es heißen könnte, in sich selbst einen Raum zu finden oder zu schaffen, in dem sie sich stimmig und aufgehoben fühlt. Die Antworten auf diese Fragen würden wahrscheinlich anders ausfallen als die Antworten auf die objektstufigen Fragen, aber es gäbe auch Überschneidungen.

In der therapeutischen Situation spielt die Deutung des Symbols auf der Beziehungsebene häufig eine wichtige Rolle, weil in der Beziehung zum Therapeuten alte Wünsche, Sehnsüchte und Ängste wieder belebt, alte Verhaltensmuster wiederholt und eigene Aspekte auf ihn projiziert werden. So kann der Therapeut zum Beispiel die Rolle eines alten oder gegenwärtigen Konfliktpartners oder einer alles verstehenden Idealgestalt bekommen. Die Fantasien und Symbole, die in diesem spannungsreichen »Beziehungsraum« von Übertragung und Gegenübertragung auftauchen, können, wie Symbole eines Traumes, für die Selbsterkenntnis nutzbar gemacht werden. Solche »Übertragungen« und »Gegenübertragungen« geschehen zwar auch in allen anderen Beziehungen, dort führen sie aber häufiger zu schwierigen Verwicklungen, weil sie meist nicht durchschaut und aufgelöst werden können. Im Prozess der Therapie hingegen werden gerade diese Verwicklungen als eine Möglichkeit zu tieferer Selbsterkenntnis angesehen.

An dem fließenden Übergang zwischen objekt-, beziehungs- und subjektstufiger Betrachtungsweise wird deutlich, dass Individuation nicht eine nur auf sich selbst gerichtete, egozentrische Innenschau ist, wie ihr manchmal von Menschen, die eine Begegnung mit der eigenen Seele fürchten, vorgeworfen wird, sondern dass sie nur in Beziehung zu anderen Menschen und zur Welt möglich ist. »Individuation schließt die Welt nicht aus, sondern ein.« (C. G. Jung)[65]

Individuation ist in gewisser Hinsicht geradezu das Gegenteil einer narzisstischen Überbetonung der »eigenen« Ich-Entwicklung, denn je mehr wir uns mit dem Einfluss des »Außen« auseinandersetzen und je mehr uns die »inneren« Tiefendimensionen bewusst werden, desto mehr müssen wir auch das relativieren, was wir unser persönliches Ich nennen. Wir müssen erkennen, dass wir allein aus uns selbst heraus so gut wie nichts vermögen.

Wir müssen erkennen, dass wir in vielerlei Hinsicht abhängig sind: abhängig von unserer Umwelt und unseren Mitmenschen, abhängig von unserem Körper und den in ihm ablaufenden biologischen Vorgängen, abhängig von der schöpferischen Selbstregulation unserer Seele. Außen und innen sind wir abhängig, werden wir getragen und bedroht von unbekannten, unpersönlichen Kräften. Das, was wir unser persönliches Ich nennen, entpuppt sich bei längerem und tieferem Nachforschen letztlich als das Produkt vielfältiger innerer und äußerer Einflussfaktoren, die wir in ihrer Gesamtheit niemals erfassen können.

C. G. Jung sprach vom Ich als einer höchst komplexen Größe, die unergründliche Dunkelheiten in sich schließe und sogar als eine relativ konstante Personifikation des Unbewussten angesehen werden könne. Dieses Unbewusste wiederum war für ihn nicht nur das Produkt einer persönlichen Lerngeschichte, sondern auch – und zwar in ganz hohem Maße – das Ergebnis des Evolutionsprozesses, der sich außen in der Erscheinungsform unserer Umwelt und innen im genetischen Code und in den ihm entsprechenden archetypischen Strukturen niedergeschlagen hat. Mit anderen Worten: Unsere Persönlichkeit ist der Aspekt, in dem sich der evolutionäre Prozess seiner selbst bewusst wird. Wir können unsere wahre Natur nur verstehen, wenn wir uns auch als Ausdruck globaler, in gewisser Hinsicht unpersönlicher, überindividueller Kräfte sehen lernen.

G. Global- und Ganzheitsaspekte

Orientierungsfragen:
- Welche globalen, allgemein-menschlichen, archetypischen Aspekte hat das Symbol?
- Stellen sich im Symbol Fragen der Individuation und existenzielle Themen, wie zum Beispiel der Selbstverwirklichung und Sinnfindung, der Selbstverantwortung und Freiheit, das Problem des Todes, der Beziehung, Einsamkeit und Isolierung?
- Stellen sich religiöse, transpersonale Bezüge dar?
- Finden sich Hinweise zu einer überpersönlichen Lebensorientierung?

Denken wir ans Körperliche, Biologische, so ist uns die Verankerung im Kollektiven, in den grundlegenden Lebensprozessen der Evolution, etwas Selbstverständliches geworden. Alle Menschen haben einen weitgehend ähnlichen Körper mit ähnlichen Funktionen und Bedürfnissen. Auch in der Tierverhaltensforschung akzeptieren wir, dass es Instinkte gibt, die äußerst komplizierte Verhaltensweisen wie den Nestbau, Paarungsrituale oder die Brutpflege steuern. Die Vorstellung aber, dass es auch in unserer Seele noch etwas Allgemeineres und gar dynamisch Wirksames gibt, das unpersönlicher Natur ist, das uns mit anderen Menschen und dem Leben verbindet, fällt dem modernen Menschen immer noch recht schwer, vielleicht, weil sie seinen Individualismus und seine Willensfreiheit grundlegend in Frage stellt.

Die Vorstellung einer un- oder überpersönlichen, allgemeinmenschlichen Wirklichkeit ist aber eigentlich uralt. Sie ist ein Aspekt des religiösen Bestrebens, ist Quelle aller Versuche, den Sinn und die Verankerung der Existenz in tieferen Zusammenhängen zu finden. Sie trieb und treibt die Mystiker in ihrer Sehnsucht nach Vereinigung mit dem Göttlichen an, stand Pate bei Platons Ideen, Kants transzendentalen Kategorien, bei Hegels Weltgeist und bei Schopenhauers Wille. Bei Freud taucht sie auf als »archaische Reste« – in diesem Begriff steckt aber bereits der Versuch des »Empirikers«, dieses Umfassende auf ein paar »Überbleibsel« zu dezimieren. Bei Jung wird sie als Archetypenlehre zum zentralen Konzept, das sich bei ihm mit zunehmender Entwicklung seines Werkes immer mehr zu der Vorstellung des Unus mundus, einer alles umfassenden Einheitswirklichkeit, gestaltet.

Wenn wir Kinder in ihrer Entwicklung aufmerksam und vorurteilslos beobachten und begleiten, wird die Existenz dieser Dimension sofort evident. Sie leben nicht nur aus einer individuellen Seele oder Erfahrung, sondern es scheint eine unerschöpfliche Quelle in der Tiefe zu fließen, die sie von innen her versorgt, manchmal fast überströmt. Die Erfahrung der persönlichen Mutter zum Beispiel ist nur der eine Pol dessen, was die innere Mutter ausmacht. Der andere ist ein schon vorhandenes psychisches Bereitschaftssystem, das auf »Mutter« und »Mütterlichkeit« eingestellt ist, die »Mütterlichkeit der Mutter« erwartet und sogar fordert.

Kinder versuchen häufig, die reale Mutter dieser inneren archetypischen Mutter anzugleichen. Es scheint, als »wüssten« sie, was sie an Mütterlichkeit in diesem Leben brauchen, um existieren zu können, und sie versuchen, diese auch zu erhalten oder herzustellen, wenn sie nicht von selbst kommt. Die Wirksamkeit des Mutterarchetyps reicht weit zurück in die Evolution und findet ihren Ursprung wahrscheinlich dort, wo sich zum ersten Mal eine kleinere Lebenseinheit aus einer größeren absonderte, um eine eigene Existenz zu führen.

Ebenfalls auf einer frühen evolutionären Ebene befindet sich beispielsweise die interessante Vorstellung Otto Ranks, das von ihm postulierte Geburtrauma – das Trauma der Trennung von der Mutter, das jeder Mensch bei seiner Geburt erleide – habe seine Entsprechung im evolutionären Übergang der Lebewesen vom Meer zum Land.[66] Symbolisch kann dies jedenfalls unmittelbar einleuchten.

Aber nicht nur dieses – natürlich zentral wichtige – Mutterbild ist schon da. Man kann auch den Eindruck bekommen, dass Urgefühle: Urängste, Urscham, Urfreude schon da sind und sich nur entfalten, differenzieren und mit Erfahrungsinhalten verbinden. Oft kann man erleben, dass Kinder mit den Bildern und Geschichten in ihren ersten Bilderbüchern Affekte und Seeleninhalte verknüpfen, die erstaunlich gut passen, aber nicht aus ihrer persönlichen Erfahrung stammen. Diese objektive Psyche mit ihren archetypischen Gehalten, also ihren allgemeinmenschlichen Form- und Antriebskräften, begegnet uns auch immer wieder im Symbol.

Dass im Symbol Allgemein-Menschliches enthalten ist, ist Grundbedingung seiner Symbolqualität. Diese Verwurzelung in einer unpersönlichen Schicht bewirkt, dass wir in unendlichen Variationen immer wieder ähnliche Themen und Bilder im gesellschaftlichen Leben, in den kulturellen Äußerungen, in Mythologemen und den Lebenszusammenhängen der Völker finden. So sind beispielsweise auch im heutigen populären Kino die Muster des Heldenkampfes aus alter Zeit (Heros-Prinzip) oder die Thematik der Liebe, des Liebesleids und des Liebestods (Eros-Prinzhip) immer noch äußerst lebendig, was zeigt, dass die zugrunde liegenden Fragestellungen und Problemfelder weitgehend konstant sind und sich lediglich die äußeren Verkleidungen ändern.

»Könnte man das Unbewusste personifizieren, so wäre es ein kollektiver Mensch, jenseits der geschlechtlichen Besonderheit, jenseits von Jugend und Alter, von Geburt und Tod, und würde über die annähernd unsterbliche menschliche Erfahrung von ein bis zwei Millionen Jahren verfügen. Dieser Mensch wäre schlechthin erhaben über den Wechsel der Zeiten. Gegenwart würde ihm ebenso viel bedeuten wie irgendein Jahr im hundertsten Jahrtausend vor Christi Geburt, er wäre ein Träumer säkularer Träume, und er wäre ein unvergleichlicher Prognosensteller aufgrund seiner unermesslichen Erfahrung. Denn er hätte das Leben des Einzelnen, der Familien, der Stämme und Völker unzählige Male erlebt und besäße den Rhythmus des Werdens, Blühens und Vergehens im lebendigsten inneren Gefühle.«

C. G. Jung[67]

Die bewusste Auseinandersetzung mit dieser größeren, umfangreicheren, archetypischen Dimension des unbewussten Bereiches unseres Wesens bildet den Kern des Individuationsprozesses im engeren Sinne, so, wie ihn C. G. Jung als Aufgabe der zweiten Lebenshälfte verstanden hat.

Während es in der ersten Lebenshälfte für die meisten Menschen um die Entwicklung ihrer Ich-Persönlichkeit, um Partnerschaftsfindung, Elternschaft und ihre allgemeine Etablierung in der Gesellschaft geht, besteht nach Jung das Ziel der zweiten Lebenshälfte darin, sich in tieferer Weise mit den großen, existenziellen Fragen des Lebens auseinanderzusetzen.

Es sind Grunderfahrungen und Grundfragen, die einfach schon dadurch gegeben sind, dass wir als bewusste Menschen in diese geheimnisvolle Welt gestellt sind: Wer bin ich eigentlich wirklich? Wie kann ich leben, wie kann ich sterben? Wo komme ich her, wo gehe ich hin? Welchen Sinn kann ich meinem Leben angesichts seiner Endlichkeit und Flüchtigkeit geben? Wie kann ich mit der grundsätzlichen Subjektivität, Einsamkeit und Isolierung des Menschen umgehen? Welche Freiheit und Verantwortung habe ich? Wie kann ich die Gegensätze meines Wesens, das Gute und das Böse, das Weibliche und das Männliche, das Geistige und das Körperliche, das Alltägliche und das Transpersonale, miteinander zu einer lebendigen Ganzheit verbinden?

Allerdings ist diese umfassendere Erlebens- und Sichtweise für uns im Alltag recht ungewöhnlich. Es erfordert ein hohes Maß an Selbsterkenntnis und die Fähigkeit, immer wieder seine eigene subjektive Position in Frage zu stellen, die Welt auch aus anderen Perspektiven als der persönlichen zu sehen. Erst in einem längeren Prozess der bewussten Individuation ändert sich die Perspektive langsam, man entdeckt immer mehr den »Großen Menschen«, den »Urmenschen«, den »Anthropos« in sich.

Dadurch kommt es allmählich zu einer Umwertung der Werte, zu einer psychischen kopernikanischen Wende, in der die Dinge vom Kopf auf die Füße gestellt werden. Globalere Aspekte des Lebens werden wichtiger, das Ich erfährt sich nicht mehr als den »Macher« und »Verursacher«, sondern als Ausdruck und Teil eines übergreifenden schöpferischen Prozesses, in dem sich Inneres und Äußeres, Körperliches und Geistiges, Persönliches und Unpersönliches begegnen. »Nicht ich schaffe mich selbst, ich geschehe vielmehr mir selber.« (C. G. Jung)[68]

In dieser Neuorientierung auf den tragenden archetypischen Hintergrund unserer Existenz hin sind wir glücklicherweise nicht allein auf unser bewusstes Wissen und Verstehen angewiesen, wir werden unterstützt von der schöpferischen Selbstregulation, die uns nicht nur mit den existenziellen Fragen konfrontiert, sondern auch Symbole anbietet, die uns helfen, diese Fragen zu bewältigen.

Archetypische Symbole und Erfahrungen tauchen spontan besonders in Schwellen- und Übergangsphasen auf, in stärkeren Lebenskrisen und Krankheiten, bei denen unsere alte Lebenseinstellung nicht mehr recht trägt und wir nicht weiter wissen. In diesen Phasen sind wir meist in einem labilen Zustand der Desorientierung. Es scheint, als müsste die schöpferische Selbstregulation unserer Seele ganz tief in den Erfahrungsschatz der Menschheit zurückgreifen, um eine Antwort auf unsere Krise zu finden. Viele von diesen psychischen Krisen und der mit ihnen verbundenen verwirrenden Symptome wurden von der klassischen Medizin und Psychiatrie nur als krankhafte Störungen verstanden und mit dämpfenden Methoden behandelt. Einige von ihnen sind aber besser als spirituelle Krisen[69] anzusehen, weil in ihnen die Möglichkeit zu einer grundlegenden religiösen Neuorientierung und Bewusstseinserweiterung enthalten ist.

Aber nicht nur in Krisen, sondern in jeder tiefer gehenden Selbsterfahrung, die uns mit unseren unbewussten Tiefenschichten in Berührung bringt, stoßen wir immer wieder auf Symbole und symbolische Abläufe, die sich deutlich von den gewöhnlichen, alltäglichen Bildern unterscheiden. Diese Symbole werden meist als etwas ganz Besonderes und Bedeutungsvolles empfunden. Sie sind emotional hoch aufgeladen, wirken eigentümlich zeitlos, manchmal fremdartig, scheinen aus einer unbekannten Wirklichkeit zu stammen. Häufig finden sich in ihnen mythologische, märchenhafte, religiöse Themen, die der Betreffende zunächst vielleicht gar nicht zuordnen kann. Solche »großen Träume« und Offenbarungen der archetypischen Dimension der Seele hinterlassen meist einen sehr tiefen Eindruck und können oft das ganze Leben über erinnert werden. Manchmal haben sie visionären Charakter, sie geben dem Leben eine neue Richtung und ein neues Ziel.

Hans, ein Teilnehmer einer Selbsterfahrungsgruppe, erinnert sich an einen vor Jahren geträumten Traum, der ihn sehr häufig beschäftigt. Er erlebt dies so, als kehre er immer wieder zu den Bildern des Traums zurück, weil dort ein symbolischer Sinn enthalten sei, der ihm vieles offenbaren könne. Dabei bleiben ihm die Bilder aber rätselhaft, entfalten teils ihre Kraft, weisen aber dann jeweils wieder auf Verborgenes hin, das sich noch nicht entschlüsselt:

»Ich fahre allein mit einem Kahn auf einem still daliegenden, mit ganz langsamer Strömung behäbig fließenden Fluss. Ich komme durch grüne Auen, fahre unter tief hängenden Trauerweiden durch. Ich stehe dabei hinten im Kahn, habe eine Stange, mit der ich ihn bewege. Dann sehe ich am linken Ufer – ich habe ursprünglich am rechten abgelegt – ein sehr altes Haus, das direkt im Wasser steht. Es hat mehrere Stockwerke und ist in Braun und Rot gehalten, rote Ziegel in braunem Gebälk, sehr alt und ehrwürdig, fest verankert und gebaut. Es sind in der Außenwand verschiedene Öffnungen zu sehen, Fenster, auch offene Türen, Eingänge, die aber nur vom Wasser aus zugänglich sind. Bei manchen ist auch nicht so recht klar, wie man sie ohne Leiter erreichen soll. Ich habe den Eindruck, dass die Räume bewohnt sind. Ich lege an und steige durch eine der Öffnungen hinein. Ich komme in einen gemütlichen Raum, an dessen Wänden ebenfalls das Fachwerk zu sehen ist. Es ist eine Art Studierzimmer, das am Fenster einen kleinen Erker mit Sitzplätzen hat (wohl durch die sehr dicke Wand ermöglicht). Ich weiß sofort, dass es »mein« Zimmer ist und ich hier nun bleiben kann, und weiß: Hier ist meine Wohnung, hier bin ich zu Hause. Dabei habe ich das ganz starke Gefühl, angekommen zu sein, und bin sehr froh, diesen Ort gefunden zu haben. Es wohnen dort auch noch andere Menschen, aber getrennt voneinander und doch zusammengehörig. Sie gehören zu einer Gemeinschaft, es könnte so etwas wie ein Studentenwohnheim sein oder eher eine Bruderschaft, ein Kloster. Über dem Ganzen liegt die Stille eines warmen Sommernachmittags, und es scheint in einer anderen Zeit zu spielen, mutet mittelalterlich oder zeitlos an.« Im Aufwachen hatte Hans den Satz im Kopf: »Meines Vaters Haus hat viele Wohnungen.«

Er ergänzt dann erläuternd:»Es ist zwar ein Ort, an dem man abgeschlossen lebt, aber einer, den man jederzeit verlassen kann – vielleicht einer der Orte, zu denen man nach langen Jahren der Reise sehnsüchtig zurückkehrt und unzweideutig als den eigenen erkennt, als die eigentliche, die wirkliche Heimat. Der Zugang, obgleich schwierig, erscheint mir ganz stimmig. Es hat etwas Feierliches, Geruhsames, sich dem eigenen

Haus mit dem Schiff zu nähern. Man kommt da anders an als mit dem Auto oder zu Fuß, nähert sich auf dem still fließenden Wasser dem breit in der Sonne liegenden Haus, macht seinen Kahn fest und tritt direkt vom Medium des Wassers in das Medium des Heims.«

Dieser Traum hat viele Bezüge zu Hans' Leben, er stellt in gewisser Hinsicht eine komprimierte Situationsbeschreibung dar, die einige symbolische Elemente aus Vergangenheit und Gegenwart enthält. Er weist aber – und das ist es, was uns hier besonders interessiert – über das Biografische weit hinaus. Hans war sehr beeindruckt davon, ohne zunächst sagen zu können, was ihn genau beeindruckte. Er hatte etwas Geheimnisvolles und zugleich Klares, etwas Unbestimmbares und doch Definitives, etwas Ernstes und etwas Beglückendes, etwas Zeitlos-Ewiggültiges, »Numinoses«.

Dieser Traum ist für Hans ein Begleiter durch viele Jahre geworden, ein Begleiter, der ihm immer wieder neue Perspektiven eröffnet und doch ein Geheimnis bleibt. Hans kehrt in Gedanken und Gefühlen immer wieder zu ihm zurück wie angezogen von einem Magneten in seiner Seele. Der Traum entfaltet eine Kraft, die ihn eigentümlich trägt, so geheimnisvoll er auch immer bleiben mag und so groß die auszuhaltende Einsamkeit auch sei.

In der Folge stellte sich bei Hans, der auch aktiver Segler ist, also als Steuermann die Gewässer befährt, eine Fantasie ein: Er liegt auf dem Rücken in einem Boot und schaut in den Himmel. Das Boot treibt auf einem Fluss langsam dahin und führt ihn irgendwohin. Der Fluss ist ihm unbekannt, jede Biegung bringt etwas Neues. Er orientiert sich vor allem hörend, auf die Geräusche des Wassers, der Vögel, Geräusche vom Land her. Hin und wieder richtet er sich auf, um zu sehen, wie die Welt aussieht, in der er gelandet ist. Er lässt sich immer mehr ein auf diese Art der Fortbewegung und hat immer weniger Lust, aktiv einzugreifen und etwas zu tun. Die anfängliche Unsicherheit weicht einer tiefen Gelassenheit, sie wandelt sich zu einer gespannten Neugier auf das, was geschehen wird. Sich treiben zu lassen in neue fremde Welten, sich dem natürlichen Strom des Lebens anzuvertrauen, war eine neue Lebensform für ihn, der bisher seine Kraft darauf verwendete, mühsam gegen den Strom hinauf zu rudern, seinem Leben durch vorbauendes Planen Vorausschaubarkeit zu geben.

Der Traum bot ihm aber neben diesem großen archetypischen Bild des Lebensflusses, dem man getrost folgen kann, der einen trägt und der an den ewigen Kreislauf des Lebens erinnert, noch viele andere meditative Einsichten und Fragen an. Insbesondere fragte er sich immer wieder, was das für ein Haus sei, was für ein Bereich seiner Seele, bei dem er das so starke, beglückende Gefühl des Angekommenseins hatte? Wieso hatte er beim Aufwachen an jenes Jesuswort denken müssen? Was hatte die dadurch angesprochene religiöse Dimension ihm zu sagen? Was hatte jene sommerliche Landschaft, in der sich Wärme, Fülle und innerer Frieden verbanden, zu bedeuten, wie konnte er diese Ruhe und Gelassenheit in sich entfalten? Wie konnte er jenen Ort und jene Lebensform finden, in der es möglich war, stimmig und einig mit sich selbst und zugleich in Beziehung zu anderen Menschen zu leben?

Die Hauptmethode, uns des archetypischen Hintergrundes unserer Seele bewusst zu werden, ist die Amplifikation, die Erweiterung und Vertiefung eines Symbols im Hinblick auf seine allgemein-menschlichen Zusammenhänge.

Wir haben die Amplifikation an anderer Stelle schon ausführlicher behandelt. Hier soll nur noch ergänzt werden, dass sie sich nicht nur auf die »großen« archetypischen Symbole anwenden lässt, sondern auch auf die ganz alltäglichen. Denn in unserem alltäglichen Leben sind natürlich die archetypischen Hintergründe ebenfalls wirksam, sie finden in ihm sogar ihre offensichtlichste Konkretisierung, aber sie erscheinen uns als nichts Besonderes, genauso wie wir unser normales Leben nicht als etwas Besonderes empfinden, obwohl es doch eigentlich etwas ganz Einzigartiges ist. Die Amplifikation ermöglicht es uns, das Wundersame und Großartige unseres Lebens hinter all der Routine, der Gewöhnung und der Langeweile wieder zu entdecken. Sie kann unserem »profanen« Alltagsleben das Feierliche und Heilige, das Tragische und Dramatische, das Heroische und das Komödiantische zurückgeben, das wir verloren haben, nach dem wir uns aber so sehr sehnen.

Befragten wir einige in diesem Kapitel behandelte Symbolbeispiele nach ihrem archetypischen Hintergrund, so könnten sich uns erstaunliche Welten auftun. Der Kampf von Birgit mit dem großen schwarzen Hund könnte uns in das umfassende mythologische Thema des Heldenkampfes einführen, wir würden uns vielleicht auch an die Geschichten erinnern, in denen sich Götter in Tiergestalt Frauen nähern, um mit ihnen zu schlafen. Vielleicht fiele uns das verbreitete Märchenmotiv des »Tierbräutigams« ein, in dem ein als Tier verzauberter Prinz von der Märchenheldin durch die Kraft ihres Gefühls oder ihrer Liebe erlöst werden muss (»Die Schöne und das Biest«).

Stefan, der sein inneres Kind entdeckte, könnte uns über dieses innere Kind auch eine Ahnung und einen Zugang zum »göttlichen Kind«, zu dem ursprünglichen Zustand unseres Selbst, ermöglichen. Peter, der sich von Stricken gefesselt und gehalten fühlte, könnte uns in die menschliche Dimension und Problematik des Gefangenseins und der Befreiung

216

einführen, ein Thema, das nicht nur im Zusammenhang mit Gesellschaft, Krieg, Politik, Macht und Unterdrückung von umfassender Bedeutung für die Menschheit war und ist, sondern auch im religiösen und philosophischen Denken eine zentrale Rolle spielte.

Dort geht es meist um irgendeine Form der Gefangenschaft und Befreiung, sei es aus den Netzen und Bindungen der »Maya«, der trügerischen Täuschungen und Illusionen, die sich wie Schleier über die göttliche Wirklichkeit legen, sei es aus unseren Verstrickungen und Gebundenheiten, die sich durch unser Anhaften an Besitz, Ehre und Erfolg, durch unsere Triebe und Affekte ergeben, sei es aus unseren geistigen Fesseln, die uns durch Gewohnheit, Vorurteil und Angst daran hindern, das klare Licht der Erkenntnis zu erlangen (vgl. Platons Höhlengleichnis).

In der praktischen Deutungsarbeit muss – wie schon ausgeführt – mit Amplifikationen allerdings sehr sorgfältig umgegangen werden. Der »Griff in das Bücherregal des kollektiven Menschheitswissens« ist manchmal nicht hilfreich. Vor allem muss die psychische und aktuelle Situation des Betreffenden berücksichtigt werden und ob er für eine solche archetypische Sichtweise bereit und zur Amplifikation in der Lage ist.

Wie es für den einen Menschen eine große Erleichterung, Befreiung und eine Neuorientierung sein kann, wenn er erfährt, dass sein Problem, mit dem er ringt, ein Allgemein-menschliches ist, so kann die Amplifikation einem anderen vielleicht wie eine Ablenkung, ein Nicht-Ernst-Nehmen, ein Verharmlosen seines ihm so brennend wichtigen, akuten persönlichen Problems erscheinen. Was dem einen neue Türen und Dimensionen eröffnet, kann dem anderen den Zugang zur eigenen psychischen Innenwelt verbauen. Amplifikationen müssen deshalb immer auch »geerdet« und in den realen Kontext des Betreffenden hineingestellt werden, sie müssen zu ihm und seinen Verständnismöglichkeiten, seinem kulturellen Hintergrund passen. Es sei deshalb noch einmal an die therapeutische Deutungsgrundregel erinnert: »Von außen nach innen, von der Oberfläche in die Tiefe, vom Persönlichen zum Un- und Überpersönlichen.«

H. Handeln

Orientierungsfragen:
- Auf welcher Ebene lässt sich das Symbol leben und verwirklichen?
- Wie lassen sich die gewonnenen Erfahrungen, Einsichten, Impulse im alltäglichen Leben umsetzen?
- Wie sehen die kleinsten möglichen Schritte aus?
- Gibt es Übungsfelder, in denen mit den neuen Verhaltensweisen experimentiert werden kann?

Alles Unbewusste will bewusst, alles Ungelebte will gelebt werden: Das scheint eine Tendenz des Lebens zu sein. Wir wollen deshalb an dieser Stelle abschließend kurz darauf eingehen, auf welche Weise sich Symbole in unserem Alltag praktisch umsetzen lassen. Viele symbolische Gestaltungen fordern uns zu einer Konkretisierung und Realisierung geradezu heraus. Ihr eigentlicher Sinn und ihre ganze Bedeutung erschließen sich uns erst, wenn sie im Alltag und in der Beziehung zu anderen Menschen gelebt und verwirklicht werden. Vieles erkennen und verstehen wir erst dann wirklich, wenn wir es »draußen in der Welt«, im »realen Leben« bewusst und verantwortlich erfahren haben. Das, was wir am »eigenen Leib« erlebt haben, ist der beste Lehrmeister.

Wie wir gesehen haben, geht es zunächst darum, in der einen oder der anderen Weise am Symbol zu arbeiten (aktualisieren, betrachten, kreativ Gestalten und inszenieren, Deutungshypothesen aufstellen), bis sich uns nach und nach ein (einer von mehreren möglichen) Bedeutungsgehalt erschließt, den wir mit uns und unserem Leben in Beziehung setzen können. Bei dieser Einsichtsgewinnung ist es wichtig, dass es sich nicht nur um eine intellektuelle, rationale Deutung handelt, vielleicht wie bei einem Rätsel, das man nun gelöst hat. Es geht auch nicht um eine »letzte«, oder »wahre« Bedeutung, sondern vor allem darum, dass diese für uns persönlich bedeutsam und stimmig ist. Ohne diese emotionale Bedeutung wird es schwer sein, uns zum nächsten Schritt zu motivieren.

Dann suchen wir uns Bereiche, in denen wir das, was uns als Einsicht wichtig geworden ist, vorsichtig und in dem Tempo, das uns möglich ist, üben können.

Dabei können wir auch hier wieder gestalterische, spielerische und dramatisierende Methoden einsetzen. Wir können die Realisierung des Symbols imaginieren, wir können die Realisierung in kleine, gangbare Schritte aufteilen, mithilfe von Visualisationen und mentalem Training übend vorwegnehmen, wir können sie in einem Psychodrama durchspielen oder in einem regelmäßigen Ritual zelebrieren.

Sehr förderlich ist es auch, wenn wir mit anderen Menschen über unsere gewonnenen Einsichten und unsere Übungsversuche sprechen. Das Besprechen mit einem anderen Menschen hat oft einen verstärkenden Effekt auf unser Verhalten. Dadurch, dass wir unsere Pläne und Projekte jemandem mitteilen, werden sie für uns klarer und verbindlicher. Wir können dann nicht mehr so leicht zu unserem alten Verhalten zurück. In manchen Fällen ist das Aussprechen sogar der entscheidende Schritt für die Umsetzung einer Einsicht ins Leben. Häufig liegen unsere Schwierigkeiten mit der Verwirklichung einer Sache nicht in einer mangelnden Fähigkeit, sondern wir haben Angst vor dem, was die anderen Menschen dazu sagen und was sie von uns halten könnten, wenn wir etwas Neues ausprobieren.

In Selbsterfahrungsgruppen und Psychotherapien können wir die regelmäßige Erfahrung machen, dass allein schon das Aussprechen einer Sache, die wir heimlich mit uns herumgetragen haben, eine sehr befreiende, belebende und motivierende Wirkung entfalten kann. Wenn wir erleben, dass der andere Mensch uns, unsere Fantasien, Wünsche und Verhaltensweisen gar nicht schlimm findet oder sogar begrüßt, ist vielleicht die Haupthürde überwunden. Schließlich können wir die neu gewonnenen Einsichten und Verhaltensweisen im konkreten Leben verantwortlich und verbindlich anwenden.

Aber durchaus nicht alle Symbole und nicht alle Erfahrungen, die uns durch Symbole vermittelt werden, lassen sich sofort oder überhaupt in konkretes Handeln umsetzen. Manchmal liegt dies daran, dass uns deren Sinn noch nicht genügend bewusst ist, ein anderes Mal erkennen wir zwar die richtigen Zusammenhänge, können die Umstände des Lebens aber nicht ändern. Häufig beziehen sich Symbole auf Bereiche, die unserem bewussten Wollen und Handeln grundsätzlich nicht zugänglich sind.

Wenn wir zum Beispiel an die großen religiösen Symbole denken, dann weisen diese ja oft auf Dimensionen der Seele hin, die uns gar nicht anders als durch Symbole erfassbar sind. Weil diese Dimensionen und Kräfte den tragenden Hinter- oder Untergrund unserer Existenz bilden, unser Leben und unser Bewusstsein hervorbringen, müssen sie uns in ihrer Eigenart und Wirklichkeit unbekannt und bewusstseinstranszendent bleiben. Wir haben eben nur die Symbole, die auf diese letzten Wirklichkeiten hinweisen. Wenn wir diese Symbole in unser Leben hinein nehmen, dann können wir nicht eigentlich etwas mit ihnen »machen« oder sie »verwirklichen«, sondern wir können nur mit ihnen leben, und sie werden dann im Laufe der Zeit etwas mit uns machen. Sie werden vielleicht auf subtile und nicht vorhersehbare Weise unsere Sichtweisen, unsere Einstellungen, Werte und Gefühle verändern und uns allmählich helfen, immer mehr aus dem Gefühl dieser transpersonalen Wirklichkeit heraus zu leben.

Das Leben und Umgehen mit Symbolen hat neben seinen möglichen praktischen Konsequenzen eben auch – und eigentlich vor allem – einen hohen Wert in sich selbst. Es erweitert und vertieft unser Bewusstsein. Es kann uns offener, freier, toleranter, liebevoller, verständnisvoller, interessierter, engagierter und lebensfroher machen. Das alltägliche Leben wird durchsichtiger für vielschichtige, verborgene Zusammenhänge, damit wird es auch farbiger, spannender und herausfordernder für uns. Wir empfinden unser Dasein immer mehr als ein schöpferisches Mysterium, an dem wir teilhaben dürfen. Wir erfahren unsere unauflösbare Verbundenheit mit den anderen Menschen, den Tieren, der Natur und der Umwelt, wir erahnen unsere verborgene Einheit mit der ganzen Existenz. Das Leben selbst wird zu einem großen, geheimnisvollen, alles umfassenden Symbol, aus dem wir hervortreten, von dem wir getragen werden und in das wir zurückkehren.

»Was haben wir von Anbeginn erfahren,
als daß sich eins im anderen erkennt?

Als daß an uns Gleichgültiges erwärmt?
O Haus, o Wiesenhang, o Abendlicht
auf einmal bringst du's beinah zum Gesicht
und stehst an uns, umarmend und umarmt.

Durch alle Wesen reicht der eine Raum:
Weltinnenraum.«

Rainer Maria Rilke[70]

Anhang

Die A–H-Methode zur Integration von Symbolen

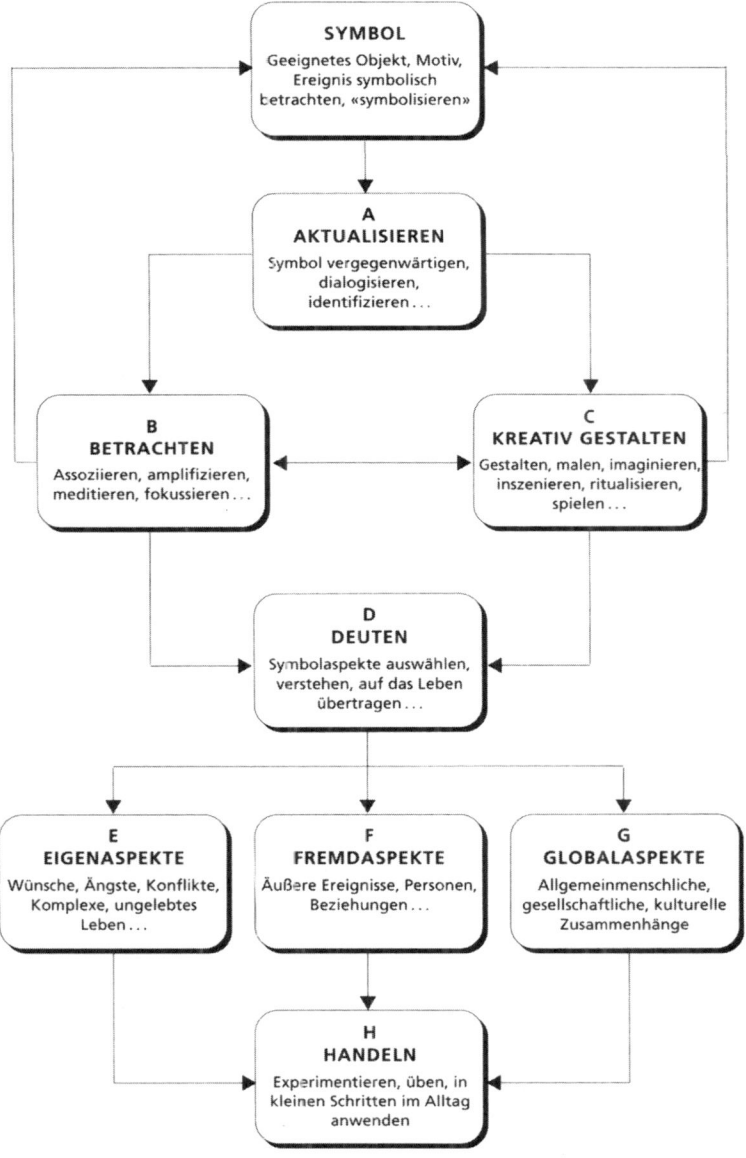

Abb. 41: Das A–H-Modell

223

Symbole finden

1 Die Kunst der Symbolisierung und der »symbolische Blick«. Einstimmende Grundfragen: Wie ließe sich diese Sache symbolisch sehen? Was könnte das symbolisch heißen?

2 Der Weg zum eigenen Symbol
- Von äußeren Symbolen ausgehen
- Von inneren Symbole ausgehen
- Symbolaspekte auswählen. Was ist das zentrale Element, Motiv, de zentrale Konflikt, das zentrale Thema?

A Aktualisieren

1 Geistigen Frei- und Spielraum für den Umgang mit dem Symbol schaffen

2 Symbol in den Brennpunkt des Interesses und in die Gegenwart bringen, z. B. in Gegenwartsform erzählen. Alle Orientierungs-Funktionen (Wahrnehmung, Fühlen, Denken, Phantasieren) abfragen

3 Den Gefühlswert des Symbols erfassen

4 In das Symbol einfühlend hineingehen (Identifizieren)

5 Mit dem Symbol in Dialog treten (z. B. mit Hilfe zweier Stühle)

B Betrachten

1 Frei assoziieren

2 Zentriert assoziieren: das Symbol assoziativ umkreisen

3 Amplifizieren: das Symbol in allgemein-menschlichen Zusammenhang stellen

4 Mindmapping: grafische Gestaltung des Assoziationsflusses

5 Meditieren

6 Focusing

C Creieren: Das Symbol kreativ gestalten und inszenieren

1 Malen

2 Tonen

3 Schreiben

4 Körperbewegung

5 Tanzen

6 Musizieren

7 Fantasie, Imagination und Visualisation
- Imagination, freie und geführte
- Standardbilder der Imagination (z. B. Weg, Baum, Haus)
- Symbolische Hilfsmittel im Umgang mit Imaginationen (z. B. magischer Schutzkreis, sicherer Ort, Zauberstab und Zauberhut)

- Strategien im Umgang mit symbolischen Gestalten (z.B. versöhnen, nähren, anreichern)
- Umgang mit bedrohlichen Fantasiegestalten (z.B. bannen, erschöpfen, hingeben, List und Humor einsetzen)

8 Psychodrama
9 Puppenspiel
10 Sandspiel
14 Ritual und Ritualisieren

D Deuten: Das Symbol verstehen

1 Allgemeine Grundlagen zum Verständnis der Symbols: Komplexität, Polarität, Paradoxität, Multidimensionalität, Ganzheit, Konstruktivismus
2 Berücksichtigung des Kontextes
2.1 Die aktuellen Auslöser und der aktuelle Lebensbezug
- Was fällt mir spontan dazu ein?
- Habe ich mich gestern / in den letzten Tagen so ähnlich wie im Traum gefühlt?
- Was war gestern/vorgestern so ähnlich wie das Traumsymbol?
- Was habe ich während des vergangenen Tages erlebt
- Was hat mich besonders beschäftigt?
- Wie war meine körperliche Befindlichkeit?
- Habe ich eine Versuchungs- oder Versagungssituation erlebt, beispielsweise unerfüllte Wünsche und Bedürfnisse, Enttäuschungen, Kränkungen?
- Welche Fragen, Probleme, Konflikte sind offen geblieben?
- Habe ich aus der Zeitung oder dem Fernsehen etwas aufgenommen, was mich besonders beschäftigt hat? Könnten aktuelle gesellschaftliche oder umweltmäßige Faktoren einen Einfluss gehabt haben?
2.2 Lebensgeschichtlicher Zusammenhang
- Was fällt mir spontan dazu ein?
- Woher kenne ich dieses Gefühl, dieses Ereignis, diesen Konflikt, der sich im Symbol darstellt?
- Welche Erfahrungen habe ich mit dieser Symbolgestalt in meinem Leben gemacht?
- Was in meinem Leben ist oder war so ähnlich?
- Welche mir bekannte Stimmung aus einer früheren Phase meines Lebens entspricht dieser Szene?
- Welche Rolle spielt dieses Symbol in meiner Familie, in der Gesellschaft, in der ich lebe?

3 Die Grundfrage der Deutung: »Was ist in meinem gegenwärtigen Leben so ähnlich wie in diesem Symbol?«
4 Kompensatorische Funktion
- Welche (einseitigen) Einstellungen, Haltungen, Werte, Verhaltensweisen könnten durch das Symbol kompensiert, ausgeglichen, reguliert werden?
- Welche bestätigenden, ergänzenden, ausgleichenden oder warnenden Impulse vermittelt das Symbol?
- Auf welche Weise könnte das Symbol mein Bewusstsein erweitern?
- Inwieweit zeigen sich im Symbol schöpferische, finale, das heißt auf ein Ziel hin orientierte Tendenzen?
- Welche Hinweise zu meiner weiteren Entwcklung ergeben sich?

E Eigenanteile (Subjektstufe und Beziehungsstufe)

1 Eigene Persönlichkeitsanteile
- Was fällt mir spontan dazu ein?
- Auf welche Seiten und Aspekte der eigenen Persönlichkeit weist das Symbol hin?
- Welche Wünsche, Sehnsüchte, Ängste stellen sich auf welche Weise dar?
- Welcher Wesenszug von mir könnte das sein (z. B. das innere Tier, das innere Kind, Über-Ich-, Persona-, Schatten-, Anima/Animus- und Selbstanteile)?
- Gibt es einen Bezug zu meinem Körpererleben, zu körperlichen Vorgängen, zum Vital-, Instinkt- und Triebbereich?
- Wie spiegelt sich meine allgemeine Lebensenergie (Libido)?
- Welcher mir fremde Anteil will sich mir annähern?
- Was zeigt sich von meiner Aggressivität?
- Was zeigt sich von meiner Sexualität?
- Was zeigt sich von meinen Selbstbehauptungs- und Machttendenzen?
- Wie spiegelt sich mein Beziehungserleben und -verhalten?
- Was zeigt sich von meiner Spiritualität?
2 Innere Konflikte
- Wie werden diese symbolischen Aspekte gelebt und wie gehe ich bzw. die Symbolgestalten damit um?
- Welche Konflikte zeigen sich?
- Haben die Symbolbilder eine Ähnlichkeit mit Problemen und Situationen, mit denen ich mich zur Zeit besonders konfrontiert fühle?

226

- Sind es typische Konfliktsituationen, in die ich immer wieder hineingerate?
- Wie werden diese symbolischen Aspekte gelebt, und wie gehe ich beziehungsweise die Symbolgestalten damit um?
- Deutet sich im Symbolgeschehen eine Lösung an?

3 Zustand der Persönlichkeit
- Was zeigt sich in den Symbolen selbst über meine Persönlichkeit, meinen Charakter, über meinen Hemmungen und mein Entwicklungspotenzial?
- Wie bewusst, wie vertraut und bezogen oder wie fremdartig beziehungsweise unbezogen und bedrohlich sind für mich die Symbolgestalten?
- Wie verhält sich meine Traum-Persönlichkeit in der Auseinandersetzung mit dem symbolischen Ereignis?

4 Kreatives Potenzial und finale Tendenz
- Was könnte das kreative Ziel des Symbols sein?
- Wie zeigen sich schöpferische Möglichkeiten?
- Worin spiegelt sich mein ungelebtes Potenzial?
- Welche Lösungen bietet das Symbol zu meinem aktuellen Problem an?
- Enthält das Symbol Hinweise, wie es konkrete und lebendige Gestalt annehmen könnte?
- Wie und wo zeigen sich Lebendigkeit, Natur und Natürlichkeit, Gesundheit, Sinnlichkeit, Wachstum? (vgl. Bios-Prinzip)
- Wie und wo zeigen sich Schönheit, Liebe, Freundschaft, Harmonie, Glück, Humor, Freude, Ekstase? (vgl. Eros-Prinzip)
- Wie und wo zeigen sich Selbstvertrauen, Energie, Mut, Entschlossenheit, Tatkraft, Verantwortung, Erfolg? (vgl. Heros-Prinzip)
- Wie und wo zeigen sich Weisheit, Wissen, Einsicht, Erkenntnis, Klarheit, Freiheit, Toleranz, Gerechtigkeit? (vgl. Logos-Prinzip)
- Wie und wo zeigen sich Ganzheitliches, Transpersonales, Schöpferisches, Grenzenüberschreitendes, Überraschendes, Sich-Wandelndes, Humorvolles, Spielerisches, Verrücktes, Befreiendes? (vgl. Mystos-Selbst-Prinzip)

F Fremdanteile (Objektstufe und Beziehungsstufe)
- Was hat das Symbol mit meinem aktuellen äußeren Leben zu tun?
- Erfahre ich etwas über meine Mitmenschen oder meine Umwelt, was ich vielleicht nicht richtig wahrgenommen habe?

- Was zeigt mir das Symbol über meine Beziehungen, über meine Liebes- und Beziehungsfähigkeit, meinen Umgang mit anderen Menschen?
- Wie erlebe ich andere Menschen?
- Gibt es typische Beziehungskonflikte, die sich im Symbol spiegeln?
- Zeigen sich Beziehungsängste?

G Globalanteile
- Welche globalen, allgemeinmenschlichen, archetypischen Aspekte hat das Symbol?
- Stellen sich im Symbol Fragen der Individuation und existentielle Themen, wie z. B. der Selbst-Verwirklichung und Sinnfindung, der Selbst-Verantwortung und Freiheit, das Problem des Todes, Beziehung, Einsamkeit und Isolierung?
- Stellen sich religiöse, spirituelle, transpersonale Bezüge dar?
- Finden sich Hinweise zu einer überpersönlichen Lebensorientierung?

H Handeln
- Auf welcher Ebene lässt sich das Symbol leben und verwirklichen?
- Wie lassen sich die gewonnenen Erfahrungen, Einsichten, Impulse im alltäglichen Leben umsetzen?
- Wie sehen die kleinsten möglichen Schritte aus?
- Gibt es Übungsfelder, auf denen ich mit den neuen Verhaltensweisen experimentieren kann?

Anmerkungen

1 Fromm, Erich: Märchen, Mythen, Träume. Eine Einführung in das Verständnis einer vergessenen Sprache. Stuttgart: DVA, 1980, S. 16.

2 Siehe Beschreibung des Mindmapping in Teil 2, 2 B und auch Anmerkung 32.

3 Bachofen, Johann Jakob: Mutterrecht und Naturreligion. Stuttgart: Kröner, 1941, S. 60/61.

4 Jung, Carl Gustav: Briefe III. Olten: Walter, 1973, Brief an Miss Oakes, S. 15 f.

5 Müller, Lutz: Des Kaisers neue Kleider. Warum man nicht immer eine gute Figur machen muß. Stuttgart: Kreuz, 1995.

6 Rilke, Rainer Maria: Lektüre für Minuten. Ausgewählt von Ursula und Volker Michels. Frankfurt: Insel, 1996, S. 101.

7 Vgl. Anhang «Weiterführende Literatur»: Musik.

8 Vgl. dazu: Mozart, Wolfgang Amadeus: Die Zauberflöte. Texte, Materialien, Kommentare. Hrsg. von A. Csampai und D. Holland. Hamburg: Rowohlt, 198z; Neumann, Erich: Zu Mozarts Zauberflöte. In: Zur Psychologie des Weiblichen. opus magnum, 2007; Schmidbauer, Wolfgang: Das Geheimnis der Zauberflöte. Symbole der Reifung – Wege zur Integration. Freiburg: Herder, 1995.

9 Zitiert aus: Hesse, Hermann: Die Einheit hinter den Gegensätzen. Religionen und Mythen. Zusammengestellt von Volker Michels. Frankfurt: Suhrkamp 1996, S. 111 f.

10 Zacharias, Gerhard: Ballett – Gestalt und Wesen. Köln: Dumont, 1962. Vgl. auch Anhang «Weiterführende Literatur»: Körper, Bewegung und Tanz.

11 Benn, Gottfried: Ein Wort. Zit. aus: Ludwig Reiners, Der ewige Brunnen. München: Beck, 1985, S. 948.

12 Rilke, Rainer Maria: Lektüre für Minuten. Ausgewählt von Ursula und Volker Michels. Frankfurt: Insel, 1996, S. 131.

13 Hebbel, Friedrich: Erleuchtung. Zit. aus: Ludwig Reiners, Der ewige Brunnen. München: Beck 1985, S. 946.

14 Vgl. dazu: Estés, Clarissa Pinkola: Die Wolfsfrau. Die Kraft der weiblichen Urinstinkte. München: Heyne, 1992; Kast, Verena: Rotkäppchen. Das Lieblings- und Angst-Märchen der Kindheit. In: Kast, Verena: Märchen als Therapie. Olten: Walter, 1986; Laitenberger, Diethild: Leben mit der Wolfsnatur. Der Weg zu ganzheitlichem Erziehen. opus magnum, 2003.

15 Dieckmann, Hans: Gelebte Märchen. Hildesheim: Gerstenberg, 1978. S. 101 ff. ; Franz, Marie-Louise von: Psychologische Märcheninterpretation.

München: Knaur, 1989; Kast, Verena: Märchen als Therapie. Olten: Walter, 1986.

16 Maier, C. A.: Antike Inkubation und moderne Psychotherapie. Zürich: Rascher, 1949.

17 Eine Anwendung der Senoi-Traummethode in der Psychologie findet sich in: Williams, Strephon: Durch Traumarbeit zum eigenen Selbst. Die Jung-Senoi-Methode. Interlaken: Ansata, 1984.

18 Jung, Carl Gustav: Erinnerungen, Träume, Gedanken. Hrsg. von Aniela Jaffe. Olten: Walter, 1984, S. 200

19 Müller, Lutz: Magie. Tiefenpsychologischer Zugang zu den Geheimwissenschaften. opus magum, 2007; weitere Literatur siehe auch Anhang: 5 Hermetische Symbolsysteme.

20 Vgl. dazu z. B.: Arroyo, S.: Astrologie, Psychologie und die vier Elemente. München: Hugendubel, 1982; Barz, E.: Götter und Planeten. Grundlagen archetypischer Astrologie. opus magnum 2005; Green, L.: Kosmos und Seele. Frankfurt: Krüger, 1978; Riemann, F.: Lebenshilfe Astrologie. München: Pfeiffer, 1994; Sicuteri, R.: Astrologie und Mythos. Mythen und Symbole des Tierkreises im Spiegel der Tiefenpsychologie. Freiburg: Aurum, 1983.

21 Vgl. dazu: Jung, C. G.: Psychologie und Alchemie, Ges. Werke 12. Olten: Walter, 1972; Jung, C. G.: Studien über alchemistische Vorstellungen, Ges. Werke 13. Olten: Walter, 1978, S. 13–63; Jung, C. G.: Die Psychologie der Übertragung. In: Praxis der Psychotherapie, Ges. Werke 16. Olten: Walter, 1971, S.173–345; Jung, C. G.: Die Probleme der modernen Psychotherapie. In: Praxis der Psychotherapie, Ges. Werke 16. Olten: Walter, 1971, S. 77; Jung, C. G.: Mysterium Coniunctionis, Ges. Werke 14, S. 1–3. Olten: Walter, 1971.

22 Um sich in der Fülle und Variabilität der archetypischen Motive, Gestalten und deren Beziehung zueinander zu orientieren, haben C. G. Jung und seine Schüler häufig eine Vierersystematik, ein Quaternitätsmodell, verwendet. In dem Aufsatz: »Die Struktur und Dynamik des Selbst« (Jung, Carl Gustav: Aion, Ges. Werke 9/2, Olten: Walter, 1976) hat C. G. Jung verschiedene Aspekte des Selbst in der Struktur der Quaternio und der Doppelpyramide dargestellt. Auf einem solchen Quaternitätsmodell baut auch Hans Dieckmann (Dieckmann, H.: Komplexe. Berlin: Springer, 1991) seine Komplextheorie auf. Erinnert sei aber auch an Tony Wolffs Beschreibung von vier Strukturformen der weiblichen Psyche: die Mutter, die Mediale, die Hetäre, die Amazone (Wolff, T.: Studien zu C. G. Jungs Psychologie. Zürich: Rhein, 1959). Emma Jung unterschied vier Formen des Animus unter den Stichpunkten: Kraft, Tat, Wort, Geist (Jung, E.: Animus und Anima. Fellbach: Bonz, 1983).

23 Müller, Lutz: Trotzdem ist die Welt ein Rosengarten. Stuttgart: Kreuz, 1997; Müller, Lutz: Lebe Dein Bestes. Lebenskunst und Individuation. Düsseldorf: Walter, 2001.

24 Zit. nach: Jung, Carl Gustav: Über die Entwicklung der Persönlichkeit. In: Ges. Werke 18/2. Olten: Walter, 1981, § 1811.

25 Goethe, Johann Wolfgang von: Nicht veröffentlichte Xenien von Goethe und Schiller. Nr. 45; Gedichte aus dem Nachlaß. Zit. nach: Schad, Wolfgang: Würde der Dinge. Freiheit des Menschen. Goethe-Texte. Stuttgart: Urachhaus, 1983, S. 16.

26 Über luzides Träumen vgl. z.B.: Gackenbach, Jayne/Bosveld, Jane: Herrscher im Reich der Träume. Kreative Problemlösungen durch luzides Träumen. Braunschweig: Aurum, 1991; La Berge, Stephen: Hellwach im Traum. Höchste Bewußtheit in tiefem Schlaf. Paderborn: Junfermann, 1987; Tholey, Paul und Utecht, K.: Schöpferisch träumen. Niedernhausen: Falken, 1987.

27 Die Bedeutung der Submodalitäten für imaginative Prozesse hat besonders das Neurolinguistische Programmieren hervorgehoben. Vgl. dazu z. B. Andreas, Connirae und Steve: Gewußt wie. Arbeit mit Submodalitäten und weitere NLP -Interventionen nach Maß. Paderborn: Junfermann, 1988.

28 Schiller, Friedrich: Brief vom 1. Dezember 1788, Zit. nach Freud, Sigmund: Die Traumdeutung. Wien: Deuticke, 1900. Taschenbuchausgabe: Frankfurt: Fischer, 1980, S. 94f.

29 Vgl. z. B. Perls, Frederick: Gestalt-Therapie in Aktion. Stuttgart: Klett-Cotta, 1979.

30 Vgl. z.B. Stone, Hal und Sidra: Du bist viele. Das 100fache Selbst und seine Entdeckung durch die Voice-Dialogue-Methode. München: Heyne, 1994.

31 Freud, Sigmund: Psychoanalyse und Libidotheorie (1923).Ges. Werke XIII. Frankfurt: Fischer, 1991, S. 214.

32 Zur Methode des Mindmapping siehe z. B. Ruzan,Tony: Kopftraining. Anleitung zum kreativen Denken. München, Goldmann, 1988; Rico, Gabriele L.: Garantiert schreiben lernen. Reinbek: Rowohlt, 1984.

33 Vgl. Gendlin, E. T: Focusing, Salzburg: Müller, 1981; Gendlin, E.: Dein Körper – Dein Traumdeuter, Salzburg: Müller, 1987; Wild-Missong Agnes: Neuer Weg zum Unbewußten. Focusing als Weg klientenzentrierter Psychoanalyse. Salzburg: Otto Müller, 1983.

34 Csikszentmihalyi, Mihaly: Flow. Das Geheimnis des Glücks. Stuttgart: Klett-Cotta, 1992.

35 Eine gute zusammenfassende Darstellung der Bildflächen- und Raumsymbolik findet sich bei Riedel, Ingrid: Bilder in Therapie, Kunst und Religion. Stuttgart: Kreuz, 1988.

36 Deuser, Heinz: Bild und Bildung nach der Arbeit am Tonfeld in: Baukus, Peter, Thies, Jürgen: Aktuelle Tendenzen in der Kunsttherapie. Stuttgart: Fischer, 1993.

37 Krusche, Dietrich (Hrsg.): Haiku – Japanische Gedichte. München: dtv, 1994, S. 43.

38 Krusche, Dietrich (Hrsg.): Haiku – Japanische Gedichte. München: dtv, 1994, S. 131.

39 Vgl. dazu »Weiterführende Literatur«: Körper, Bewegung, Tanz.

40 Jung, Carl Gustav: Das Typenproblem in der Geistesgeschichte. In: Ges. Werke 6. Olten: Walter 1994, §78.

41 Zur Geschichte der imaginativen Verfahren vgl. Leuner, Hanscarl: Lehrbuch des Katathymen Bilderlebens. Grundstufe, Mittelstufe, Oberstufe. Bern: Huber, 1985.

42 Eine Zusammenfassung der Texte, in denen sich C. G. Jung zur Imagination äußert, findet sich bei Ammann, A.: Aktive Imagination. Olten: Walter, 1978, eine gute Darstellung der Methode in Verbindung mit neuen Ansätzen auch bei Kast, Verena: Imagination als Raum der Freiheit. Dialog zwischen Ich und Unbewußtem. Olten: Walter, 1988 und bei Seifert, A., Seifert, T., Schmidt, P.: Der Energie der Seele folgen. Gelassen und frei durch Imagination. Düsseldorf: Walter 2003.

43 Leuner, Hanscarl: Lehrbuch des Katathymen Bilderlebens. Grundstufe, Mittelstufe, Oberstufe. Bern: Huber, 1985.

44 Leuner, Hanscarl; Kottje-Birnbacher, Leonore; Sachsse Ulrich; Wächter, Martin: Gruppenimagination. Gruppentherapie mit dem Katathymen Bilderleben. Bern: Huber, 1986.

45 Vgl. dazu auch Kast, Verena: Imagination als Raum der Freiheit. Dialog zwischen Ich und Unbewußtem. Olten: Walter, 1988; Seifert, A., Seifert, T., Schmidt, P.: Der Energie der Seele folgen. Gelassen und frei durch Imagination. Düsseldorf: Walter 2003.

46 Eine vertiefende Darstellung dieser Motive findet sich bei Hanscarl Leuner, Lehrbuch des Katathymen Bilderlebens, bei Kast, Verena: Imagination als Raum der Freiheit. Olten: Walter, 1988 und Seifert, A., Seifert, T., Schmidt, P.: Der Energie der Seele folgen. Gelassen und frei durch Imagination. Düsseldorf: Walter 2003.

47 Beim Katathymen Bilderleben werden diese Hilfsmittel als »Regieprinzipien im Symboldrama« bezeichnet.

48 Beim Katathymen Bilderleben werden sie etwas unglücklich als »Schrittmacher« bezeichnet.

49 Diese Formulierung stammt von Lange, Klaus: Herz, was sagst du mir? Selbstvertrauen durch innere Erfahrungen. Stuttgart: Kreuz, 1991.

50 Müller, Lutz: Das tapfere Schneiderlein. List als Lebenskunst. Stuttgart: Kreuz, 1985.

51 Vgl. dazu »Weiterführende Literatur«: Psychodrama, Rituale und Spiel.

52 Vgl. dazu »Weiterführende Literatur«: Psychodrama, Rituale und Spiel.

53 Jung, Carl Gustav: Erinnerungen, Träume, Gedanken von C. G. Jung. Aufgezeichnet und herausgegeben von Aniela Jaffe. Olten: Walter, 1984, S. 177f.

54 Psychodrama, Rituale und Spiel.

55 Jung, Carl Gustav: Symbole der Wandlung. Ges. Werke 5. Olten: Walter, 1973.

56 Neumann, Erich: Ursprungsgeschichte des Bewußtseins. Zürich: Rascher, 1949.

57 Hilarion Petzold hat solche (ideal-)typischen Phasen auch für die Integrative Therapie als »tetradisches System« beschrieben. Vgl. dazu Rahm, Dorothea; Otte, Hilka; Bosse, Susanne; Ruhe-Hollenbach, Hannelore: Einführung in die Integrative Therapie. Grundlagen und Praxis. Paderborn: Junfermann, 1993, S. 370ff.

58 Jung, Carl Gustav: Briefe III. Olten: Walter, 1973, Brief an Miss Oakes, S. 15 f.

59 Zum Konstruktivismus vgl. etwa: Claxton, Guy: Die Macht der Selbsttäuschung. Der gesunde Menschenverstand und andere Irrtümer. München: Piper, 1997; Efran, Jay S.; Lukens, Michael D.; Lukens, Robert J.: Sprache, Struktur und Wandel. Bedeutungsrahmen der Psychotherapie. Dortmund: Verlag modernes Lernen, 1992; Roth, Gerhard: Das Gehirn und seine Wirklichkeit. Kognitive Neurobiologie und ihre philosophischen Konsequenzen. Frankfurt a. M.: Suhrkamp, 1994; Watzlawick, Paul (Hrsg.): Die erfundene Wirklichkeit. Wie wissen wir, was wir zu wissen glauben? München: Piper, 1981.

60 Zimmer, Heinrich: Abenteuer und Fahrten der Seele. Düsseldorf, Köln: Diederichs, 1977, S. 13 f.

61 Jung, Carl Gustav: Erinnerungen, Träume, Gedanken von C. G. Jung. Aufgezeichnet und herausgegeben von Aniela Jaffe. Olten: Walter, 1984, S. 272.

62 Jung, Carl Gustav: Erinnerungen, Träume, Gedanken von C. G. Jung Aufgezeichnet und herausgegeben von Aniela Jaffe. Olten: Walter, 1984. S. 10.

63 Lit. zur Bedeutung des »inneren Kindes«: Abrams, Jeremiah (Hrsg.): Die Befreiung des Inneren Kindes. Die Wiederentdeckung unserer ursprünglichen kreativen Persönlichkeit und ihre zentrale Bedeutung für unser Erwachsenenleben. München: Scherz, 1993; Bradshaw, John: Das Kind in uns. München: Droemer Knaur, 1992; Jung, Carl Gustav: Zur Psychologie

des Kind-Archetyps. In: Ges. Werke 9/1. Olten: Walter 1976; Montague, Ashley: Zum Kind reifen. Stuttgart: Klett, 1984.

64 Hölderlin, Friedrich: Hyperion. Berlin: Aufbau, 1989 Bdl, S. 43.

65 Jung, Carl Gustav: Theoretische Überlegungen zum Wesen des Psychischen. In: Ges. Werke 8. Olten: Walter, 1985, § 432.

66 Rank, Otto: Das Trauma der Geburt. Wien: Internat. Psychoanal. Verlag, 1924.

67 Jung, Carl Gustav: Das Grundproblem der gegenwärtigen Psychologie. In: Ges. Werke 8. Olten: Walter, 1985, § 673.

68 Jung, Carl Gustav: Das Wandlungssymbol in der Messe. Ges. Werke 11. Olten: Walter, 1983, § 391.

69 Vgl dazu: Grof, Stanislav; Grof, Christina: Spirituelle Krisen. Chancen der Selbstfindung. München: Kösel, 1990; Grof, Christina; Grof, Stanislav: Die stürmische Suche nach dem Selbst. Praktische Hilfe für spirituelle Krisen. München: Kösel, 1991.

70 Es winkt zu Fühlung fast aus allen Dingen. Aus: Rilke, Rainer Maria: Der ausgewählten Gedichte erster Te/7. Wiesbaden: Insel, 1951, S. 77.

Lösung zur Schachstellung: (die Felder des Schachbretts werden von links nach rechts mit A bis H bezeichnet und von unten nach oben mit 1 bis 8): Der weiße Springer bietet auf dem Feld F7 Schach, der schwarze König muss auf G8 gehen, der weiße Springer zieht nach H6 mit Abzugs-Doppelschach (gleichzeitiges Schach durch Springer und Dame), der schwarze König geht zurück auf H8. Jetzt opfert sich die Dame auf G8 mit Schach. Schwarz kann nur noch mit seinem Turm die Dame schlagen. Jetzt setzt der Springer auf F7 matt (diese Art von Stellung wird auch als »ersticktes Matt« bezeichnet, weil der König vollständig von eigenen Figuren umgeben ist und nicht mehr ausweichen kann).

Weiterführende Literatur

Vorbemerkung: Bei den folgenden Literaturhinweisen haben wir neben einiger allgemeiner Standardliteratur vor allem solche Werke aufgenommen, in denen sich ein ähnliches psychologisches Symbolverständnis wie im vorliegenden Buch findet. Aber auch unter diesem Gesichtspunkt konnten wir natürlich nur eine subjektive Auswahl treffen. Von Autoren, von denen es unter den entsprechenden Themengruppen noch weitere wichtige Veröffentlichungen gibt, haben wir des begrenzten Raumes wegen jeweils nur einige exemplarische Beispiele ausgewählt.

1. Symbolik und Symbollexika

Bächtold-Stäubli, Hans (Hrsg.): Handwörterbuch des Deutschen Aberglaubens. Berlin: Walter de Gruyter, 1987 (Unveränderter Nachdruck der Ausgabe 1927).

Becker, Udo: Lexikon der Symbole. Freiburg: Herder, 1998.

Benedetti, Gaetano; Rauchfleisch, Udo (Hrsg.): Welt der Symbole. Interdisziplinäre Aspekte des Symbolverständnisses. Göttingen: Vandenhoeck und Ruprecht, 1988.

Betz, Otto: Elementare Symbole. Zur tieferen Wahrnehmung des Lebens. Freiburg: Herder, 1987.

Betz, Otto: Das Geheimnis der Zahlen. Stuttgart: Kreuz, 1989.

Betz, Otto: Der Leib als sichtbare Seele. Stuttgart: Kreuz, 1991.

Betz, Otto: In geheimnisvoller Ordnung. Urformen und Symbole des Lebens. München: Kösel, 1992.

Biedermann, Hans: Knaurs Lexikon der Symbole. Erftstadt: Area, 2004

Cassirer, Ernst: Philosophie der symbolischen Formen. 5 Bände. Darmstadt: Wissenschaftliche Buchgesellschaft, 1994.

Chevalier, Jean; Gheerbrant, Alain: Dictionnaire des Symboles, Mythes, Reves, Coutumes, Gestes, Formes, Figures, Couleurs, Nombres. Paris: Ed. Robert Klaffont et Ed. Jupiter, 1982.

Cooper, J. C.: Illustriertes Lexikon der traditionellen Symbole. Wiesbaden: Drei Lilien, 1986.

Endres, Franz; Schimmel, Annemarie: Das Mysterium der Zahl. Zahlensymbolik im Kulturvergleich. Köln: Diederichs, 1984.

Jung, C. G.: Gesammelte Werke, hrsg. von Lilly Jung-Merker, Elisabeth Rüf und Leonie Zander. Olten: Walter, 1971 ff.

Jung, C. G. et al.: Der Mensch und seine Symbole. Olten: Walter, 1968.

Kast, Verena: Die Dynamik der Symbole. Grundlagen der Jungschen Psychotherapie. Olten: Walter, 1990.

Knoll, Dieter; Müller, Lutz; Schwarz, Joachim: Verborgene Wirklichkeiten. Symbole im Alltag, in Politik, Kunst, Religion und Psychotherapie. Diareihe und Begleitbuch. Stuttgart: Evangelische Medienzentrale, 1993.

Lurker, Manfred: Symbol, Mythos und Legende in der Kunst. Die symbolische Aussage in Malerei, Plastik und Architektur. Baden-Baden: Koerner, 1984.

Lurker, Manfred: Wörterbuch der Symbolik. Stuttgart: Kröner, 1983.

Lurker, Manfred: Die Botschaft der Symbole. In Mythen, Kulturen und Religionen. München: Kösel, 1990.

Moser, Bruno: Bilder, Zeichen und Gebärden. Die Welt der Symbole. München: Südwest, 1986.

Neumann, Erich: Kunst und schöpferisches Unbewusstes. Zürich: Rascher 1954, Neuauflage Zürich: Daimon, 1980.

Neumann, Erich: Der schöpferische Mensch. Zürich: Rhein-Verlag, 1959, Neuauflage Frankfurt: Fischer TB 1995.

Riedel, Ingrid: Farben. In Religion, Gesellschaft, Kunst und Psychotherapie. Stuttgart: Kreuz, 1983.

Riedel, Ingrid: Bilder. In Religion, Kunst und Psychotherapie. Stuttgart: Kreuz, 1988.

Riedel, Ingrid: Formen. Kreis, Kreuz, Dreieck, Quadrat, Spirale. Stuttgart: Kreuz, 1985.

Rosenberg, Alfons: Einführung in das Symbolverständnis. Ursymbole und ihre Wandlungen. Freiburg: Herder, 1984.

Symbole. Mehrbändige Reihe verschiedener Autoren. Stuttgart: Kreuz.

Walker, Barbara: Das geheime Wissen der Frauen. München: dtv, 1996.

Walker, Barbara: Die geheimen Symbole der Frauen: Lexikon der weiblichen Spiritualität. München: Heyne, 2000

2. Imagination, Fantasie und Visualisation

Ammann, Adolf N.: Aktive Imagination. Olten: Walter, 1978.

Johnson, Robert: Bilder der Seele. Traumarbeit und aktive Imagination. München: Hugendubel, 1995.

Kast, Verena: Imagination als Raum der Freiheit. Dialog zwischen Ich und Unbewusstem. Olten: Walter, 1988.

Lange, Klaus: Herz, was sagst du mir? Selbstvertrauen durch innere Erfahrungen. Stuttgart: Kreuz 1991.

Leuner, Hanscarl: Lehrbuch des Katathymen Bilderlebens. Grundstufe, Mittelstufe, Oberstufe. Bern: Huber, 1985.

Leuner, Hanscarl; Kottje-Birnbacher, Leonore; Sachsse, Ulrich; Wächter, Martin: Gruppenimagination. Gruppentherapie mit dem Katathymen Bilderleben. Bern: Huber, 1986.

Reddemann, Luise: Imagination als heilsame Kraft: zur Behandlung von Trau-
mafolgen mit ressourcenorientierten Verfahren. Stuttgart: Pfeiffer bei
Klett-Cotta, 2002.

Reddemann, Luise: Psychodynamisch Imaginative Traumatherapie:
PITT – das Manual. Stuttgart: Pfeiffer bei Klett-Cotta, 2004.

Seifert, Ang Lee; Seifert, Theodor; Schmidt, Paul: Der Energie der Seele folgen. Gelassen und frei durch Imagination. Düsseldorf: Walter 2003.

Seifert, Ang Lee; Seifert, Theodor: Intuition – die innere Stimme. Düsseldorf:
Walter, 2006.

Singer, Jerome L.; Pope, Kenneth S. (Hrsg.): Imaginative Verfahren in der
Psychotherapie. Paderborn: Junfermann, 1986.

3. Körper, Bewegung und Tanz

Heisterkamp, Günter: Heilsame Berührungen. Praxis leibfundierter analytischer Psychotherapie. München: Pfeiffer, 1993.

Hoffmann, Kaye: Tanz, Trance, Transformation. München: Dianus-Trikont,
1984.

Klein, Petra: Tanztherapie. Ein Weg zum ganzheitlichen Sein. München:
Pfeiffer, 1993.

Lander, Hilda-Maria; Zohner, Maria-Regina: Meditatives Tanzen. Stuttgart:
Kreuz, 1993.

Mindell, Arnold: The Dreambody. Der Körper im Märchen. Krankheit und
Individuation. Fellbach: Bonz, 1985.

Mindell, Arnold: Der Leib und die Träume. Prozessorientierte Psychologie in
der Praxis. Paderborn: Junfermann, 1988.

Molcho, Samy: Körpersprache. München: Mosaik, 1983.

Morris, Desmond: Körpersignale. Bodywatching. München: Heyne, 1986.

Petzold, Hilarion (Hrsg.): Psychotherapie und Körperdynamik. Verfahren psy-
cho-physischer Bewegungs- und Körpertherapie. Paderborn: Junfermann,
1981.

Peter-Bolander, Martina: Tanz und Imagination. Verwirklichung des Selbst
im künstlerischen und pädagogisch-therapeutischen Prozess. Paderborn:
Junfermann, 1992.

Petzold, Hilarion (Hrsg.): Die neuen Körpertherapien. Paderborn: Junfermann,
1987.

Schellenbaum, Peter: Nimm deine Couch und geh! Heilung mit Spontan-
ritualen. München: dtv 1995

Schellenbaum, Peter: Die Energie des Lebens spüren: wie Heilung geschieht.
Freiburg: Herder 2003.

Seewald, Jürgen: Leib und Symbol. Ein sinnverstehender Zugang zur kindlichen Entwicklung. München: Fink, 1992.

Willke, Elke; Höher, Gerd; Petzold, Hilarion (Hrsg.): Tanztherapie. Theorie und Praxis. Ein Handbuch. Paderborn: Junfermann, 1991.

Zundel, Edith; Loomans, Pieter: Im Energiekreis des Lebendigen. Körperarbeit und spirituelle Erfahrung. Freiburg: Herder, 1995.

4. Kreativität und Gestaltung

Biniek, Eberhard: Psychotherapie mit gestalterischen Mitteln. Eine Einführung in die Gestaltungstherapie. Darmstadt: Wissenschaftliche Buchgesellschaft, 1982.

Dannecker, Karin: Kunst, Symbol und Seele. Thesen zur Kunsttherapie. Frankfurt: Lang, 1994.

Daniel, Rosmarie: Archetypische Signaturen im unbewussten Malprozess. Fellbach: Bonz, 1993.

Franzke, Erich: Der Mensch und sein Gestaltungserleben. Psychotherapeutische Nutzung kreativer Arbeitsweisen. Bern: Huber, 1983. Jacobi, Jolande: Vom Bilderreich der Seele. Wege und Umwege zu sich selbst. Olten: Walter, 1969.

Gier, Renate: Die Bildsprache der ersten Jahre verstehen. München: Kösel, 2004.

May, Rollo: Der Mut zur Kreativität. Paderborn: Junfermann, 1987.

Neumann, Erich: Der schöpferische Mensch. Darmstadt: Wissenschaftliche Buchgesellschaft, 1965.

Oaklander, Violet: Gestalttherapie mit Kindern und Jugendlichen. Stuttgart: Klett-Cotta, 1988.

Petzold, Hilarion; Orth, Ilse (Hrsg.): Die neuen Kreativitätstherapien. Handbuch der Kunsttherapie. 2 Bände. Paderborn: Junfermann, 1990.

Petzold, Hilarion; Orth, Ilse (Hrsg.): Poesie und Therapie. Über die Heilkraft der Sprache. Poesietherapie, Bibliotherapie, Literarische Werkstätten. Paderborn: Junfermann, 1995.

Rico, Gabriele L.: Garantiert schreiben lernen. Sprachliche Kreativität methodisch entwickeln – ein Intensivkurs auf der Grundlage der modernen Gehirnforschung. Reinbek: Rowohlt, 1984.

Riedel, Ingrid: Maltherapie. Eine Einführung auf der Basis der Analytischen Psychologie von C. G. Jung. Mit Beiträgen von Christa Henzler. Stuttgart: Kreuz, 1992.

Riedel, Ingrid; Henzler, Christa: Malen um zu überleben: ein kreativer Weg durch die Trauer. Stuttgart: Kreuz 2003.

Schmeer, Gisela: Das Ich im Bild. Ein psychodynamischer Ansatz in der Kunsttherapie. München: Pfeiffer, 1992.

Schottenloher, Gertraud: Kunst- und Gestaltungstherapie. Eine praktische Einführung. München: Kösel, 1989.

5. Hermetische Symbolsysteme

Arroyo, Stephen: Astrologie. Psychologie und die vier Elemente. München: Hugendubel, 1982.

Banzhaf, Hajo: Tarot und die Reise des Helden. Der mythologische Schlüssel zu den Großen Arkana. München: Hugendubel, 1997.

Barz, Ellynor: Götter und Planeten. Grundlagen archetypischer Astrologie. Stuttgart: opus magnum, 2005.

Benedikt, Heinrich E.: Die Kabbala als jüdisch-christlicher Einweihungsweg. Band 1. Farbe, Zahl, Ton und Wort als Tore zu Seele und Geist. Freiburg i. Br.: Bauer, 1985.

Benedikt, Heinrich E.: Die Kabbala als jüdisch-christlicher Einweihungsweg. Band 2. Der Lebensbaum: Spiegel des Kosmos und der Menschen. Freiburg i. Br.: Bauer, 1988.

Edinger, Edward F.: Der Weg der Seele. Der psychotherapeutische Prozess im Spiegel der Alchemie. München: Kösel, 1990.

Franz, Marie-Louise von: Wissen aus der Tiefe. Über Orakel und Synchronizität. München: Kösel, 1987.

Greene, Liz: Kosmos und Seele. Frankfurt: Krüger, 1978

Greene, Liz; Sasportas, Howard: Dimensionen des Unbewussten in der psychologischen Astrologie. München: Hugendubel, 1993.

Hark, Helmut: Heilkräfte im Lebensbaum. Ein praktisches Übungsbuch für Selbsthilfe und Therapie. Stuttgart: opus magnum, 2004.

I Ging. Das Buch der Wandlungen. Aus dem Chinesischen übertragen und erläutert von Richard Wilhelm. Düsseldorf: Eugen Diederichs, 1972.

Metzner, Ralph: Hineingehen. Wegmarken zur Transformation. Freiburg: Bauer, 1987.

Meyer, Hermann: Astrologie und Psychologie. Eine neue Synthese. München: Hugendubel, 1986.

Müller, Lutz: Magie. Tiefenpsychologischer Zugang zu den Geheimwissenschaften. Stuttgart: opus magnum, 2007

Nichols, Sallie: Die Psychologie des Tarot. Tarot als Weg zur Selbsterkenntnis nach der Archetypenlehre C. G. Jungs. Interlaken: Ansata, 1984.

Ribi, Alfred: Die Suche nach den eigenen Wurzeln: die Bedeutung von Gnosis, Hermetik und Alchemie für C. G. Jung und Marie-Louise von Franz und deren Einfluss auf das moderne Verständnis dieser Disziplin. Bern: Lang, 1999.

Riemann, Fritz: Lebenshilfe Astrologie. Gedanken und Erfahrungen. München: Pfeiffer, 1994.

Roob, Alexander: Das Hermetische Museum. Alchemie und Mystik. Köln: Taschen, 1996.

Scholem, Gershom: Alchemie und Kabbala. Frankfurt a. M.: Suhrkamp, 1994.

Scholem, Gershom: Von der mystischen Gestalt der Gottheit. Studien zu Grundbegriffen der Kabbala. Frankfurt a. M.: Suhrkamp, 1995.

Scholem, Gershom: Zur Kabbala und ihrer Symbolik. Frankfurt a. M.: Suhrkamp, 1973.

Sicuteri, R.: Astrologie und Mythos. Mythen und Symbole des Tierkreises im Spiegel der Tiefenpsychologie. Freiburg: Aurum, 1983.

6. *Märchen*

Beit, Hedwig von: Symbolik des Märchens. 3 Bde. Bern: Franke, 1952–1957

Dieckmann, Hans: Gelebte Märchen. Hildesheim: Gerstenberg, 1978.

Dieckmann, Hans: Märchen und Symbole. Fellbach: Bonz, 1984.

Drewermann, Eugen: Tiefenpsychologie und Exegese. Band 1: Die Wahrheit der Formen. Traum, Mythos, Märchen, Sage und Legende. Band 2: Die Wahrheit der Werke und der Worte. Wunder, Vision, Weissagung, Apokalypse, Geschichte, Gleichnis. Olten: Walter, 1985.

Drewermann, Eugen: Lieb Schwesterlein, lass mich herein. Grimms Märchen tiefenpsychologisch gedeutet. München: dtv, 1992.

Drewermann, Eugen: Rapunzel, Rapunzel, lass dein Haar herunter. Grimms Märchen tiefenpsychologisch gedeutet. München: dtv, 1992. Estes, Estés, Clarissa Pinkola: Die Wolfsfrau. Die Kraft der weiblichen Ur-instinkte. München: Heyne, 1992.

Franz, Marie-Louise von: Das Weibliche im Märchen. Stuttgart: Bonz, 1977.

Franz, Marie-Louise von: Die Suche nach dem Selbst. Individuation im Märchen. München: Kösel, 1985.

Franz, Marie-Louise von: Psychologische Märcheninterpretation. München: Knaur, 1989.

Franzke, Erich: Märchen und Märchenspiel in der Psychotherapie. Der kreative Umgang mit alten und neuen Geschichten. Bern: Hans Huber, 1985.

Fromm, Erich: Märchen, Mythen, Träume. Eine Einführung in das Verständnis einer vergessenen Sprache. Stuttgart: Deutsche Verlags-Anstalt, 1980.

Jacoby, Mario; Kast, Verena; Riedel, Ingrid: Das Böse im Märchen. Fellbach: Bonz, 1978.

Jaffe, Aniela: Bilder und Symbole. E. T. A. Hoffmanns Märchen »Der goldene Topf«. Hildesheim: Gerstenberg, 1978.

Kast, Verena: Wege aus Angst und Symbiose. Märchen psychologisch gedeutet. Olten: Walter, 1982.

Kast, Verena: Wege zur Autonomie. Märchen psychologisch gedeutet. Olten: Walter, 1985.

Kast, Verena: Märchen als Therapie. München: dtv, 1989.

Laiblin, Wilhelm: Märchenforschung und Tiefenpsychologie. Darmstadt: Wissenschaftliche Buchgesellschaft, 1975.

Laitenberger, Diethild: Leben mit der Wolfsnatur. Der Weg zu ganzheitlichem Erziehen. Olten: Walter, 1991.

Müller, Lutz: Suche nach dem Zauberwort. Identität und schöpferisches Leben. Dargestellt am Beispiel der »Unendlichen Geschichte« von M. Ende. Stuttgart: Kreuz, 1986.

Müller, Lutz: Das tapfere Schneiderlein. Mit Pfiffigkeit durchs Leben. Stuttgart: Kreuz, 2001.

Müller, Lutz: Des Kaisers neue Kleider. Warum man nicht immer eine gute Figur machen muss. Stuttgart: Kreuz, 1995.

Riedel, Ingrid: Die weise Frau in uralt-neuen Erfahrungen. Der Archetyp der alten Weisen im Märchen und seinem religionsgeschichtlichen Hintergrund. Olten: Walter, 1990.

Riedel, Ingrid: Tabu im Märchen. Die Rache der eingesperrten Natur. München: dtv, 1996.

Schröder, Friedrich: Die Nixe im Teich. Stuttgart: opus magnum 2005

Weisheit im Märchen. Mehrbändige Reihe verschiedener Autoren zu einzelnen Märchen, hrsg. von Theodor Seifert. Stuttgart: Kreuz, 1983–1995.

7. *Mythologie*

Bischof, Norbert: Das Kraftfeld der Mythen. Signale aus der Zeit, in der wir die Welt erschaffen haben. München: Piper, 1996.

Bolen, Jean Shinoda: Göttinnen in jeder Frau. Psychologie einer neuen Weiblichkeit. Basel: Sphinx, 1986.

Bolen, Jean Shinoda: Götter in jedem Mann. Besser verstehen, wie Männer leben und lieben. Basel: Sphinx, 1991.

Campbell, Joseph: Der Heros in tausend Gestalten. Frankfurt: Suhrkamp, 1978.

Campbell, Joseph: Die Mitte ist überall. Die Sprache von Mythos, Religion und Kunst. München: Kösel, 1992.

Campbell, Joseph: Mythen der Menschheit. München: Kösel, 1993.

Campbell, Joseph: Die Kraft der Mythen. Bilder der Seele im Leben des Menschen. Zürich: Artemis, 1994.

Clarus, Ingeborg: Odysseus und Oidipus. Wege und Umwege der Seele. Fellbach: Bonz, 1986.

Clarus, Ingeborg: Du stirbst, damit du lebst. Ägyptische Mythologie in tiefenpsychologischer Sicht. Fellbach: Bonz, 1990.

Eliade, Mircea: Schamanismus und archaische Ekstasetechnik. Frankfurt: Suhrkamp, 1975.

Eliade, Mircea: Mythen, Träume und Mysterien. Salzburg: Müller, 1961.

Eliade, Mircea: Das Mysterium der Wiedergeburt. Frankfurt: Insel, 1988.

Eliade, Mircea: Die Religionen und das Heilige. Elemente der Religionsgeschichte. Frankfurt: Insel, 1994.

Franz, Marie-Louise von: Die Graalslegende (Gralslegende) in psychologischer Sicht. Olten: Walter, 1980.

Hark, Helmut: Mit den Engeln gehen. Die Botschaft unserer spirituellen Begleiter. Stuttgart: opus magnum, 2007.

Meier, Gert: Die Wirklichkeit des Mythos. Bern: Haupt, 1990.

Neumann, Erich: Ursprungsgeschichte des Bewusstseins. Zürich: Rascher, 1949.

Neumann, Erich: Die Große Mutter. Eine Phänomenologie der weiblichen Gestaltungen des Unbewussten. Olten: Walter, 1974.

Wilber, Ken: Halbzeit der Evolution. Frankfurt: Fischer, 1996.

Schoeller, Gisela: Isis. Auf der Suche nach dem göttlichen Geheimnis. Stuttgart: opus magnum, 2003.

Romankiewicz, Brigitte: Urbilder des Vaters. Stuttgart: opus magnum, 2006.

Zimmer, Heinrich: Abenteuer und Fahrten der Seele. Ein Schlüssel zu den indogermanischen Mythen. Düsseldorf: Diederichs, 1991.

Zimmer, Heinrich: Indische Mythen und Symbole. Düsseldorf: Diederichs, 1981.

Zauber der Mythen. 12-bändige Reihe von verschiedenen Autoren zu mythologischen Gestalten und Figuren. Hrsg. von Theodor Seifert. Stuttgart: Kreuz, 1986–1990.

8. Psychodrama, Rituale und Spiel

Ammann, Ruth: Heilende Bilder der Seele. Das Sandspiel – der schöpferische Weg der Persönlichkeitsentwicklung. München: Kösel, 1989.

Ameln, Falko von (Hrsg.): Psychodrama. Berlin: Springer, 2004.

Barz, Ellynor: Selbstbegegnung im Spiel. Einführung in das Psychodrama. Stuttgart: opus magnum, 2003.

Egner, Helga (Hrsg.): Leidenschaft und Rituale. Was das Leben gelingen lässt. Zürich: Walter, 1997.

Fischedick, Heribert: Die Kraft der Rituale. Lebensübergänge bewusst erleben und gestalten. Stuttgart: Kreuz, 2004.

Kalff, Dora: Das Sandspiel. Zürich: Rascher, 1966.

Leutz, Grete: Psychodrama I. Das klassische Psychodrama nach J. L. Moreno. Berlin: Springer, 1986.

Petzold, Hilarion (Hrsg.): Puppen und Puppenspiel in der Psychotherapie. Mit Kindern, Erwachsenen und alten Menschen. München: Pfeiffer, 1983.

Petzold, Hilarion (Hrsg.): Angewandtes Psychodrama. In: Therapie, Pädagogik und Theater. Paderborn: Junfermann, 1993.

Scategni, Wilma: Das Psychodrama. Zwischen alltäglicher und archetypischer Erfahrungswelt. Solothurn: Walter, 1994.

Walker, Barbara: Die spirituellen Rituale der Frauen: Zeremonien und Meditationen für eine neue Weiblichkeit. München: Heyne, 2000

9. Musik

Berger, Lutz (Hrsg.): Musik, Magie & Medizin. Neue Wege zu Harmonie und Heilung. Paderborn: Junfermann, 1997.

Hamel, Peter Michael: Durch Musik zum Selbst. Wie man Musik neu erleben und erfahren kann. Bern: Scherz, 1976.

Luban-Plozza, Boris; Delli Ponit, Mario; Dickhaut, Hans H.: Musik und Psyche. Hören mit der Seele. Basel: Birkhäuser, 1988.

Rudhyar, Dane: Die Macht der Töne. Musik als Spiegel des Bewusstseins. Bern: Scherz, 1984.

Rasche, Jörg: Das Lied des grünen Löwen. Musik als Spiegel der Seele. Düsseldorf: Walter, 2004.

Strobel, Wolfgang; Huppmann, Gernot: Musiktheapie. Grundlagen, Formen, Möglichkeiten. Göttingen: Hogrefe, 1991.

Timmermann, Tonius: Musik als Weg. Zürich: Musikhaus Pan, 1987.

Timmermann, Tonius: Die Musen der Musik. Stimmig werden mit sich selbst. Reihe: Zauber der Mythen. Stuttgart: Kreuz, 1989.

10. Träume

Adam, Klaus-Uwe: Therapeutisches Arbeiten mit Träumen: Theorie und Praxis der Traumarbeit. Berlin: Springer, 2006.

Dieckmann, Hans: Träume als Sprache der Seele. Einführung in die Traumdeutung der Analytischen Psychologie C. G. Jungs. Fellbach: Bonz, 1980.

Ermann, Michael (Hrsg.): Der Traum in Psychoanalyse und analytischer Psychotherapie. Berlin: Springer, 1983.

Franz, Marie-Louise von: Traum und Tod. Was uns die Träume Sterbender sagen. München: Kösel, 1984.

Freud, Sigmund: Die Traumdeutung. Frankfurt: Fischer 1989.

Gendlin, Eugene T.: Dein Körper – dein Traumdeuter. Salzburg: Müller, 1987.

Hall, James: Arbeit mit Träumen in Klinik und Praxis. Paderborn: Junfermann, 1982.

Johnson, Robert: Bilder der Seele. Traumarbeit und aktive Imagination. München: Hugendubel, 1995.

Jung, C. G.: Kinderträume. Seminar. Hrsg. von Lorenz Jung und Maria Meyer-Grass. Olten: Walter, 1987.

Jung, C. G.: Traumanalyse. Nach Aufzeichnungen der Seminare, 1928–1930. Hrsg. William McGuire. Olten: Walter, 1991.

Jung, C. G.: Traum und Traumdeutung. München: dtv, 1990.

Kast, Verena: Träume. Die geheimnisvolle Sprache des Unbewussten. Düsseldorf: Walter, 2006.

Meier, C. A.: Die Bedeutung des Traumes. Olten: Walter, 1972.

Mertens, Wolfgang: Traum und Traumdeutung. München: Beck, 2003.

Riedel, Ingrid: Träume. Wegweiser in neue Lebensphasen. Stuttgart: Kreuz, 1997.

Schnocks, Dieter: Was uns Träume sagen wollen. Botschaften aus dem Raum der Seele. Freiburg: Herder, 2007.

Vedfeldt, Ole: Dimensionen der Träume. Ein Grundlagenwerk zu Wesen, Funktion und Interpretation. Zürich: Walter, 1997.

Whitmont, Edward; Perera, Sylvia: Träume, eine Pforte zum Urgrund. Göttingen: Burgdorf, 1992.

Williams, Strephon: Durch Traumarbeit zum eigenen Selbst. Die Jung-Senoi-Methode. Interlaken: Ansata, 1984.

Abbildungsverzeichnis

Abb. 1, 2, 3, 4, 8, 9, 10, 12, 16, 40: Hans Dieter Knoll.

Abb. 4, 5, 6, 7, 13, 15, 18, 20, 24, 25, 28, 34, 39, 41: Lutz Müller.

Abb. 11: Motorrad. Auszug aus einer Fotografie, www.aboutpixel.de, Fotograf: swapper.

Abb. 14: Delacroix, Eugène Ferdinand Victor: Die Freiheit führt das Volk an. 1830, Leinwand, 360 × 225 cm. Paris, Musée du Louvre.

Abb. 19: Jesus mit flammendem Herz, unbekannter Künstler, Privatarchiv der Autoren.

Abb. 21: Degas, Edgar Germain Hilaire, Prima Ballerina, 1878, Musée d'Orsay.

Abb. 22: Gustave Doré, Rotkäppchen. Illustration aus: Fairy Tales Told Again, London 1872.

Abb. 23: Ribera, José de: Jakobs Traum. 1639, Öl auf Leinwand, 179 × 233 cm. Madrid, Museo del Prado.

Abb. 26: Jungs erstes Mandala. Aus: Jaffé, Aniela: C. G. Jung, Bild und Wort: eine Biographie. Olten: Walter, 1983.

Abb. 27: Michelspacher, St.: Die Cabala, Augsburg 1654, aus: Jung, C. G.: Psychologie und Alchemie, GW 12, Olten: Walter, 1972, S. 229.

Abb. 29: Blake, William: Der Alte der Tage (The Ancient of Days), 1794, 23.3 × 16.8 cm, British Museum, London.

Abb. 30: Da Vinci, Leonardo: Hl. Anna Selbdritt, Szene: Hl. Anna, Maria, Christuskind mit Lamm, 1510, 168 × 112 cm, Musée du Louvre.

Abb. 31: Rosarium Philosophorum. Frankfurt, 1550, aus: Jung, C. G.: Psychologie der Übertragung, GW 16, Olten: Walter 1971, S. 257.

Abb. 32: Uccello, Paolo: Hl. Georg im Kampf mit dem Drachen, um 1456, 57 × 73 cm, National Gallery, London.

Abb. 33: Anthropos mit den vier Elementen, 18. Jh., aus Jung, C. G.: Psychologie und Alchemie, GW 12, S. 200, Olten: Walter 1972.

Abb. 35: Arbeit am Tonfeld: Heinz Deuser.

Abb. 36: Patinir, Joachim: Taufe Jesu, 1515–1524, Kunsthistorisches Museum, Wien.

Abb. 37: Schneider, Sascha: Vision des Propheten Ezechiel, 1895, 236 × 275 cm, Schwerin, Staatliches Museum; Foto: Elke Walford; abgebildet in: Die Kunst für Alle, 12, 1896 / 1897.

Abb. 38: Faust im magischen Schutzkreis. Titelblatt von »The tragical History of the Life and Death of Doctor Faustus. Written by Ch. Marlowe«, London, 1620.

Register